Kornnattern und Erdnattern

Elaphe guttata und *Elaphe obsoleta*

Kornnattern und Erdnattern

Elaphe guttata und *Elaphe obsoleta*

von

Dieter Schmidt

189 Farbfotos
27 Grafiken
9 Tabellen

Terrarien  Bibliothek
Natur und Tier - Verlag

Titelbild: *Elaphe guttata guttata* (oben)
Elaphe obsoleta (unten)
Umschlagrückseite: Frischgeschlüpfter Albino von *Elaphe guttata*
Fotos: B. Love/Blue Chameleon Ventures
Innentitel: Hypomelanistische *Elaphe guttata*
Foto: B. Love/Blue Chameleon Ventures

Die in diesem Buch enthaltenen Angaben, Ergebnisse, Dosierungsanleitungen etc. wurden vom Autor nach bestem Wissen erstellt und sorgfältig überprüft. Da inhaltliche Fehler trotzdem nicht völlig auszuschließen sind, erfolgen diese Angaben ohne jegliche Verpflichtung des Verlages oder des Autors. Beide übernehmen daher keine Haftung für etwaige inhaltliche Unrichtigkeiten.
Alle Rechte, insbesondere das Recht der Vervielfältigung und Verbreitung sowie der Übersetzung, vorbehalten. Kein Teil des Werkes darf in irgendeiner Form (Druck, Fotokopie, Mikrofilm oder andere Verfahren) ohne schriftliche Genehmigung des Verlages reproduziert oder unter Verwendung elektronischer Systeme verarbeitet, gespeichert oder vervielfältigt werden.

ISBN 3-931587-48-7

© 2000 Natur und Tier - Verlag
Matthias Schmidt
An der Kleimannbrücke 39, D-48157 Münster
Lektorat: Heiko Werning, Berlin
Gestaltung: Sibylle Manthey, Berlin
Druck: MKL Druck GmbH & Co. KG, Ostbevern

Inhalt

Einleitung 7

Korn- und Erdnattern als Vertreter der Kletternattern 8

  Die Kornnatter und ihre Unterarten 15

    Elaphe guttata guttata – Kornnatter 18

    Elaphe guttata rosacea – Key-Kornnatter 23

    Elaphe guttata emoryi – Nördliche Präriekornnatter 25

    Elaphe guttata meahllmorum – Südliche Präriekornnatter 27

  Die Erdnatter, ihre Unterarten und nahe Verwandte 29

    Elaphe obsoleta obsoleta – Schwarze Pilotnatter 31

    Elaphe obsoleta quadrivittata – Kükennatter 34

    Elaphe obsoleta lindheimeri – Texaskükennatter 38

    Elaphe obsoleta spiloides – Graue Pilotnatter 40

    Elaphe obsoleta rossalleni – Evergladeskükennatter 43

    Elaphe bairdi – Bairds Kletternatter 46

Der natürliche Lebensraum und die Verhaltensweisen 49

Kletternattern und die Gesetze des Menschen 57

Der Erwerb der Tiere muß gut durchdacht sein 60

Das Terrarium – ein künstlicher Lebensraum 65

  Terrariengröße 66

  Grundsätzliches zur Terrarieneinrichtung 69

  Terrarienrückwände 69

  Bodengrund 71

  Kletter- und Versteckmöglichkeiten 73

  Terrarienbepflanzung 73

  Weitere Einrichtungsgegenstände 75

Das Klima im Terrarium 76

  Grundsätze der Terrarientechnik 76

  Beleuchtung 77

  Beheizung 79

  Belüftung 80

  Befeuchtung 81

Ernährung, Futter und Fütterung 82
    Natürliche Beutetiere 82
    Ernährung im Terrarium 83
    Häufigkeit der Fütterung 86
    Futtertiere 88
    Beutefang 93
    Wasseraufnahme 96
    Futterverweigerung 97
    Zwangsfütterung 97

Schlangenkrankheiten – Vorbeugung und Erkennung 99

Schlangenalltag 104
    Jahresrhythmik 105
    Winterruhe 106
    Wachstum, Häutung, Lebensalter 109

Vermehrung von Korn- und Erdnattern 114
    Männchen oder Weibchen 114
    Geschlechtsdiagnose 116
    Fortpflanzungsalter 118
    Reproduktionsrhythmus 120
    Paarung 121
    Trächtigkeit 123
    Eiablage 124
    Inkubation des Geleges 128
    Schlupf 134
    Aufzucht 140
    Dokumentation 145

Zuchtformen 147
    Genetische Grundlagen 147
    Grundlagen der Züchtung 154
    Natürliche Farb- und Zeichnungsvarianten 160
    Neue Farb- und Zeichnungsvarianten 162

Glossar 192

Danksagung 194

Zitierte und ergänzende Literatur 195

Index 197

Einleitung

Das zunehmende Interesse weiter Bevölkerungskreise insbesondere in vielen Industrieländern an der Pflege exotischer Pflanzen und Tiere im Heim als Ausdruck unbefriedigter Verbundenheit mit der Natur ist auch auf dem Gebiet der Terraristik ungebrochen. Obwohl Schlangen zumindest in unserem Kulturkreis seit jeher vorwiegend mit negativen Emotionen besetzt sind, gehören gerade sie zu den Reptilien, deren Haltung und Pflege in menschlicher Obhut zahlenmäßig besonders steigt. Während weltweit viele Reptilienpopulationen hauptsächlich durch Zerstörung ihrer natürlichen Lebensräume gefährdet sind, und trotz einer in manchen Ländern zunehmend restriktiven Gesetzgebung, tragen immer neue biologische Erkenntnisse und praktische Erfahrungen bei der Terrarienhaltung von Schlangen maßgeblich dazu bei, diese interessanten und leider mit unzähligen Vorurteilen behafteten Kriechtiere in Menschenhand zu vermehren. Wohl jährlich kommen Schlangenarten hinzu, die erstmalig oder inzwischen regelmäßig nachgezogen werden. Damit reduziert sich der Zwang, sie als Wildfänge der Natur zu entnehmen, auf ein Mindestmaß im Interesse der Erhaltung einer ausreichenden genetischen Mannigfaltigkeit.

Eine Reihe von Arten wird bereits so sicher und regelmäßig vermehrt, daß vom ursprünglichen Ziel der Terraristik – Haltung und Vermehrung von Amphibien und Reptilien unter Wahrung des ursprünglichen, des natürlichen Erscheinungsbildes ihrer Art, Unterart oder gar Population – abgegangen wird und neue Zuchtformen hinsichtlich Färbung und Farbverteilung sporadisch oder als Ergebnis langjähriger, über Generationen dauernder Zuchtarbeit entstehen. Man kann über diese Bestrebungen geteilter Meinung sein, zumal auch kommerzielle Interessen dabei durchaus eine Rolle spielen – eines ist aber sicher: derart veränderte Zuchtformen wurden nicht der Natur entnommen und ihre Pfleger kommen vielleicht auch künftig nicht mit Artenschutzgesetzen in Konflikt. Unter den Schlangen trifft das vor allem auf die Abgottschlange (*Boa constrictor*) und die Kornnatter (*Elaphe guttata*) zu.

Gerade die Kornnatter gehört zu den am häufigsten im Terrarium nachgezogenen Schlangen. Aber auch die nahen Verwandten aus ihrer nordamerikanischen Heimat, die Erd- oder Pilotnattern (*Elaphe obsoleta*), die in mehreren Unterarten ein sehr unterschiedliches Aussehen aufweisen und die Palette der zu pflegenden Formen erweitern, sind geeignet, einem noch unbedarften Einsteiger in die Schlangenhaltung zu ersten Erfahrungen zu verhelfen. Das schließt nicht aus, daß der Anfänger – und nicht nur er – fatale Fehler bei Haltung und Pflege dieser Tiere machen kann. Diese von vornherein vermeiden zu helfen, ist eines der Anliegen dieses Buches.

Bei der großen Popularität dieser Schlangenarten mit ihren weitgehend gleichen Ansprüchen hinsichtlich Haltung und Pflege möchten viele Terrarianer möglichst umfassend über sie, ihre natürlichen Vorkommen und Lebensweisen, die Voraussetzungen für eine artadäquate Haltung und Ernährung, ihre erfolgreiche Vermehrung bei langjähriger Pflege sowie nicht zuletzt über die Probleme der modernen Farb- und Zeichnungszüchtung unterrichtet werden. Diese Informationen in komprimierter Form sowohl dem Einsteiger in die Schlangenhaltung als auch dem fortgeschrittenen Terrarianer zu geben, ist ein weiteres Ziel, das sich Autor und Verlag mit der Erarbeitung und Herausgabe dieses Buches gesteckt haben.

Korn- und Erdnattern als Vertreter der Kletternattern

Von den zur Zeit wissenschaftlich beschriebenen 7907 Reptilienarten zählen 2927 (= 37 %) zu den Schlangen (Serpentes), einer Unterordnung der Schuppenkriechtiere (Squamata), denen sie gemeinsam mit den Echsen (Sauria) systematisch zugeordnet werden. Schon an dieser Stelle sind die Systematiker unter den Herpetologen unterschiedlicher Meinung: manche von ihnen sehen die Schlangen als eigene Ordnung an. Ähnliche Probleme gibt es auf allen Gliederungsstufen der Systematik, von den Familien über die Gattungen bis zu den Arten und Unterarten. In den Publikationen auf diesem Gebiet wird man deshalb auch immer wieder auf verschiedene Betrachtungsweisen über die systematische Stellung einer Art oder über die Anzahl der Taxa (das sind mit einem wissenschaftlichen Namen belegte Organismengruppen) finden. Bei der Veröffentlichung einer bestimmten Ansicht ist diese vielleicht längst wieder durch neue Erkenntnisse überholt. Zusätzlich werden ständig neue Formen entdeckt und wissenschaftlich beschrieben; eine heute publizierte Zahl kann morgen schon veraltet sein. Dem Terrarianer können solche wissenschaftlichen Probleme eigentlich egal sein; er wird sich in der Regel an einem bekannten Standardwerk auf dem speziellen Gebiet orientieren. Eine gute, weil täglich aktualisierbare Informationsquelle ist beispielsweise die von einem Expertengremium bearbeitete EMBL-Reptiliendatenbank im Internet:

> http://www.embl-heidelberg.de/
> ~uetz/LivingReptiles.html

Nach bestem Wissen sind hier alle Arten und Unterarten der Reptilien aufgelistet und ihren systematischen Kategorien zugeordnet.
Unter den Schlangen machen danach die Nattern (Familie Colubridae) mit 1847 Arten in 327 Gattungen 63 % aller Schlangenarten aus. Leider wird in der EMBL-Reptiliendatenbank auf eine Untergliederung der Familie der Nattern in ihre etwa 13 Unterfamilien verzichtet. Eine von diesen Unterfamilien sind die Eigentlichen Nattern (Colubrinae), die mit etwa 50 Gattungen eine der gattungsstärksten Unterfamilien ist. Mit 38 Arten sind unter den Eigentlichen Nattern die Kletternattern (*Elaphe*), zu denen auch die Korn- und die Erdnattern gehören, vertreten. Und schon wieder tauchen Fragen auf: In der erwähnten Datenbank werden als eigene Arten *Elaphe emoryi* sowie *Elaphe bairdi* ausgewiesen, zwei Schlangen, die landläufig noch immer als Unterarten der Kornnatter (*Elaphe guttata*) bzw. der Erdnatter (*Elaphe obsoleta*) angesehen werden. Aus diesem Grund wollen wir auch bei der Besprechung der Korn- und Erdnattern diese beiden Formen mit einbeziehen.

Die Kletternattern haben ihren deutschen Trivialnamen nach ihrem Klettervermögen – das unter Schlangen aber keineswegs etwas Einmaliges ist. Mit Hilfe von Längskielen auf beiden Seiten der Bauchschilde sind sie in der Lage, kleinste Unebenheiten beispielsweise beim Erklimmen eines Baumstammes zu nutzen. Der vor allem für die amerikanischen Kletternattern benutzte englische Name „Ratsnakes" (= Rattenschlangen) ist im Deutschen von den Nattern der asiatischen Gattung *Ptyas* besetzt und sollte deshalb nicht verwendet werden.

Neben den erwähnten, bei den einzelnen Arten unterschiedlich ausgeprägten Längskielen zeichnen sich die Kletternattern durch einen meist relativ schlanken und kräftigen Körperbau aus. Der Kopf, normalerweise länglich und recht flach, setzt sich mehr oder minder deutlich vom Rumpf ab. Die Gesamtlänge adulter Kletternattern variiert zwischen etwa 50 und 250 cm bei starken innerartlichen Unterschieden. Färbung und Zeichnung der einzelnen Kletternatterarten sind

Mit ihrer imponierenden Färbung gehören Kornnattern (*E. g. guttata*) zu den beliebtesten Terrarientieren.
Foto: D. Schmidt

sehr mannigfaltig, wie wir selbst bei den einzelnen Unterarten der Erdnattern feststellen können. Schon CARL VON LINNÉ kannte die Kornnatter und beschrieb sie 1766 als *Coluber guttatus*. Seitdem ist sie unwissentlich mehrfach neu beschrieben worden, so daß eine ganze Reihe von Synonymen existiert. Dazu kommen die diversen Unterartbeschreibungen, die kaum noch allen Herpetologen geläufig sind. Nach dem heutigen Stand der Taxonomie kann man folgende Unterarten unterscheiden:

Elaphe guttata guttata (LINNAEUS, 1766)
Elaphe guttata rosacea (COPE, 1888)
Elaphe guttata emoryi (BAIRD & GIRARD, 1853)
Elaphe guttata meahllmorum SMITH, CHISZAR,
  STALEY & TEPEDELEN, 1994

Die beiden letztgenannten Unterarten werden aber auch herausgelöst und als Unterarten einer selbständigen Art betrachtet:
Elaphe emoryi emoryi (BAIRD & GIRARD, 1853)
Elaphe emoryi meahllmorum SMITH, CHISZAR,
  STALEY & TEPEDELEN, 1994

Mit der Verwendung des wissenschaftlichen Namens eines Reptils ist der Terrarianer gut beraten, sind doch deutsche Trivialnamen nicht einheitlich und die englischen durch ihre Fülle noch verwirrender, wie auch ihre Übersetzung ins Deutsche oft widersprüchlich.

Die Bedeutung des wissenschaftlichen Gattungsnamens *Elaphe* ist unklar – griechisch „elaphos" heißt „Hirsch" und könnte nach SCHULZ (1996) mit der einem Hirschgeweih ähnlichen Kopfzeichnung mancher Arten zu tun haben. Der wissenschaftliche Artname der Kornnatter kommt aus dem Lateinischen und soll möglicherweise auf deren Rückenzeichnung hinweisen (gutta = Tropfen). Sicher ist der häufig in der Nomenklatur verwendete Name „guttata" aber beispielsweise für die nordamerikanische Tropfenschildkröte (*Clemmys guttata*) viel passender als für diese Natter. Allerdings könnte der Artname der Kornnatter auch vom lateinischen „guttatus" herrühren, was „gesprenkelt" oder „gefleckt" bedeutet.

Der fest eingebürgerte deutsche Name „Kornnatter" für *Elaphe guttata* allgemein wie auch für die Nominatform soll sich vom englischen „corn snake" (amerik. corn = Mais) ableiten und ist ein Beispiel für eine unsinnige Übersetzung. Er weist nicht etwa auf das bevorzugte Vorkommen in Kornfeldern hin, der Name soll sich vielmehr auf die Ähnlichkeit der Bauchschuppenfärbung (mit schwarzen Sprenkeln auf hellem Grund) mit den Kolben mancher Maissorten beziehen (MEHRTENS 1993). Andererseits klingt die Erklärung, daß sich diese Schlangen auf der Jagd nach Mäusen und anderen Kleinsäugern in Getreidefeldern und in der Nähe von Getreidelagerstätten aufhalten, recht einleuchtend. *Elaphe guttata rosacea* wurde meist als „Rote Kornnatter" geführt. Der von SCHULZ (1996) verwendete Trivialname „Key-Kornnatter" weist eindeutig auf das eng begrenzte Vorkommen dieser Unterart hin und vermeidet Verwechslungen mit den mittlerweile unzähligen Bezeichnungen für Farb- und Zeichnungsvarianten der Kornnatter, insbesondere Zuchtformen, auf die später noch eingegangen wird. Der Name „Präriekornnatter" für die

Trotz ihrer Beliebtheit sind Kornnattern nur selten auf Briefmarken verewigt.

Form „*emoryi*" leitet sich von einem amerikanischen Namen ab, auch wenn ihre Habitate weit gefächert sind. Der wissenschaftliche Name ehrt Lieutenant William Hemsley Emory, einen U. S. - Grenzkommissar an der texanisch-mexikanischen Grenze. Bei Anerkennung der Präriekornnatter als eigene Art wird von die Nördliche Präriekornnatter als *Elaphe emoryi emoryi* und die Südliche Präriekornnatter als *E. e. meahllmorum* bezeichnet. Etwas kurios erscheint es, daß der Unterartname *meahllmorum* von den Erstbeschreibern aus Buchstaben der Namen von elf verdienten Mitarbeitern der University of Colorado gebildet wurde.

Die zahlreichen lokalen amerikanischen Namen für die einzelnen Unterarten sind häufig auch für verschiedene Schlangen, selbst aus anderen Gattungen, geprägt worden, wie nachstehende Beispiele verdeutlichen:

Elaphe guttata guttata
Bead Snake, Brown Sedge Snake, Beech Snake, Chicken Snake, Corn Snake, Eastern Corn Snake, Fox Snake, House King Snake, Lyre Ratsnake, Mole Catcher, Mouse Snake, North American Corn Snake, Pine Snake, Red Chicken Snake, Red Coluber, Red Racer, Red

---

Natürliche Farbvarianten der Nominatform *Elaphe guttata guttata*
Oben: Portrait einer „Okeetee"-Variante
Unten: Kornnattern der sogenannten „Miami"-Variante zeigen ihre rot-schwarze Rückenfleckung auf grauem Untergrund. Hier ein Tier aus dem Dade County (Florida)
Fotos: B. Love/Blue Chameleon Ventures

Korn- und Erdnattern als Vertreter der Kletternattern

11

Ratsnake, Red Snake, Scarlet Racer, Scarlet Snake, Spotted Coluber, Spotted Racer, Spotted Viper.
Elaphe guttata rosacea
Key West Ratsnake, Pink Ratsnake, Rosy Ratsnake.
Elaphe guttata emoryi
Brown Ratsnake, Eastern Spotted Snake, Emory's Coluber, Emory's Pilot Snake, Emory's Racer, Emory's Ratsnake, Emory's Snake, Gray Ratsnake, Great Plains Ratsnake, Intermountain Ratsnake, Northern Plains Ratsnake, Plains Ratsnake, Prarie Ratsnake, Spottet Mouse Snake, Texas Ratsnake, Utah Ratsnake, Western Pilot Snake.
Elaphe guttata meahllmorum
Southern Plains Rat Snake, Southwestern Rat Snake.

Die Erdnatter wurde erstmalig 1823 von THOMAS SAY, einem amerikanischen Zoologen, Mitbegründer der Academy of Natural Sciences in Philadelphia, als *Coluber obsoletus* beschrieben. Auch diese Art weist eine lange Synonymieliste auf. Selbst die Zahl ihrer Unterarten ist noch heute Veränderungen unterworfen. Das ist eigentlich nicht verwunderlich, weichen diese in Färbung und Zeichnung doch so voneinander ab, daß sie jeder Laie als selbständige Arten ansehen würde. Auch die EMBL-Datenbank enthält Formen, deren Unterartstatus umstritten ist. Folgen wir diesmal den Vorstellungen von SCHULZ (1996), der fünf Unterarten aufführt, und beziehen wir die heute als selbständig geführte Art *Elaphe bairdi* mit ein:

Elaphe obsoleta obsoleta (SAY, 1823)
Elaphe obsoleta quadrivittata (HOLBROOK, 1836)
Elaphe obsoleta lindheimeri (BAIRD & GIRARD, 1853)
Elaphe obsoleta spiloides DUMÉRIL, BIBRON & DUMÉRIL, 1854
Elaphe obsoleta rossalleni NEILL, 1949
Elaphe bairdi (YARROW, 1880)

Die von WRIGHT & WRIGHT (1957) und später auch noch von anderen als Unterarten aufgeführten *E. o. deckerti*, *E. o. williamsi* und *E. o. parallela* faßt SCHULZ (1996) mit *E. o. quadrivittata* zusammen, betont aber, daß die gesamte Unterartenproblematik noch immer nicht geklärt sei. Das soll hier aber nicht unser Problem sein; überlassen wir das lieber den amerikanischen Herpetologen, sie sollten über ihre heimischen Schlangen am besten Bescheid wissen.
Zu den wissenschaftlichen Artnamen nur so viel: „obsoletus" ist lateinisch und heißt „veraltet", aber auch „alltäglich" sowie „schmutzig", und „bairdi" ehrt einen amerikanischen Naturwissenschaftler des 19. Jahrhunderts, S. F. BAIRD, den Gründer der herpetologischen Sammlung des berühmten Smithsonian Institution in Washington.
Uneinheitlichkeit besteht auch bei *Elaphe obsoleta* hinsichtlich ihrer deutschen und vor allem ihrer amerikanischen Trivialnamen. Der für diese Art oft favorisierte deutsche Name „Erdnatter" ist eigentlich widersinnig, wenn man ihn dem Gattungsnamen „Kletternatter" gegenüberstellt. Aber zweifellos sind die Vertreter dieser Art überwiegend Bodenbewohner, leben also an der „Erde". Ich habe bisher den Namen „Pilot-

Die Nominatform der Erdnatter – die Schwarze Pilotnatter (*E. o. obsoleta*)   Foto: D. Schmidt

Die Evergladeskükennatter (*E. o. rossalleni*) beim Fressen. Foto: D. Schmidt

natter" vorgezogen, basierend einerseits auf einigen einheimischen Bezeichnungen, andererseits weil diese Schlangen, wie aber auch andere Arten, ein Verhalten zeigen, mit dem sie Mensch und Tier auf sich aufmerksam machen und diese gleichsam lotsen oder steuern (engl. = pilot): Sie zittern in Erregung mit dem Schwanzende und erzeugen bei Kontakt mit trockenem Laub oder ähnlichem Geräusche, die denen einer Klapperschlange ähneln. Da die Bezeichnung „Erdnatter" aber im deutschen Sprachraum wohl gebräuchlicher ist, schließen wir uns diesem Namen an und benutzen ihn allgemein für diese Art. Die einzelnen Unterarten wollen wir jedoch, ihrem unterschiedlichen Erscheinungsbild gerecht werdend, auch differenzierter nennen:

Kükennattern (*Elaphe o. quadrivittata*) sind sehr beliebte Terrarienpfleglinge. Foto: D. Schmidt

Elaphe obsoleta obsoleta
  Schwarze Pilotnatter (auch Pilotennatter, Schwarze Erdnatter)
Elaphe obsoleta quadrivittata
  Kükennatter (auch Gelbe Erdnatter)
Elaphe obsoleta lindheimeri
  Texaskükennatter (auch Lindheimers Erdnatter, Texas-Erdnatter)
Elaphe obsoleta spiloides
  Graue Pilotnatter (auch Graue Erdnatter)
Elaphe obsoleta rossalleni
  Evergladeskükennatter (auch Rossalleni-Erdnatter, Everglades-Erdnatter)
Elaphe bairdi
  Bairds Kletternatter (auch Bairds Rattennatter)

Die Liste volkstümlicher englisch-amerikanischer Bezeichnungen für die einzelnen Unterarten ist lang und gleichermaßen verwirrend:

Elaphe obsoleta
  American Ratsnake
Elaphe obsoleta obsoleta
  Alleghany Black Snake, Black Chicken Snake, Black Coluber, Black Racer, Black Ratsnake, Black Snake, Blue Racer, Common Ratsnake, Mountain Black Snake, Mountain Pilot Snake, Pilot, Rattlesnake Pilot, Rusty Black Snake, Scaly Black Snake, Sleepy John, White-throated Racer.

Bairds Kletternatter (*E. bairdi*)   Foto: E.A. Liner

Elaphe obsoleta quadrivittata
  Banded Chicken Snake, Chicken Snake, Four-banded Coluber, Four-banded Ratsnake, Four-lined Coluber, Fourlined Ratsnake, Greenish Ratsnake (für grünliche Farbvariante), House Snake, North American Chicken Snake, Striped Chicken Snake, Striped House Snake, White Oak Racer, Yellow Chicken Snake, Yellow Ratsnake.
Für die dieser Unterart jetzt zugeordneten Formen fanden schon folgende Trivialnamen Anwendung:
E. o. williamsi – Gulf Hammock Chicken Snake, Gulf Hammock Ratsnake, Gulf Hammock Whiteoak Snake; Oak Ratsnake, West Florida Chicken Snake;
E. o. deckerti – Deckert's Chicken Snake, Deckert's Ratsnake, Mateambe Ratsnake, Southern Florida Ratsnake;
E. o. parallela – North Carolina Banks Ratsnake.
Elaphe obsoleta lindheimeri
  Checked Pilot Snake, Eastern Texas Ratsnake, Gray Pilot Snake, Lindheimer's Coluber, Lindheimer's Pilot, Lindheimer's Pilot Snake, Lindheimer's Ratsnake, Lindheimer's Snake, Spotted Chicken Snake, Texas Pilot Snake, Texas Ratsnake.
Elaphe obsoleta spiloides
  Black Snake, Blotched Chicken Snake, Blotched Ratsnake, Checked Pilot Snake, Gray Chicken Snake, Gray Coluber, Gray Pilot, Gray Pilot Snake, Live Oak Rattler, Live Oak Snake, Oak Snake, Southeastern Ratsnake, Southern Chicken Snake, Spotted Gray Snake, Spotted Pilot Snake, Spotted Racer, White Oak Snake, Wolf Snake.
Elaphe obsoleta rossalleni
  Allen's Ratsnake, Everglades Chicken Snake, Orange Ratsnake.
Elaphe bairdi
  Baird's Coluber, Baird's Pilot Snake, Baird's Ratsnake, Great Bend Ratsnake, Mexican Baird's Ratsnake (für grauköpfige Variante), Texas Baird's Ratsnake.

Die Kornnatter und ihre Unterarten

Kornnattern (*Elaphe guttata*) sind mittelgroße Kletternattern, deren Gesamtlänge zwischen ihren Unterarten wie auch Populationen von 60 bis 150 cm und mehr variiert. Bei Terrarienhaltung liegen die mittleren Körperlängen meist höher; in der Natur wird bei weit dürftigerem Futterangebot auch ein geringeres Lebensalter erreicht. Ihr Körperbau ist schlank, aber kräftig. Der kleine Kopf setzt sich nur wenig vom Körper ab. Die Jungschlangen sind beim Schlupf etwa 20 bis 40 cm lang.

Die Rückenschuppen sind nur schwach gekielt. Der Analschild ist wie bei allen nordamerikanischen *Elaphe*-Arten geteilt. Ihre Beliebtheit in Terrarianerkreisen verdankt die Kornnatter vor allem ihrer farbenprächtigen Rückenzeichnung. Die mehr oder weniger klar umrandeten, rötlichen oder braunen Sattelflecken sowie kleinere seitliche Flecken setzen sich in der Regel deutlich vom helleren Untergrund ab. Die Anzahl der Sattelflecken ist sehr variabel und schwankt zwischen etwa 28 und 55. Recht charakteristisch ist eine variable Kopfzeichnung, die an eine Schreibfeder erinnert – manche

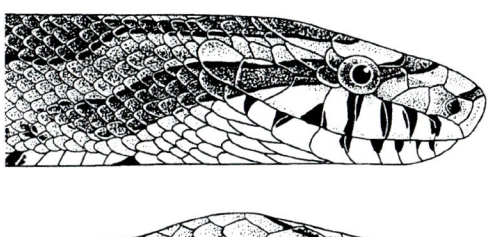

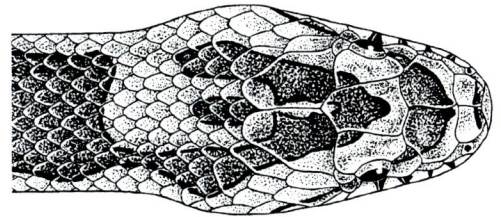

Kopfbeschuppung der Kornnatter (*Elaphe guttata*) nach SCHULZ (1996)

sprechen von einer „Speerspitze" –, und die sich übrigens recht gut zur Identifizierung eines Individuums eignet, da sie sich in ihrer Form während des gesamten Lebens einer Kornnatter nicht ändert. Diese Kopfzeichnung mündet körperwärts mit zwei Ausläufern im ersten Rücken-

Typische Farbzeichnungen bei Kornnattern (*Elaphe guttata*) nach STASZKO u. a. (1994)
1 *Elaphe guttata guttata*   **2** *Elaphe guttata emoryi*   **3** *Elaphe guttata rosacea*

   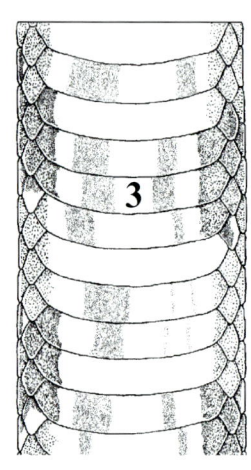

1 *Elaphe guttata guttata* **A** typische Bauchzeichnung
B dunkle Zeichnung bis völlig schwarz

2 *Elaphe guttata emoryi*

3 *Elaphe guttata rosacea*

Bauchzeichnung der Kornnatter (*Elaphe guttata*)
modifiziert nach Ashton u.a. (1981) und Schulz (1996)

Verschiedene Farbkompositionen bei Kornnattern
Foto: D. Schmidt

Farbzeichnung der Kopfseiten einer Kornnatter (*Elaphe guttata guttata*)
nach Staszko u. a. (1994)

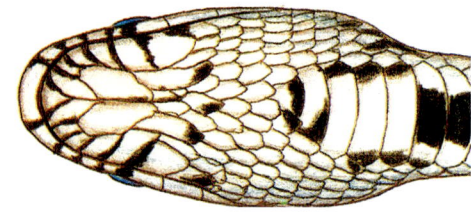

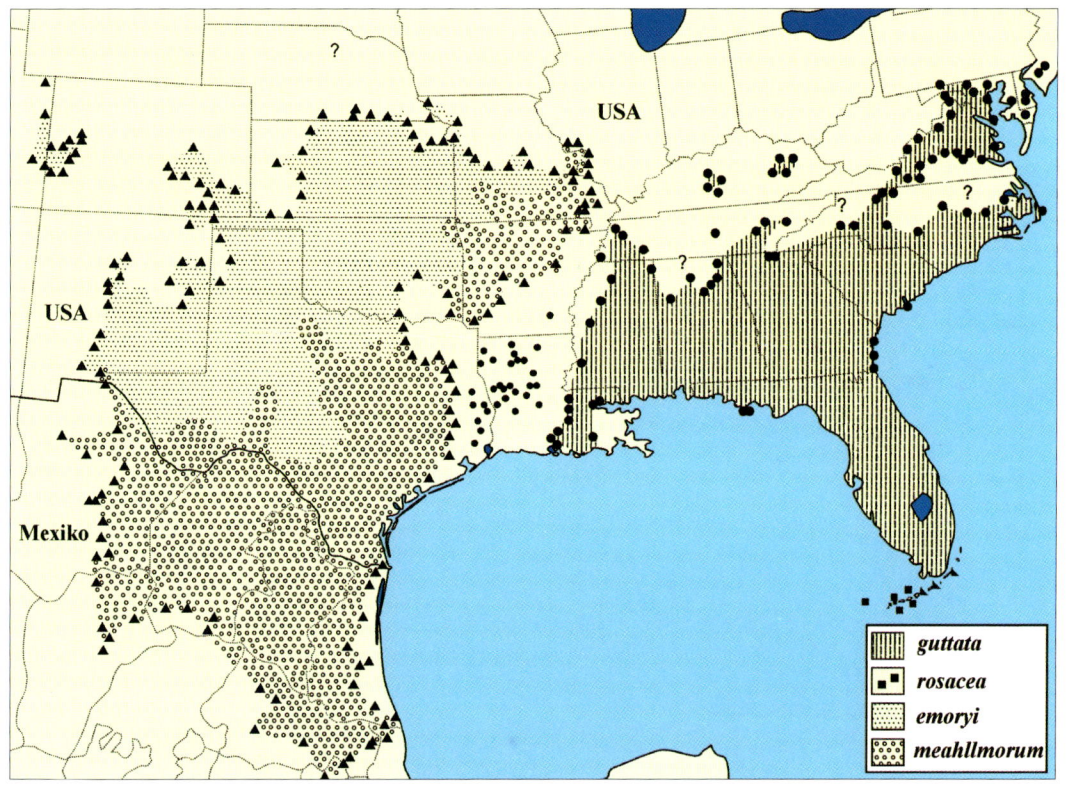

Verbreitungsgebiet der Kornnatter (*Elaphe guttata*)
Die Symbole verdeutlichen die äußeren Randgebiete, Insel- und Restpopulationen. Die kleinen Punkte in Mittellouisiana und Osttexas stellen nach SCHULZ (1996) Fundorte von Tieren dar, deren Unterartzugehörigkeit als unsicher gilt. Halb ausgefüllte Dreiecke an den Florida Keys kennzeichnen Populationen mit intermediären Formen von *E. g. guttata* und *rosacea*. Fragezeichen deuten auf unsichere Angaben.
verändert nach SCHULZ (1996) und SMITH u. a. (1994)

fleck. Recht auffällig ist ein breiter, sich deutlich vom Untergrund abhebender und dunkel geranderter Streifen, der sich vom Auge bis unterhalb des Mundwinkels hinzieht. Die Bauchseite ist normalerweise weißlich oder cremefarben bis rötlich orange und weist je nach Unterart und Population meist schwarze Flecken auf. Die Art ist über weite Teile der östlichen und mittleren Vereinigten Staaten von Amerika verbreitet. Südwärts erstreckt sich ihr Lebensraum bis in die nördlichen Bundesstaaten Mexikos. Aufgrund ihrer hohen Anpassungsfähigkeit ist zu befürchten, daß die weltweit bei Terrianern gepflegte Art, sofern sie geeignete Klimabedingungen und ein ausreichendes Angebot an Beutetieren vorfindet, zu Faunenverfälschungen führen könnte. Über ein Vorkommen vom Menschen eingeschleppter Tiere auf Grand Cayman Island, eine der britischen Caymaninseln in der Karibik, berichteten CONANT & COLLINS (1998).

In ihrem großen Verbreitungsgebiet besiedelt die Kornnatter die verschiedenartigsten Biotope. Alle Unterarten leben sowohl in relativ feuchten als auch trockenen Lebensräumen am Boden, sind aber auch kletternd im Gebüsch oder auf Bäumen zu finden.

Nach diesen allgemeinen Vorbemerkungen zur Kornnatter wollen wir uns ihren Unterarten zuwenden.

Elaphe guttata guttata
Kornnatter

Synonyme und Chresonyme

Coluber guttatus LINNAEUS, 1766: 385 – Terra typica: Carolina
Coluber maculatus BONNATERRE, 1790: 19 – Terra typica: Louisiana
Coluber compressus DONNDORF, 1798: 206 – Terra typica: unbekannt
Coluber carolinianus SHAW, 1802: 460 – Terra typica: Carolina
Coluber molossus DAUDIN, 1803: 269 – Terra typica: Carolina
Coluber pantherinus DAUDIN, 1803: 318 – Terra typica: unbekannt
Natrix pantherinus MERREM 1820: 124
Coluber floridanus HARLAN, 1827: 360 – Terra typica: Ostflorida
Scotophis guttatus BAIRD & GIRARD 1853: 78
Elaphis guttatus DUMÉRIL 1853: 453
Elaphis alleghanensis JAN & SORDELLI, 1867: Liv. 24, Pl. 2, Fig. 2 (part.)
Coluber guttatus sellatus COPE, 1888: 387 – Terra typica: Florida
Coluber guttatus guttatus COPE 1892: 633
Callopeltis guttatus LÖNNBERG, 1895: 326 (part.)
Elaphe guttatus WRIGHT & BISHOP 1915: 161
Elaphe guttata STEJNEGER & BARBOUR 1923: 90
Elaphe gutttata guttata SCHULZ 1996: 298

Selbst Kornnattern, die dem „Okeetee"-Typ zugeordnet werden können, variieren stark in ihrer Färbung. Im Interesse der Erhaltung der Unterart *E. g. guttata* in den verschiedenen natürlich vorkommenden Varianten sollten möglichst nur Tiere gleicher Herkunft verpaart werden. Foto: B. Love/Blue Chameleon Ventures

Kornnatter und ihre Unterarten

Oben: „Okeetee"-Kornnatter
Unten: Eine „Okeetee"-Kornnatter zeigt ihre schwarz-weiße Bauchzeichnung.
 Fotos: B. Love/Blue Chameleon Ventures

„Miami"-Kornnatter auf einer Kiefer
Foto: B. Love/Blue Chameleon Ventures

Amelanistische Kornnattern der „Okkeetee"-Variante werden gemeinhin „Albino-Okeetee" genannt.
Foto: B. Love/Blue Chameleon Ventures

Größe

Mit einer Gesamtlänge von etwa 80 bis 120 cm ist die Nominatform die im Mittel größte Unterart. Als Rekordlänge werden von CONANT & COLLINS (1998) 182,9 cm (72 inches) angegeben.

Pholidosis

Die Anzahl der Bauchschilde schwankt zwischen 208 und 238, die der Unterschwanzschilde kann zwischen 57 und 76 liegen. Ihre Mittelwerte betragen für Männchen 220,0 bzw. 69,3 sowie für Weibchen 227,0 bzw. 64,0. 25 bis 29, seltener auch 30 oder 31 Rückenschuppenreihen sind für alle Unterarten typisch.

Färbung und Zeichnung

Die Grundfärbung des Rückens ist sehr variabel. Sie reicht von grauen über braune, rote, gelbe bis zu orangefarbenen Tönungen. Die als „Miami-Variante" („Miami Phase") bezeichneten Exemplare haben eine hellgraue Rückenfarbe, auf der sich die Sattelflecken deutlich abheben. Diese Tiere stammen vornehmlich aus dem Südosten Floridas. Nördlichere Populationen zeigen wiederum recht dunkle Farben bei braunen oder grauen Grundtönen. Die meist 27 bis 40 (Mittelwert 31,8) Sattelflecken auf dem Rücken sowie 10 bis 16 (Mittelwert 12,3) Schwanzflecken, die alle in ihrer Größe recht stark variieren, sind in der Regel rötlich, orangefarben oder rotbraun und nicht immer schwarz gesäumt. Auch die Größe der Seitenflecken ist sehr unterschiedlich. Die Unterlippenschilde sind weiß bis blaß gelblich und können gleichfalls dunkel gerandet sein. Die Augen besitzen eine orangerote Iris. Die Bauchseite der Nominatform ist weiß, zeigt bei manchen Exemplaren aber eine schwach gelbe oder orangefarbene Tönung. Die Farbintensität der schwarzen, scharf abgegrenzten Flecken auf den Bauchschilden ist auch abhängig von der Herkunft der Tiere. Bei zunächst deutlich dunklerer Färbung entspricht die Zeichnung der Jungtiere der der adulten Schlangen. Nach wenigen Häutungen werden die Jungschlangen heller und zeigen leuchtendere Farben. Einige der vielfach für Zwecke der Farbzüchtung – wir kommen später auf diese Problematik zurück – von Terrarianern herangezogenen Farbmutationen kommen gelegentlich auch in der Natur vor. So sollen anerythristische Formen, denen das rote Pigment in der Haut fehlt, vor allem im südlichen Florida sowie in Georgia zu finden sein. Exemplare, denen der schwarze Farbstoff fehlt (die sogenannte amelanistische Variante), werden in Florida, North Carolina und Tennessee relativ häufig beobachtet; ihre Auffälligkeit dürfte allerdings ihre Überlebenschancen beinträchtigen. Die Angaben zur Pholidosis sowie zur Fleckenzahl auf der Körperoberseite für diese und weitere Unterarten von *E. guttata* stammen von SMITH u. a. (1994).

Verbreitung

Das gegenwärtige Verbreitungsgebiet der Nominatform umfaßt nahezu flächendeckend den Südosten der USA und schließt vereinzelte Restvorkommen in New Jersey, Delaware, dem südlichen Pennsylvania und Maryland, ferner in Gebieten im Nordosten von West Virginia sowie in weiten Teilen von Virginia ein. Weit verbreitet ist die Nominatform in South Carolina, Georgia und Florida. Außerdem werden kleine Gebiete in Kentucky und Tennessee, in Alabama – außer im Norden –, in Mississippi sowie im südöstlichen Louisiana bewohnt. Darüber hinaus sind Populationen auf etlichen Inseln vor der Atlantikküste und in der Golfküstenregion im Norden Floridas bekannt. Kornnattern auf einigen Inseln der Oberen Florida Keys sollen jedoch natürliche Kreuzungen (Intergrades) mit *E. g. rosacea* sein. In den Gebieten, die im Westen an das Verbreitungsgebiet von *E. g. meahllmorum* heranreichen, sollen nach Meinung von SMITH u. a. (1994) keine Intergrades mit dieser Form vorkommen. Das Verbreitungsgebiet der Nominatform schließt Höhenlagen von Meereshöhe in den Küstenflachländern wie auch Mittelgebirgslagen mit etwa 1000 m über NN ein.

Elaphe guttata rosacea
Key-Kornnatter

Synonyme und Chresonyme

Coluber rosaceus COPE, 1888: 388 – Terra typica: Key West, Florida (USA)
Callopeltis rosaceus LÖNNBERG 1895: 327
Elaphe rosacea BARBOUR 1920: 69
Elaphe guttata rosacea WRIGHT & WRIGHT 1957: 227
Elaphe guttata guttata MITCHELL, 1977: 33 (part.)
Elaphe guttata rosaea HAAST & ANDERSON 1981: 96 (err. typ.)
Elaphe guttata rosacea SCHULZ 1996: 305

Größe

In der Gesamtlänge bleiben die Key-Kornnattern mit 60 bis 90 cm, gelegentlich bis 120 cm, etwas kleiner als die Nominatform. CONANT (1975) gibt als Rekordlänge 167,6 cm (66 inches) an.

Pholidosis

Die Key-Kornnatter weist im Vergleich zur Nominatform im Mittel trotz geringerer Gesamtlänge eine größere Anzahl von Bauch- und Unterschwanzschilden auf. Es wurden Schwankungsbreiten von 223 bis 245 bzw. 66 bis 84 gezählt.

Key-Kornnatter (*E. g. rosacea*) von Key West (Monroe County) in Florida
Foto: B. Love/Blue Chameleon Ventures

Färbung und Zeichnung

Während Grundfarbe, Zeichnung und Augenfarbe denen der Nominatform ähneln, sind bei dieser Unterart dunkle Hautpigmente stark reduziert oder fehlen völlig, so daß die Rückenflecken – meist 35 bis 50 – keine dunklen Umrandungen aufweisen. Auch die Bauchseite zeigt nur noch bei wenigen Exemplaren dunkle Zeichnungen. Sind an den Bauchschilden Flecken vorhanden, so ist deren Farbe gelb oder orange. Während frischgeschlüpfte Key-Kornnattern den Jungtieren der Nominatform noch sehr ähnlich sind, verblassen die zunächst dunkelbraunen Sattelflecken schon nach wenigen Häutungen.

Verbreitung

Die Key-Kornnatter ist ausschließlich auf mehreren Inseln der sogenannten Unteren Florida Keys zu Hause, einer Inselkette, die sich von der Südspitze der Halbinsel Florida südwestwärts in den Golf von Mexiko erstreckt. Auf

Diese Key-Kornnatter (*E. g. rosacea*) zeigt ihre charakteristische Bauchseite.
Foto: B. Love/Blue Chameleon Ventures

den Inseln der Oberen Florida Keys bildet sie Intergrades mit der Nominatform. Mit kaum mehr als 25 m über NN erreicht *E. g. rosacea* die geringste vertikale Verbreitung aller Kornnattern.

Anmerkung:
Die systematische Stellung der Key-Kornnatter ist noch immer umstritten. Nicht nur, daß sie 1920 von BARBOUR als eigene Art eingestuft wurde, andere Herpetologen wie 1958 DUELLMANN u. a. sowie 1977 MITCHELL sehen in ihr lediglich eine Farbvariante von *E. g. guttata*. Als Begründung dazu wurde angegeben, daß sowohl auf den Florida Keys Tiere vorkommen, die der Nominatform ähneln, als auch auf dem Festland Exemplare zu finden sind, die wie Key-Kornnattern aussehen. Nach Ansicht von SCHULZ (1996) sind jedoch Kornnattern auf den Unteren Keys von den Tieren der Nominatform auf dem Festland zu unterscheiden, so daß ihre Eigenständigkeit als Unterart gerechtfertigt erscheint. Aufgrund ihres kleinen Verbreitungsgebietes, das mehr und mehr Biotopveränderungen unterworfen ist, ist der Bestand der Key-Kornnattern von der Ausrottung bedroht.

Elaphe guttata emoryi
Nördliche Präriekornnatter

Synonyme und Chresonyme

Scotophis emoryi BAIRD & GIRARD, 1853: 157 – Terrra typica: Howards Springs, Texas (USA)
Scotophis calligaster KENNICOT 1859: 98
Coluber rhinomegas COPE, 1860: 255 – Terra typica: Kansas
Elaphis guttatus var. *calligaster* JAN & SORDELLI 1867: Liv. 21, Pl. 6, Fig 2
Natrix emoryi COPE 1887: 71
Coluber guttatus GÜNTHER 1894: 114
Coluber laetus BOULENGER 1894: 49
Coluber emoryi DITMARS 1915: 298
Elaphe laeta STEJNEGER & BARBOUR 1923: 91
Elaphe laeta laeta WOODBURY & WOODBURY 1942: 139
Elaphe laeta intermontanus WOODBURY & WOODBURY, 1942: 140 –Terra typica: eine Meile nördlich von Moab, Grand Country, Utah
Elaphe quivira BURT 1947: 116 (nomen nudum)
Elaphe emoryi emoryi DOWLING 1951: 43
Elaphe guttata emoryi DOWLING 1952: 2
Elaphe emoryi intermontana WRIGHT & WRIGHT, 1957: 22
Elaphe guttata intermontanus MASLIN 1959: 61
Elaphe guttata emoryi SCHULZ 1996: 302

Größe
Bei etwas gedrungenerem Körperbau und relativ etwas größerem Kopf bleibt die Nördliche Präriekornnatter gewöhnlich ein wenig kleiner

Diese Nördliche Präriekornnatter (*E. g. emoryi*) unterscheidet sich von der Südlichen Präriekornnatter (*E. g. meahllmorum*) durch eine größere Anzahl von Rückenflecken.   Foto: D. Schmidt

als die Nominatform. In der Literatur finden sich meist Längenangaben von 80 bis 110 cm, wobei aber auch größere Exemplare vorkommen. Als Rekordlänge werden von CONANT & COLLINS (1998) wie auch von TENNANT (1998) 153 cm (60 ¼ inches) genannt. Die bei SCHULZ (1996) zitierte Rekordlänge von etwa 180 cm beruht vermutlich auf einem Irrtum. Nördliche Präriekornnattern aus separaten Populationen westlich der Rocky Mountains in Colorado und Utah, die zunächst 1942 von WOODBURY & WOODBURY als Unterart *E. g. intermontana* beschrieben worden waren, bleiben mit 60 bis 80, maximal 120 cm Gesamtlänge wesentlich kleiner.

Pholidosis

Bei ansonsten unwesentlichen Unterschieden in der Beschuppung besitzt *E. g. emoryi* weniger Bauchschilde (197 bis 228), dafür aber mit 60 bis 83 mehr Unterschwanzschilde als die Nominatform. Die Mittelwerte betragen bei Männchen 210,3 bzw. 69,3 und bei Weibchen 216,0 bzw. 64,2.

Färbung und Zeichnung

Bei graubrauner bis grauer Grundfarbe des Rückens sind die 39,5 bis 73,0 (Mittelwert 51,2) schwarz gerandeten Sattelflecken auf dem Rücken und 12,0 bis 28,5 (Mittelwert 20,4) auf dem Schwanz wie auch die kleineren Flecken der Körperseiten braun bis olivbraun. Aus manchen Populationen sind auch Tiere mit rotbrauner Fleckung bekannt. Manche Exemplare anderer Populationen weisen Veränderungen in der Fleckenform auf, indem die Flecken zu einem wellenförmigen Muster zusammenfließen bzw. mehr oder weniger geteilt erscheinende Flecken vorkommen. Auch Tiere mit H-förmigen Sattelflecken oder gar längsgestreifte Exemplare wurden schon beschrieben. Eine schmalere Fleckung der Präriekornnattern aus dem Norden ihres Verbreitungsgebietes geht einher mit einer stark erhöhten Fleckenanzahl. Die Zeichnung der weißen Bauchseite besteht nicht wie bei der Nominatform aus rechteckigen dunklen Flecken. Bei *E. g. emoryi* sind die Flecke auf den Bauchschilden mehr gerundet und trapezförmig. Die Iris ist oliv bis orangebraun gefärbt.

Die Nördliche Präriekornnatter (*E. g. emoryi*) ist eine robuste, für die Haltung und Vermehrung im Terrarium sehr gut geeignete Schlange.
Foto: D. Schmidt

Verbreitung

Mit der Aufteilung der bisherigen Unterart *E. g. emoryi* durch SMITH u. a. (1994) in zwei geographisch getrennte Unterarten *E. g. emoryi* und *E. g. meahllmorum* werden die nördlichen und westlichen Populationen zu *E. g. emoryi*, die östlichen und südlichen, einschließlich des gesamten Vorkommens in Mexiko, zu *E. g. meahllmorum* gestellt. Grundsätzlich liegt bis auf geringe Ausnahmen das Verbreitungsgebiet beider Formen westlich des Mississippi und des Missouri. Umstritten ist generell die Abtrennung von der Nominatform im zentralen Louisiana, in Südarkansas und in Osttexas. Manche Autoren, wie THOMAS (1974), sehen die Populationen in diesen Gebieten als Intergrades zwischen *E. g. emoryi* – oder heute *E. g. meahllmorum*? – und der Nominatform an. SMITH u. a. (1994) zählen im äußersten Nordwesten die sporadischen Vorkommen in Colorado und Utah sowie im Süden von Nebraska, die Populationen in Kansas, Oklahoma und im östlichen New Mexico nach wie vor ausschließlich zu *E. g. emoryi*. In Texas werden nur noch die nordwestlichen, in Missouri die mittleren und westlichen Populationen zur Nördlichen Präriekornnatter gerechnet. Die Verbreitung von *E. g. emoryi* in der Höhe kann in gebirgigen Lagen bis zu 2700 m reichen.

Elaphe guttata meahllmorum
Südliche Präriekornnatter

Elaphe guttata meahllmorum SMITH, CHIZAR, STANLEY & TEPEDELEN, 1994 – Terra typica: El Salto, San Luis Potosí (Mexiko)

Größe
Die Körperlänge dieser neu beschriebenen Unterart der Kornnatter liegt bei 60 bis 100 cm.

Pholidosis
Die Anzahl der Bauchschilde schwankt zwischen 201 und 236 (Mittelwerte bei Männchen: 214,4; bei Weibchen: 221,6), die der Unterschwanzschilde zwischen 60 und 83 (Mittelwerte bei Männchen: 75,0; bei Weibchen: 69,1).

Als diese Natter 1980 bei Hebronville im Jim Hogg County (Texas) gefangen wurde, war sie eine „gewöhnliche" Präriekornnatter. Heute ist das im American Museum of Naturaly History aufbewahrte Exemplar als Südliche Präriekornnatter (*E. g. meahllmorum*) eingestuft. Foto: E.A. Liner

Färbung und Zeichnung

Unterschiede zur „Schwesterunterart" *E. g. emoryi* sind in erster Linie in der geringeren Anzahl von Rückenflecken zu sehen. Die breiteren Flecken bringen es bei *E. g. meahllmorum* im Mittel lediglich auf eine Anzahl von 27,5 bis 44,5 (Mittelwert 37,3) auf dem Rücken und auf 11 bis 23 (Mittelwert 15,9) auf dem Schwanz. Die dunklen Bauchflecken sind deutlich reduziert und häufig grau gerandet.

Verbreitung

Als Südliche Präriekornnatter werden die östlichen und südlichen Populationen des bisherigen gemeinsamen Areals von *E. g. emoryi* betrachtet. In den USA sind das Südmissouri, Illinois, Arkansas, das östliche Oklahoma sowie der Osten und Süden von Texas. Südwärts von Texas, jenseits des Rio Grande, setzt sich die Verbreitung nach Mexiko hin fort. Dabei werden die Bundesstaaten Nuevo León vollständig und Coahuila außer im tiefsten Süden erfaßt. Chihuahua wird im Osten, Durango nur im Nordosten vom Verbreitungsgebiet berührt, Tamaulipas im Westen, San Luis Potosí im zentralen Teil sowie angrenzende Zipfel der Bundesstaaten Veracruz und Querétaro. Zwischen *E. g. emoryi* und *E. g. meahllmorum* besteht eine breite Intergradations-Zone. Ein Kontakt der Verbreitungsgebiete von *E. g. meahllmorum* und *E. g. guttata* im Milam County ist fragwürdig (VAUGHAN u. a. 1996).

Da die meisten Terrarianer nicht wissen, aus welchen Teilen des riesigen Verbreitungsgebietes ihre Tiere stammen, kann zunächst nur die mittlere Anzahl an Rückenflecken ein Indiz für die Unterartzugehörigkeit sein. Vermutlich ist es bei Terrariennachzuchten in vielen Fällen aus Unkenntnis heraus bereits zu einer Vermischung der Unterarten *E. g. emoryi* und *E. g. meahllmorum* gekommen.

Im Big-Bend-Nationalpark (Texas) ist die Südliche Präriekornnatter (*E. g. meahllmorum*) gelegentlich im Dikkicht der Überschwemmungsgebiete am Rio Grande anzutreffen, wo sie eine versteckte Lebensweise führt. Im Hintergrund liegt Mexiko. Foto: D. Schmidt

Die Erdnatter, ihre Unterarten und nahen Verwandten

Neben den Kornnattern sind die bekanntesten und am häufigsten im Terrarium gepflegten nordamerikanischen Kletternattern die Erdnattern (*Elaphe obsoleta*). Dazu haben sicher die ähnlichen, leicht zu realisierenden Haltungsansprüche, ihre gute Haltbarkeit und ihre problemlose Vermehrung im Terrarium beigetragen. Dazu kommt, daß der Art sehr unterschiedlich gefärbte Formen angehören, so daß man annehmen könnte, es würde sich um verschiedene Arten handeln. Erdnattern werden im Mittel etwas größer als Kornnattern, wenn auch die Rekordlänge von 256,5 cm (101 inches) – erreicht von einem Exemplar der Nominatform (CONANT u. COLLINS 1998) – wirklich ein Einzelfall ist. Selbst Tiere von 180 cm Gesamtlänge sind eine Ausnahme. Gehören die Erdnattern auch zu den größten Kletternattern überhaupt – lediglich große Individuen ostasiatischer Schönnattern (*Elaphe taeniura*) übertreffen sie –, sind doch die meisten Exemplare nur 120 bis höchstens 160 cm lang. Ihr mittelgroßer, länglicher Kopf setzt sich nur wenig vom kräftigen Körper ab. Die seitlichen Längskiele an den Bauchschilden sind aber erheblich deutlicher ausgebildet als bei den Kornnattern, und im Körperquerschnitt sind sie etwas höher als breit. Die Schuppen auf dem Rücken sind gekielt, an den Körperseiten dagegen glatt. Der Analschild ist stets geteilt.

Nach SCHULZ (1996) lassen sich grob vier Zeichnungstypen für die einzelnen Formen zusammenfassen:

- Einheitlich bräunlichschwarze bis schwarze Rückenfärbung, ohne oder noch mit Resten einer Musterung, keine Kopfzeichnung .... *E. o. obsoleta.*
- Graue, gelbliche oder bräunliche Grundfärbung mit deutlicher Zeichnung aus großen dunklen Rückenflecken und kleineren Seitenflecken. Die Zeichnung entspricht der des Jugendkleides. Die Kopfzeichnung beschränkt sich meist auf einen undeutlichen Streifen hinter den Augen .... *E. o. lindheimeri, E. o. spiloides.*
- Bei orangefarbener, gelber, gelblichgrauer oder auch grünlicher Grundfärbung sind in stark unterschiedlicher Ausprägung vier Längsstreifen vorhanden. Der Kopf zeigt keine Zeichnung. .... *E. o. quadrivittata, E. o. rossalleni.* In diesen Zeichnungstyp läßt sich grundsätzlich auch *Elaphe bairdi* – früher als eine weitere Unterart von *E. obsoleta* geführt – einordnen, nur daß bei manchen Tieren silbergraue bis blaugraue Farbtöne hinzukommen.
- Die Grundfärbung ist braunorange, grau oder gelbgrau mit Fleckenzeichnung und zusätzlich dunklen Längsstreifen. Der Kopf ist entweder ungezeichnet oder weist einen undeutlichen Streifen hinter den Augen auf. .... intermediäre Formen.

Die helle Bauchseite der Erdnattern kann weiß, gelblich, orange oder grau sein und auch dunkle Flecken aufweisen.

Kopfbeschuppung der Erdnatter (*Elaphe obsoleta*) nach SCHULZ (1996)

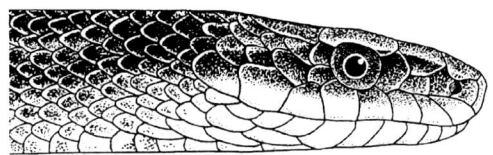

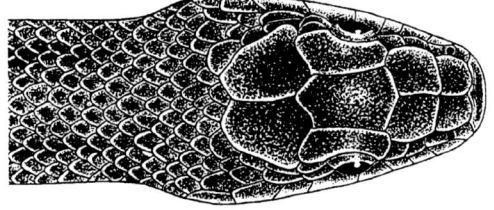

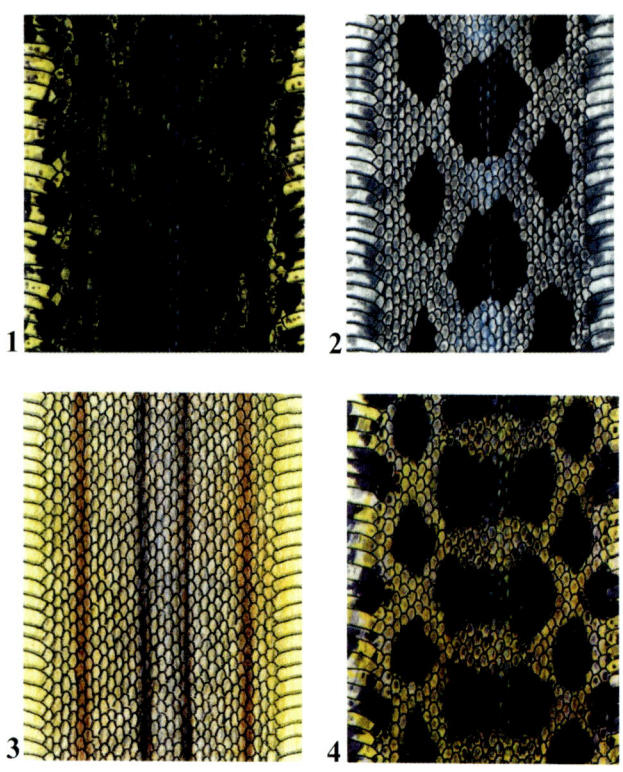
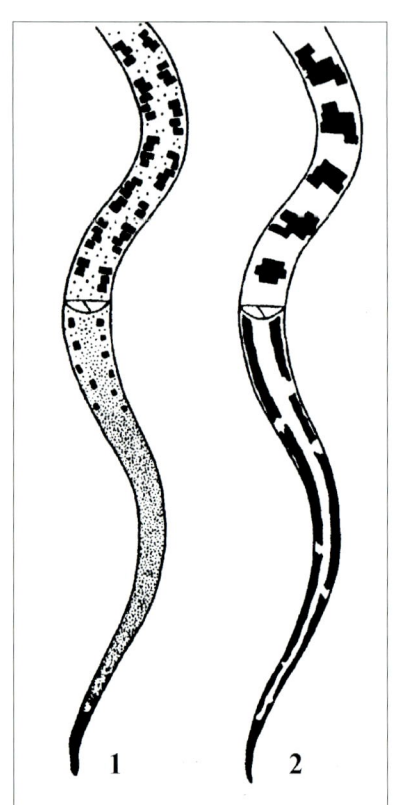

Typische Farbzeichnungen bei Erdnattern (*Elaphe obsoleta*)
1 *E. o. obsoleta* **2** *E. o. spiloides* **3** *E. o. quadrivittata* **4** *E. o. lindheimeri* nach STASZKO u. a. (1994)

Bauchseite von Jungtieren **1** Erdnatter (*Elaphe obsoleta*) **2** Kornnatter (*Elaphe guttata*) nach CONANT (1998)

Die Färbung der Jungtiere ist bei allen Formen sehr ähnlich. Bei grauer bis gelbgrauer Grundfarbe besitzen sie zunächst alle eine dunkle Fleckenzeichnung. Bei den gestreiften oder nahezu einfarbigen Formen verblaßt die Rückenfleckung im ersten Lebensjahr mit fortschreitender Anzahl an Häutungen und macht der Färbung und Zeichnung der adulten Tiere Platz. Diese Tatsache ist vom Terrarianer, der mehrere Unterarten pflegt, unbedingt zu beachten: die frischgeschlüpften Jungschlangen sind voneinander kaum zu unterscheiden. Daß geschlechtsreife Exemplare unterschiedlichen Geschlechts nicht zusammen in einem Terrarium gehalten werden dürfen, um nicht unerwünschte Bastarde zu produzieren, sollte selbstverständlich sein. In der Natur kommen Übergangsformen in den sich berührenden Verbreitungsgebieten der Unterarten vor. Ebenso wurden schon bei Wildtieren stark von der Norm abweichende Zeichnungsvarianten oder Exemplare mit Färbungsdefekten – beispielsweise Albinos – beschrieben.

Das riesige Verbreitungsgebiet von *Elaphe obsoleta* erstreckt sich vom äußersten Süden Kanadas über den gesamten Ostteil der Vereinigten Staaten und reicht möglicherweise bis in den Nordosten Mexikos. *Elaphe bairdi* hat ihr Hauptverbreitungsgebiet im Süden von Texas und ist auch in den nordöstlichen Bundesstaaten von Mexiko zu Hause. Areale, in denen sich Unterarten be-

Erdnattern, ihre Unterarten und nahen Verwandten

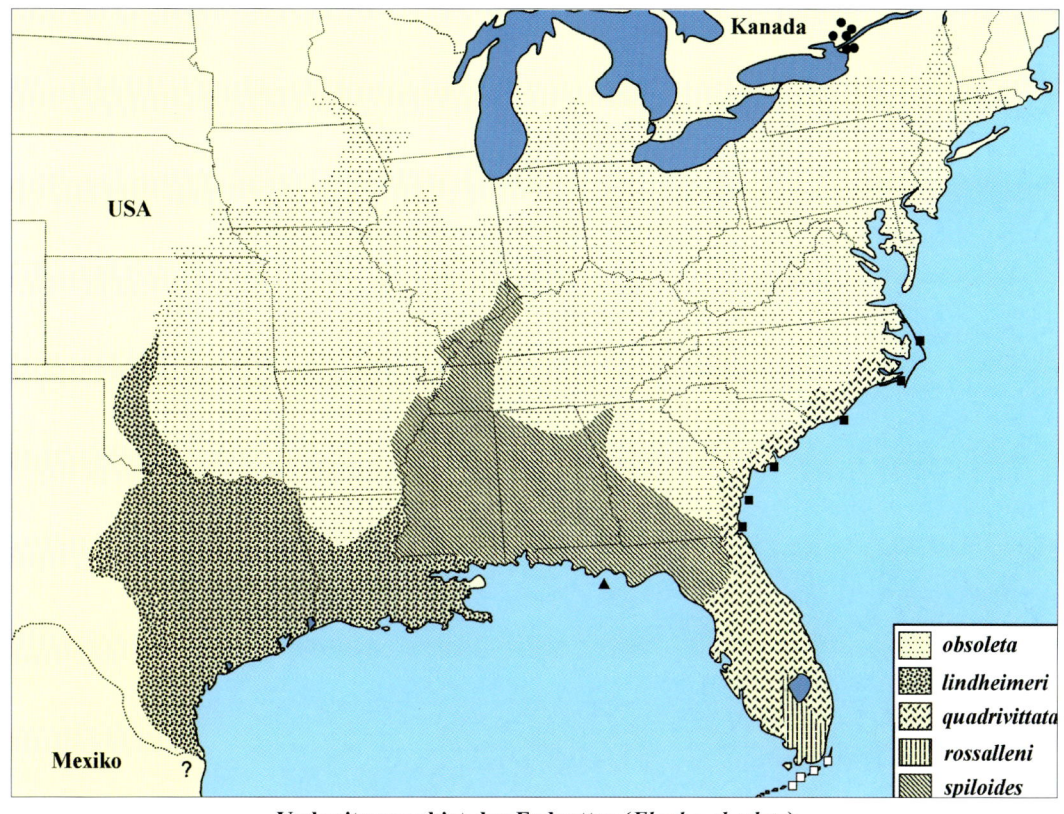

Verbreitungsgebiet der Erdnatter (*Elaphe obsoleta*)

Inselpopulationen sind durch gefüllte Vierecke (*E. o. quadrivittata*), leere Vierecke (*E. o. rossalleni*) und ein Dreieck (*E. o. spiloides*) gekennzeichnet. Punkte zeigen getrennte Populationen von *E. o. obsoleta*. Das Fragezeichen markiert eine vermutete Verbreitung in Mexiko.
nach SCHULZ (1996)

rühren und überschneiden, lassen sich nur schwer festlegen. CONANT & COLLINS (1998) haben das beispielsweise getan, hier wird darauf verzichtet.

Aufgrund ihrer Anpassungsfähigkeit gegenüber unterschiedlichen Umweltbedingungen haben die Erdnatterunterarten in ihren Verbreitungsgebieten die verschiedensten Lebensräume erschlossen. Dabei zeigen sich aber spezielle Präferenzen, auf die bei den ökologischen Anmerkungen zu den einzelnen Formen näher eingegangen werden soll.

Beschäftigen wir uns im folgenden näher mit den Unterarten von *E. obsoleta* sowie mit *E. bairdi*.

Elaphe obsoleta obsoleta
Schwarze Pilotnatter

Synonyme und Chresonyme

Coluber obsoletus SAY, 1823: 140 – Terra typica: Cow Island im Missouri River, Kansas (USA)

Coluber alleghaniensis HOLBROOK, 1836: 111 – Terra typica: Virginia

Scotophis alleghaniensis BAIRD & GIRARD 1853: 73

Scotophis confinis BAIRD & GIRARD, 1853: 76 – Terra typica: South Carolina

Scotophis laetus BAIRD & GIRARD, 1853: 77 – Terra typica: Arkansas

Elaphis holbrookii DUMÉRIL, BIBRON & DUMÉRIL, 1854: 272 – Terra typica: Indiana
Elaphis alleghanensis HALLOWELL 1856: 243
Scotophis obsoletus KENNICOTT 1860: 330
Coluber obsoletus obsoletus YARROW 1882: 102 (part.)
Elaphis obsoletus GARMAN 1883: 54
Elaphis obsoletus var. *alleghaniensis* GARMAN 1883: 54
Elaphis obsoletus var. *obsoletus* GARMAN 1892: 292
Elaphis obsoletus var. *lindheimeri* GARMAN 1892: 290
Pantherophis alleghaniensis GARMAN, S. 1892: 108
Coluber confinis COPE 1892: 632
Elaphe obsoletus DUNN 1915: 6
Callopeltis obsoletus MEDSGER 1919: 28
Elaphe obsoleta obsoleta STEJNEGER & BARBOUR 1923: 91
Elaphe obsoleta NEILL 1947: 207
Elaphe obsoleta obsoleta SCHULZ 1996: 311

Größe
Wenn auch die zitierte Rekordlänge der Art von 256,5 cm bei einem Exemplar der Nominatform gemessen wurde, decken sich die einzelnen Unterarten in der Gesamtlänge weitgehend. Man kann bei der Schwarzen Pilotnatter von etwa 150, maximal 180 cm Länge ausgehen.

Pholidosis
Die Anzahl der Reihen von Rückenschuppen in der Körpermitte liegt bei 25 bis 27, nur selten sind es 23 oder 29. Mit 222 bis 246 Bauchschilden übertrifft die Nominatform die Werte der anderen Unterarten mit Ausnahme von *E. o. spiloides*. 63 bis 90 Unterschwanzschilde sind dagegen im Mittel etwas weniger, als die anderen Unterarten aufweisen.

Die Nominatform der Erdnatter – die Schwarze Pilotnatter (*E. o. obsoleta*) – zeichnet sich durch eine lackschwarze Färbung aus. Sie wird im Vergleich zu den anderen Unterarten der Erdnattern relativ selten im Terrarium gepflegt. Die weiße bis cremefarbene Färbung der Lippenschilde der Schwarzen Pilotnatter setzt sich über die Kehle und die gesamte Bauchseite fort. Foto: D. Schmidt

Der „grünliche" Anflug dieses Intergrades von *E. o. obsoleta* × *E. o. quadrivittata* aus South Carolina ist nur wenig angedeutet. Foto: B. Love/Blue Chameleon Ventures

Färbung und Zeichnung

Allgemein gilt, daß die Nominatform aufgrund ihrer Färbung kaum mit ihren nahen Verwandten verwechselt werden kann. Adulte Exemplare haben grundsätzlich einen einfarbig dunkelbraunen bis schwarzen Rücken. Die Haut zwischen den Schuppen – nach dem Verschlingen einer großen Beute gut zu erkennen – zeigt helle, weißgelbe und sogar rötliche Bereiche. Bei vielen Alttieren ist aber die Jugendzeichnung mit 28 bis 39 Rückenflecken und kleinen seitlichen Flecken noch festzustellen. Die Bauchseite ist dagegen weiß bis cremefarbig und zeigt eine dunklere Zeichnung. Diese Bauchfärbung, auch im Kehlbereich vorhanden, zieht sich bis zu den weißen Unterlippenschilden hin. Die Färbung der Iris ist dunkelgrau bis schwarz. Jungschlangen weisen die charakteristische hellgraue Grundfärbung mit

Natürliche Bastarde der Schwarzen Pilotnatter (*E. o. obsoleta*) mit der Kükennatter (*E. o. quadrivittata*), wie dieses Tier im Jaspers County (South Carolina), werden von den Einheimischen als „Greenish Rat Snake" („Grünliche Rattenschlange") bezeichnet.
Foto: B. Love/Blue Chameleon Ventures

dunkelbraunen, schwarz umrandeten Rückenflecken auf. Ihre Iris ist hellgrau. Wenn auch selten, werden in der Natur auch Albinos und leuzistische Tiere – weiße Exemplare mit pigmentierten Augen – sowie weitere Farbmutationen – gelbbraune Tiere mit undeutlicher Fleckung oder braungefleckte Exemplare, die entfernt an eine Kornnatter erinnern („Brindle mutation") – gefunden.

Verbreitung
Der größte Teil der nördlichen und mittleren Bundesstaaten der USA bildet ein geschlossenes Verbreitungsgebiet für die Nominatform der Erdnatter. Flächendeckend werden Connecticut, New Jersey, Pennsylvania und Ohio im Nordosten mit Ausläufern nach Massachusetts, Vermont, Rhode Island, New York, Michigan, Illinois, Indiana, Wisconsin, Iowa, Nebraska, Minnesota sowie südliche Teile der kanadischen Provinz Ontario – südlich entlang der Seen Huron, Erie und Ontario – erfaßt. In den mittleren Bundesstaaten Delaware, Maryland, Virginia, West Virginia, Kentucky und Missouri ist die Schwarze Pilotnatter ebenfalls überall zu Hause. Dazu kommen angrenzende Areale von North und South Carolina – außer bestimmten Küstenbereichen –, sowie im Norden von Louisiana, Alabama und Georgia. In den angrenzenden Verbreitungsgebieten der Unterarten *E. o. quadrivittata*, *E. o. spiloides* und *E. o. lindheimeri* gibt es Intergrades, deren Ausbreitung geographisch kaum exakt zu bestimmen ist. Die Schwarze Pilotnatter dringt bis in Höhen von etwa 1200 m über NN vor.

Elaphis quadri-vittatus DUMÉRIL 1853: 453
Elaphis quadrivittatus GARMAN 1853: 56
Coluber obsoletus BOULENGER 1894: 50 (part.)
Callopeltis quadrivittatus LÖNNBERG 1895: 327
Coluber obsoletus var. *quadrivittatus* DITMARS 1915: 308
Elaphe obsoletus HANKINSON 1917: 326
Elaphe quadrivittata STEJNEGER & BARBOUR 1923: 92
Elaphe quadrivittata quadrivittata BRADY 1932: 6
Elaphe quadrivittata deckerti BRADY, 1932: 5 – Terra typica: Florida
Elaphe williamsi BARBOUR & CARR, 1940: 340 – Terra typica: Florida
Elaphe quadrivittata parallela BARBOUR & ENGELS, 1942: 103 – Terra typica: North Carolina
Elaphe obsoleta deckerti NEILL 1949: 2
Elaphe obsoleta williamsi NEILL 1949: 7
Elaphe obsoleta quadrivittata NEILL 1949: 1
Elaphe obsoleta parallela WRIGHT & WRIGHT 1957: 269
Elaphe obsoleta MARTOF 1963: 70
Elaphe quadravittata quadravittata SIVAK 1977: 293 (err. typ.)

Größe
Auch wenn die mittlere Körperlänge 150 cm beträgt, gibt es gelegentlich 180 cm lange Exemplare. Damit entspricht die Kükennatter in ihren Abmessungen etwa der Schwarzen Pilotnatter. Die bisher größte vermessene Kükennatter war 221 cm (87 inches) lang (CONANT & COLLINS 1998). Exemplare von den Florida Keys bleiben mit 100 bis 120 cm Länge deutlich kleiner.

Pholidosis
Mit 27 bis 29, gelegentlich auch 25 Rückenschuppenreihen übertrifft die Kükennatter die

Elaphe obsoleta quadrivittata
Kükennatter

Synonyme und Chresonyme

Coluber quadrivittatus HOLBROOK, 1836: 89 – Terra typica: Charleston, South Carolina (USA)
Scotophis quadrivittatus BAIRD & GIRARD 1853: 80

Oben: Diese Kükennatter wurde in Florida (Hendry County) nachts auf einem Palmwedel entdeckt.
Unten: Kükennattern von den Florida Keys besaßen früher das Taxon „*deckerti*"; sie bleiben deutlich kleiner als die typischen Kükennattern. Dieses Exemplar wurde jedoch an der Südspitze der Halbinsel angetroffen, nicht auf den Keys.

Fotos: B. Love/Blue Chameleon Ventures

Erdnattern, ihre Unterarten und nahen Verwandten

Junge Kükennattern zeigen noch eine Fleckenzeichnung. Foto: B. Love/Blue Chameleon Ventures

anderen Unterarten. Die Anzahl der Bauchschilde (225 bis 245) liegt im mittleren Bereich, während die Maximalzahl an Unterschwanzschilden (75 bis 102) die aller übrigen Unterarten überbietet.

Färbung und Zeichnung
Die charakteristische gelbe, gelborange bis gelbbraune Grundfärbung der Kükennatter, wie sie für Exemplare vor allem aus Florida und Südgeorgia typisch ist, unterstützt die kontrastreiche Zeichnung der vier braunen bis schwarzen Längsstreifen, die die Kükennatter auch in der Terraristik so beliebt gemacht hat. Tiere aus dem nördlichen Teil des Verbreitungsgebietes weisen

Links: Die Kükennatter (*E. o. quadrivittata*) ist gelegentlich auf Bäumen bei der Suche nach Vogelnestern zu finden (St. Lucie County; Florida).
Foto: B. Love/Blue Chameleon Ventures

dagegen eine gelbgraue bis grünliche Grundfarbe auf. Die grünlichen Schlangen werden von den Terrarianern als „Greenish Phase" bezeichnet; manche Herpetologen meinen, sie seien Intergrades mit der Nominatform. Die zwei bis drei Rückenschuppen breiten Längsstreifen – die seitlichen sind oft etwas breiter als die mittleren – verlaufen nur auf dem Körper vom Hals bis zum Rumpfende. Die Unterlippenschilde sind, wie auch nahezu die gesamte Bauchseite, gelblich bis weiß. Lediglich schwanzwärts zeigt der Bauch eine undeutliche graue Pigmentierung. Die Oberseite des Kopfes ist ungezeichnet, die Iris gelbgrau bis gelborange. Die gelblich-grauen Jungtiere ähneln weitgehend denen der übrigen Unterarten, sind aber etwas heller, besonders in der Fleckenzeichnung. Die kleineren Tiere der Inselpopulationen auf Key West sind in Färbung und Zeichnung sehr variabel, meist aber recht düster, so daß die vier Längsstreifen nur undeutlich zu erkennen sind. Intergrades zwischen *E. o. quadrivittata* und *E. o. spiloides* von der Westküste Floridas wurden früher als eigene Unterart (*E. o. williamsi*) angesehen. Sie zei-

Amelanistische Kükennatter (*E. o. quadrivittata*), sie wurde im Hillsborough County (Florida) gefangen.
Foto: B. Love/Blue Chameleon Ventures

Biotop der Kükennatter (*E. o. quadrivittata*) in Florida (Levy County)

Foto: B. Love/Blue Chameleon Ventures

gen eine intermediäre Zeichnung mit vier Längsstreifen und einer Reihe graubrauner Flecken auf der Rückenmitte. Die 1942 als *E. o. parallela* beschriebene Inselform von einigen Atlantikinseln vor North Carolina wird entweder als Intergrade mit *E. o. obsoleta* betrachtet oder einfach mit der Nominatform zusammengefaßt. Über den Charakter der verschiedenen Formen und die Gültigkeit ihrer wissenschaftlichen Namen bestehen nach wie vor die unterschiedlichsten Ansichten, und auch SCHULZ (1996) konnte sich Spekulationen darüber nicht entziehen.

Verbreitung

Das natürliche Verbreitungsgebiet der Kükennatter erstreckt sich entlang der Atlantikküste von North und South Carolina über Georgia bis zur Halbinsel Florida, wo lediglich der Süden von *E. o. rossalleni* besetzt ist. Populationen mit abweichender Färbung und Zeichnung sowie Intergrades mit anderen Unterarten in benachbarten Arealen geben immer wieder Anlaß zu Diskussionen.

Elaphe obsoleta lindheimeri
Texaskükennatter

Synonyme und Chresonyme

Scotophis lindheimerii BAIRD & GIRARD, 1853: 74 – Terra typica: New Braunfels, Texas (USA)
Coluber lindheimerii COPE 1875: 39
Coluber lindheimerii YARROW 1882: 101
Coluber obsoletus obsoletus YARROW, 1882: 102 (part.)
Elaphis obsoletus var. *lindheimerii* GARMAN 1883: 54

Pantherophis lindheimerii GARMAN 1892: 108
Coluber obsoletus BOULENGER, 1894: 50 (part.)
Coluber obsoletus lindheimeri BROWN 1903: 549
Coluber obsoletus var. *lindheimeri* DITMARS 1915: 306
Elaphe obsoleta lindheimeri STEJNEGER & BARBOUR 1923: 91

Größe
Wie die Nominatform ist die Texaskükennatter eine kräftige Schlange, deren Maximallänge von STASZKO & WALLS (1994) mit 218,5 cm (86 inches) angegeben wird. Im Mittel erreichen die Tiere etwa 150 cm; größere Exemplare sind selten.

Pholidosis
Bei etwas geringerer Maximalzahl an Unterschwanzschilden (72 bis 88) ähneln die übrigen Beschuppungsdaten denen der anderen Unterarten (Bauchschilde 218 bis 238; Rückenschuppen 25 bis 27, selten 29).

Färbung und Zeichnung
Die Texaskükennatter ist grundsätzlich gefleckt, zeigt sich aber in der Intensität der Färbung sehr variabel. Auf der gelbgrauen oder gelbbraunen Oberseite heben sich 25 bis 28, etwa vier bis sechs Rückenschuppen breite, braune bis nahezu schwarze Flecken ab. Die gleiche Farbe haben auch die kleinen ovalen Flecken auf den Körperseiten, während die Rückenschuppen eine dunkle Mitte besitzen oder dunkel gerandet sind. Besonders im Halsbereich ist die Haut zwischen den Schuppen orangerot bis rostfarben. Die Rückenfleckung wird bei manchen Exemplaren durch vier undeutliche Längsstreifen ergänzt. Ein dunkler Streifen hinter den Augen ist bei älteren Tieren kaum noch vorhanden. Die Oberseite des Kopfes ist meist dunkelgrau, die Unterseite von Kopf und Hals weiß. Der ebenfalls

Junge Texaskükennatter aus dem Bexar County (Florida) Foto: B. Love/Blue Chameleon Ventures

Die leuzistische Texaskükennatter (*E. o. lindheimeri*) zeichnet sich durch eine pigmentierte Regenbogenhaut der Augen aus.
Foto: B. Love/Blue Chameleon Ventures

Recht dunkles Exemplar einer Texaskükennatter (*E. o. lindheimeri*)

Foto: B. Love/Blue Chameleon Ventures

weiße Bauch weist eine undeutliche, dunkle Fleckung auf; die Schwanzunterseite ist gewöhnlich einheitlich grau. Die Iris ist graubraun. Die Jungtiere der Texaskükennatter sind ähnlich, aber etwas heller gezeichnet als die der Nominatform. Ihr Kopf zeigt eine deutlichere Zeichnung. In der Literatur werden u. a. auch amelanistische und leuzistische Exemplare beschrieben, ebenso wie Intergrades mit *E. bairdi* und *E. o. spiloides*.

Verbreitung

Das Areal von *E. o. lindheimeri* schließt sich westwärts an das Verbreitungsgebiet von *E. o. spiloides* und südwärts bis zum Golf von Mexiko an das der Nominatform an. Es umfaßt – von Ost nach West – Teile der US-amerikanischen Bundesstaaten Mississippi, Louisiana, Texas, Oklahoma und reicht mit einem Zipfel bis nach Kansas hinein. Vermutlich kommt die Unterart auch im Norden von Tamaulipas (Mexiko) vor; sichere Nachweise fehlen allerdings noch (SCHULZ 1996). Sie dringt in ihrem Areal bis in Höhen von etwa 900 m über NN vor.

Elaphe obsoleta spiloides
Graue Pilotnatter

Synonyme und Chresonyme

Elaphis spiloides DUMÉRIL, BIBRON & DUMÉRIL, 1854: 269 – Terra typica: New Orleans, Louisiana (USA)

Coluber obsoletus confinis COPE 1875: 39
Coluber spiloides GÜNTHER 1858: 90
Coluber obsoletus confinis COPE 1877: 64
Coluber lindheimerii DAVIS & RICE 1883: 29
Coluber obsoletus lemniscatus COPE, 1888: 386 – Terra typica: Georgia
Coluber obsoletus spiloides COPE 1888: 387
Elaphe confinis HURTER 1911: 180
Elaphe spiloides HURTER 1911: 181
Coluber obsoletus var. *confinis* DITMARS 1915: 307
Elaphe obsoletus WRIGHT & BISHOP 1915: 162
Elaphe obsoleta confinis STEJNEGER & BARBOUR 1923: 91
Elaphe obsoleta obsoleta DOWLING 1952: 4
Elaphe obsoleta spiloides DOWLING 1952: 5

Kopfzeichnung einer Grauen Pilotnatter (*Elaphe obsoleta spiloides*)   nach STASZKO u. a. (1994)

Größe

Bei etwas schlankerem Körperbau als die anderen Unterarten liegt die mittlere Gesamtlänge der Grauen Pilotnatter mit etwa 145 cm im Größenbereich ihrer nahen Verwandten. Als Längenrekord werden von CONANT & COLLINS (1998) 214 cm (84 ½ inches) genannt.

Pholidosis

Die Anzahl der Rückenschuppenreihen wird in der Literatur mit 25 bis 27, selten auch 29, die der Bauchschilde mit 70 bis 92 angegeben (SCHULZ 1996). Lediglich die maximale Bauchschildzahl übertrifft damit die der übrigen Unterarten.

Färbung und Zeichnung

Wenn auch die Zeichnung der Alttiere recht unterschiedlich ausfallen kann, bleibt doch im Prinzip die graue Grundfärbung der Jungtiere mit dunkelbraunen, schwarz gesäumten Rükkenflecken und kleineren Seitenflecken – wie sie auch die Jungtiere der Nominatform aufweisen – mit zunehmendem Alter erhalten. Im vorderen Teil des Körpers sind die Rückenflecken oft größer; bei manchen Individuen können zwei seitliche Längsstreifen erkennbar sein. Die kräftigere Kopffleckung der Jungtiere ist auch im Alter noch zu sehen und läßt die Kopf-oberseite dunkler erscheinen. Auch kommen Tiere mit einem dunklen Streifen hinter den Augen oder mit einem undeutlichen Streifen vor den Augen, quer über den Kopf, vor. Die Bauchseite der Grauen Pilotnatter ist grau bis gelblichweiß und zeigt im vorderen Bereich kleine dunkle Flecken oder Sprenkel. Die Iris ist hell- bis dunkelgrau.

Verbreitung

Das Verbreitungsgebiet der Grauen Pilotnatter erstreckt sich im Südosten der USA entlang der Golfküste vom nordwestlichen Teil des Bundesstaates Florida westwärts über weite Teile

Sehr helle Variante der Grauen Pilotnatter (*E. o. spiloides*)
Foto: B. Love/Blue Chameleon Ventures

Erdnattern, ihre Unterarten und nahen Verwandten

Graue Pilotnatter (*E. o. spiloides*) im Terrarium des Autors Foto: D. Schmidt

Links: Natürliche Kreuzungen zwischen *E. o. spiloides* und *E. o. quadrivittata* besaßen früher den eigenen Unterartstatus *E. o. williamsi*. Hier diese „Gulf Hammock Rat Snake" aus dem Levy County (Florida)
 Foto: B. Love/Blue Chameleon Ventures

Portrait des Intergrades „*williamsi*" aus dem Levy County (Florida)
 Foto: B. Love/Blue Chameleon Ventures

Alabamas – mit Ausnahme des äußersten Nordens –, den gesamten Staat Mississippi mit Ausläufern nach Süd- und Westgeorgia, Tennessee, Ostarkansas und erreicht Teile von Kentucky, Illinois, den südlichsten Zipfel von Indiana und ein kleines Gebiet in den angrenzenden Regionen von Louisiana und Missouri. Dabei reicht ihre Höhenverbreitung vom Küstentiefland am Golf von Mexiko bis in die Ausläufer der Appalachen mit 600 m über NN. Im Kontakt mit den Verbreitungsgebieten der Unterart *E. o. quadrivittata* sowie der Nominatform, vor allem in Georgia, gibt es unsicher begrenzte Gebiete mit intermediären Tieren.

Elaphe obsoleta rossalleni
Evergladeskükennatter

Synonyme und Chresonyme

Elaphe obsoleta rossalleni NEILL, 1949: 1 – Terra typica: bei Fort Lauderdale, Florida (USA)
Elaphe obsoleta quadrivittata DOWLING 1952: 5 (part.)
Elaphe obsoleta quadrivittata rossalleni (!) MORRIS 1987: 45

Größe
Die etwa 120 bis 180 cm lange Unterart ähnelt bis auf Färbung und Zeichnung weitgehend *E. o. quadrivittata*. Für ihre Rekordlänge werden sogar dieselben Daten angegeben (CONANT & COLLINS 1998).

Pholidosis
Die Evergladeskükennatter besitzt 25 bis 27, ausnahmsweise 29 Rückenschuppenreihen, 220 bis 235 Bauchschilde sowie 70 bis 95 Unterschwanzschilde. Mit diesen Daten liegt sie im Bereich aller *E.-obsoleta*-Unterarten.

Färbung und Zeichnung
Bei deutlich orangefarbener, gelboranger bis kräftig orangeroter Grundfärbung sind vier nur ein bis zwei, selten drei Rückenschuppen breite, dunkle Längsstreifen kaum sichtbar. Oft fehlen sie völlig. Die Unterseiten von Kopf und Hals sind gelb, die Bauchseite orange – schwanzwärts mehr gelblich. Auch die Iris ist orangefarben. Intergrades zwischen *E. o. rossalleni* und *E. o. quadrivittata* sind dunkler als typische *E. o. quadrivittata* und deutlicher gestreift als *E. o. rossalleni*. Färbung und Zeichnung der Jungtiere gleichen weitgehend denen von *E. o. quadrivittata*, zeigen aber mitunter einen rosa oder orangefarbenen Schimmer.

Verbreitung
E. o. rossalleni bewohnt das kleinste Verbreitungsgebiet aller Erdnattern. Es beschränkt sich auf die Everglades und Sümpfe im Süden der Halbinsel Florida und erreicht nur Höhenlagen von wenigen Metern über NN.

Ungestreifte Evergladeskükennattern wie dieses Tier aus dem Palm Beach County (Florida) sind lediglich eine natürliche Zeichnungsvariante. Foto: B. Love/Blue Chameleon Ventures

Erdnattern, ihre Unterarten und nahen Verwandten

Auch Evergladeskükennattern gehen gern in Baumkronen auf Beutesuche.
Foto: B. Love/Blue Chameleon Ventures

Besonders farbenprächtige Evergladeskükennatter
Foto: B. Love/Blue Chameleon Ventures

Junges Männchen einer Evergladeskükennatter (*E. o. rossalleni*)
Foto: B. Love/Blue Chameleon Ventures

Evergladeskükennatter (*E. o. rossalleni*)
im Palm Beach County (Florida)
Foto: B. Love/Blue Chameleon Ventures

Elaphe bairdi
Bairds Kletternatter

Synonyme und Chresonyme

Coluber bairdi YARROW, 1880: 492 – Terra typica: Fort Davis, Texas (USA)
Coluber bairdii COPE 1892: 636
Elaphe bairdi STEJNEGER & BARBOUR 1923: 90
Elaphe bairdii SMITH 1938: 150
Elaphe obsoleta bairdi DOWLING 1952: 7
Elaphe bairdi LAWSON & LIEB 1990: 280

Größe

Die schlanke und doch kräftig erscheinende Natter, deren separate systematische Stellung gegenüber *E. obsoleta* heute kaum noch bestritten wird, wird nur 100 bis 140 cm lang. Nach CONANT & COLLINS (1998) ist das größte bisher vermessene Exemplar 157,5 cm (62 inches) lang.

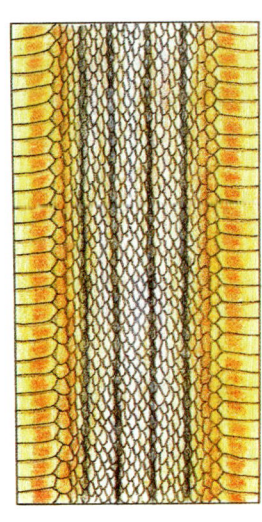

Typische Farbzeichnung bei Bairds Kletternatter (*Elaphe bairdi*) nach STASZKO u. a. (1994)

Pholidosis

Diese typische Kletternatter besitzt in der Rumpfmitte 27, mitunter auch 29 Rückenschuppenreihen, die in der Mitte des hinteren Rumpfteiles schwach gekielt sind. Die Unterseite weist 234 bis 237 Bauchschilde sowie 81 bis 105 Unterschwanzschilde auf. Der Analschild ist geteilt. Die Bauchkiele sind etwas schwächer ausgebildet als bei *E. obsoleta*.

Kopfbeschuppung von Bairds Kletternatter (*Elaphe bairdi*) nach SCHULZ (1996)

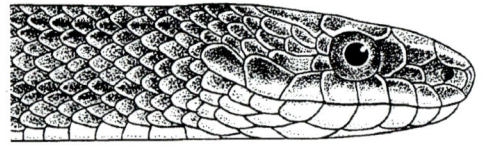
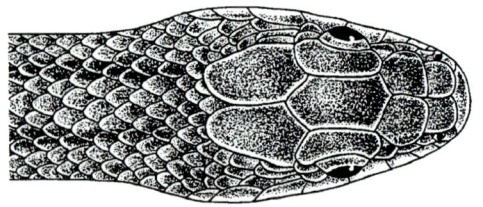

Färbung und Zeichnung

Erwachsene Exemplare sind im vorderen Rückenbereich gelbbraun bis orange gefärbt, werden schwanzwärts aber mehr oder weniger silbergrau. Hier zeigen auch die Ränder der Rückenschuppen und die Haut zwischen den Schuppen zunehmend orangerote Farbtöne. Vier hinter dem Kopf beginnende dunklere Längsstreifen sind meist nur undeutlich auszumachen; die beiden mittleren werden aber nach hinten deutlicher. Mitunter sind noch Andeutungen der gefleckten Jugendzeichnung vorhanden. Der gelbbraune Kopf zeigt keine Zeichnung. Der im vorderen Körperbereich gelbliche Bauch weist zum Schwanz hin eine immer mehr orange werdende Färbung auf. Die

Rechts oben: Bairds Kletternattern (*Elaphe bairdi*) werden relativ selten im Terrarium gepflegt.

Rechts unten: Locker bewaldetes Hochland der Chisos Mountains (Big-Bend-Nationalpark, Texas) in Höhen von mehr als 1200 m über dem Meeresspiegel gehört zum Lebensraum von Bairds Kletternatter (*E. bairdi*).

Fotos: D. Schmidt

Erdnattern, ihre Unterarten und nahen Verwandten

Ein Exemplar von *E. bairdi* aus Nuevo León (Mexiko)
Foto: E. A. Liner

Bauchschilde besitzen einen dunklen Rand. Die Iris ist orange.
Generell variiert das Aussehen von Bairds Kletternatter aber sehr. So wurden weitgehend silber- bis blaugraue Exemplare oder auch gelbbraune Tiere mit undeutlichen grauen Längsstreifen gefunden. Individuen aus Mexiko waren gelbbraun und wurden schwanzwärts immer dunkler braungrau mit deutlicher Streifung, wobei der einfarbig graue Kopf sich klar vom gelbbraunen Rumpf abhob. Jungtiere besitzen bei grauer Grundfärbung 47 bis 61 braune Querflecken, die nur zwei bis maximal drei Rückenschuppen breit sind. Seitlich zieht sich je eine Reihe dunkler Punkte entlang. Die Kopfzeichnung der Jungtiere ist nach etwa zwei Jahren nicht mehr zu erkennen. Die grauköpfigen mexikanischen Jungtiere färben sich früher um als texanische Tiere (SCHULZ 1996). Aus Terrarienzuchten sind auch albinotische Individuen bekannt.

Verbreitungsgebiet von Bairds Kletternatter (*Elaphe bairdi*) nach SCHULZ (1996)

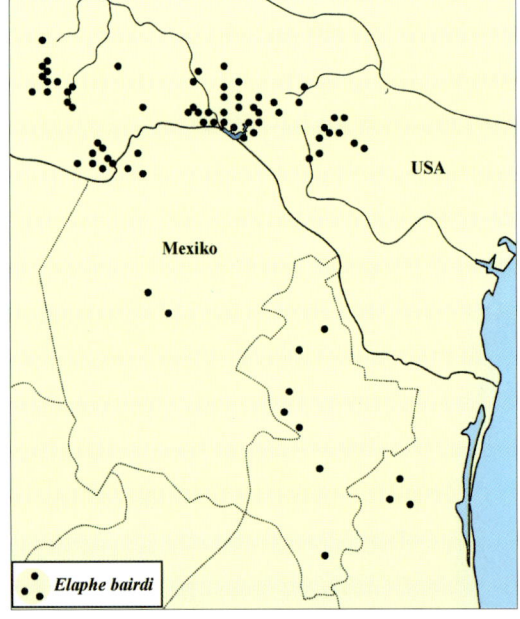

Verbreitung
E. bairdi kommt in den Vereinigten Staaten lediglich im Südwesten von Texas vor. Daran angrenzend sind Vorkommen aus den mexikanischen Bundesstaaten Coahulia, Nuevo León und Tamaulipas am Golf von Mexiko bekannt. Daß die mexikanischen Fundorte teilweise weit voneinander entfernt liegen, ist nach Ansicht von SCHULZ (1996) vermutlich nur auf Kenntnislücken zurückzuführen. Die Art wurde in Höhen von 300 bis zu 3000 m über NN beobachtet.

Der natürliche Lebensraum und die Verhaltensweisen

Um den Ansprüchen einer Schlange im Terrarium gerecht zu werden, um ihr also annähernd „artgerechte" Bedingungen bieten zu können, muß man Informationen über ihren Lebensraum und ihr Verhalten in der Natur besitzen. Der Ökologe spricht in diesem Zusammenhang vom Biotop und versteht darunter den Lebensraum einer Gemeinschaft von Lebewesen – Pflanzen und Tiere –, die hier regelmäßig vorkommen und deren Vertreter untereinander und mit den Angehörigen anderer Arten in Wechselbeziehung stehen. Gewissermaßen die genaue Adresse einer Art ist dann ihr Habitat, der Ort, wo sie zu Hause ist, wo sie lebt und die durch Angaben zu biotischen (lebenden) und abiotischen (leblosen) Umweltfaktoren gekennzeichnet wird. Soll die Stelle, an der eine Art tatsächlich gefunden wurde, benannt werden, spricht man zweckmäßigerweise vom Fundort; dies ist also eine geographische Ortsangabe (BICK 1998).

Zum besseren Verständnis werden die Lebensräume zunächst nach biogeographischen Regionen unterteilt, wobei die Ähnlichkeit der Tiere und Pflanzen in diesen Gebieten als Kriterium herangezogen wird. Die größte dieser Regionen, die den gesamten nichttropischen Bereich der nördlichen Erdhalbkugel umfaßt, ist die Holarktis. Von ihr interessiert uns hier die neuweltliche Unterregion, die Nearktis. Die Palaearktis schließt dagegen neben Europa das nördliche Asien und Teile Nordafrikas ein.

Neben diesen biogeographischen Regionen ist die Einteilung der Landlebensräume nach ökologischen Gesichtspunkten von noch entscheidenderer Bedeutung. Hier kommen die Klimafaktoren Licht, Temperatur und Niederschläge als ausschlaggebend für die Ausprägung der Flora und Fauna hinzu. Mit Klimadiagrammen und Klimakarten lassen sich die für ein Ökosystem wirksamen Klimafaktoren anschaulich darstel-

Tab. 1 – Daten ausgewählter Klimastationen in Amerika und zum Vergleich in Mitteleuropa aus MÜLLER (1996)

Station	Höhe über NN	mittlere Jahrestemperatur °C	mittlerer Jahresniederschlag mm
Cleveland (Ohio)	237	9,3	897
St. Louis (Missouri)	142	13,3	897
Atlanta (Georgia)	308	16,4	1197
Oklahoma City (Oklahoma)	382	15,4	804
El Paso (Texas)	1194	17,6	201
Houston (Texas)	12	21,1	1150
Miami (Florida)	2	23,9	1520
Monterrey (Mexiko)	534	22,3	534
Hamburg (Deutschland)	14	8,4	714
Berlin (Deutschland)	51	8,9	581
Freiburg i. B. (Deutschland)	269	10,3	903
München (Deutschland)	527	7,6	964
Zürich (Schweiz)	569	8,5	1136
Wien (Österreich)	203	9,8	660

Klimazonen (nach W. KÖPPEN / R. GEIGER) im Verbreitungsgebiet der Korn- und Erdnattern
nach MÜLLER (1996) mit Klimadiagrammen für ausgewählte Klimastationen.

Zeichenerklärung:

Df   kalt-gemäßigte immerfeuchte Klimate

Cfa   warm-gemäßigte immerfeuchte Klimate mit heißem Sommer

BS   sommertrockene Trockenklimate

BW   wintertrockene Trockenklimate

Cw   wintertrockene warmgemäßigte Regenklimate

Aw   wintertrockene tropische Regenklimate

——— absolutes Maximum der Temperatur in °C

——— mittlere Temperatur in °C

——— absolutes Minimum der Temperatur in °C

- - - mittlere relative Feuchte in %

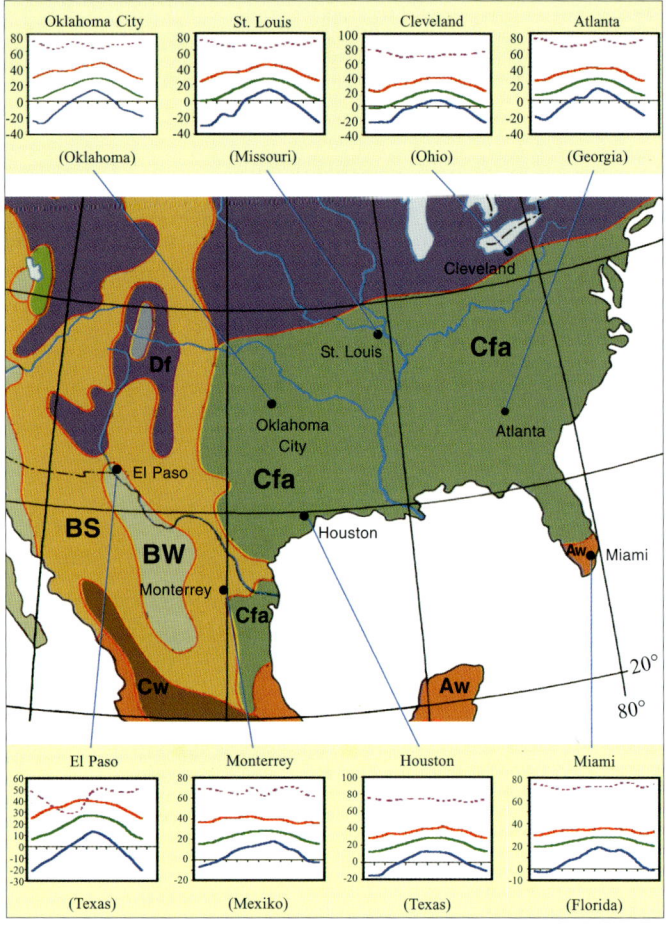

len. Die in einem Netz von Klimameßstationen vor allem zur Temperatur und zum Wasserangebot – den für die Vegetation entscheidenden Klimafaktoren – ermittelten Daten ergeben schließlich einen grob verallgemeinerten Überblick für das in einem bestimmten Gebiet herrschende Klima. Angaben zu den im nordamerikanischen Verbreitungsgebiet der Korn- und Erdnattern bestehenden klimatischen Bedingungen sind der grafischen Darstellung sowie Tabelle 1 (S. 49) zu entnehmen.

Wenn wir unter Klima die Gesamtheit der möglichen und unterschiedlich oft eintretenden Wetterbedingungen einschließlich ihrer typischen tages- und jahreszeitlichen Schwankungsbreiten und Aufeinanderfolgen verstehen, wird uns klar, daß die Klimastationen lediglich das sogenannte Makroklima, das bestenfalls noch das Lokalklima (Mesoklima) widerspiegeln, registrieren. Diesen Angaben kann man zwar Anhaltspunkte entnehmen, die aber allein noch nicht ausreichen, die im Terrarium erforderlichen klimatischen Bedingungen einzustellen. Wichtiger wäre das, was der Fachmann als Ökoklima bezeichnet: das Klima eines Biotops, eines Standortes oder gar das Mikroklima, beispielsweise in einer bodennahen Luftschicht mit niedrigem Pflanzenwuchs (Wiese, trockenwarmer

Rasen, Unterwuchs eines Waldes), auf einer Felswand und in deren Spalten oder etwa unter lockerer, abgestorbener Baumrinde. Alle diese Orte sind bevorzugte Kleinstlebensräume unserer Schlangen.

Hinweise zum Lebensraum einer bestimmten Schlange bekommt man natürlich, wenn man ihren Biotop selbst besucht hat und dort Exemplare der betreffenden Art beobachten konnte. Der Terrarianer bekommt dabei Anregungen, wie er das Terrarium für diese Tiere einrichten kann. Er erfährt bei einem oder sogar mehreren sporadischen Besuchen aber nur wenig über den tageszeitlichen und vor allem jahreszeitlichen Ablauf des klimatischen Geschehens und noch weniger über die natürlichen Verhaltensweisen der Tiere. Bei dem großen Verbreitungsgebiet vieler Formen kommt natürlich noch das Problem der Fülle oft sehr unterschiedlicher Lebensräume hinzu. Was also tun?

Nun können Feldherpetologen vor Ort wesentlich intensiver die Lebensansprüche und das Verhalten einer Art studieren, und ihre Publikationen helfen auch uns. Literaturübersichten zu den uns hier interessierenden Schlangenarten und -unterarten hat SCHULZ (1996) zusammengefaßt, die hier zweckmäßigerweise mit herangezogen werden.

Die Unterarten der Kornnatter besiedeln ganz unterschiedliche Habitate: So ist die Nominatform in trockenen Gebieten, in sandigen Kiefernwäldern und grasbewachsenen, lichten Wäldern zu finden. Sie leben an felsigen Berghängen ebenso wie auf Grasland. Sie suchen vor allem im Süden auch feuchte Areale auf und verweilen in feuchten Laubwäldern, in der Nähe von Gewässern und sogar in Sumpfgebieten. Wie kaum eine andere Schlange Nordamerikas ist die Kornnatter eine Kulturfolgerin, die sich den durch den Menschen veränderten Umweltverhältnissen angepaßt hat und sogar davon profitiert. So sind Farmland und Gärten, Scheunen und unbewohnte Gebäude bekannte Fundorte, deren Reichtum an kleinen Nagetieren erfolgreiche Beutefänge garantiert.

In allen diesen Arealen führt *E. g. guttata* eine sehr versteckte Lebensweise. Ist sie nicht gerade auf Beutesuche, verbirgt sie sich unter Steinen, Laub, zwischen Wurzelwerk, in hohlen Baumstämmen oder in Felsspalten. Ihre terrestrische Lebensweise schließt jedoch nicht aus, daß sie auf ihren Streifzügen auch auf hohe Bäume klettert, wobei ihr die Bauchkiele gute Dienste leisten.

Eine ähnliche Lebensweise wie die Nominatform zeigt *E. guttata rosacea*. In ihrem Verbreitungsgebiet tief im Süden Floridas lebt sie in den tropischen Waldgebieten und ist sogar in Mangrovendickichten zu Hause. Häufig hält sie sich unter loser Baumrinde versteckt und ist sogar, wie berichtet wird, entlang von überwachsenen und mit Unrat bedeckten Straßenrändern zu finden.

Die Präriekornnattern *E. guttata emoryi* und *E. guttata meahllmorum* bevorzugen Grasland, Buschgebiete sowie lichte Wälder. Ihr Vorkommen in der Prärie verhalf ihnen zum deutschen Trivialnamen. Wie die Nominatform leben beide Unterarten auch auf Farmland in der Nähe menschlicher Siedlungen. Bietet sich die Möglichkeit, wird felsiges Gelände gern angenommen, und einige Populationen nutzen sogar Höhlengebiete, um dort nach Fledermäusen zu jagen. Und selbst in äußerst trockenen, wüstenähnlichen Buschlandschaften finden sie ein Zuhause.

Die Aktivitätszeiten aller Unterarten im Tagesverlauf hängen von der Jahreszeit und den Witterungsverhältnissen ab. So herrschen zwar Aktivitäten in der Dämmerung und in der ersten Nachthälfte vor, Kornnattern kann man aber ebenso am Morgen oder am späten Nachmittag im Freien antreffen. Auf ihren Streifzügen gleiten sie verhältnismäßig gemächlich durch das Gelände. In Gefahrensituationen bleiben sie oft unbeweglich liegen und vertrauen auf die die Körperumrisse optisch auflösende Zeichnung als Tarnung. Bei ernsthafter Bedrohung wissen sich Kornnattern jedoch zu wehren. Sie heben den Vorderkörper S-förmig an, zischen vernehmbar,

„Okeetee"-Kornnatter auf Beutesuche
Foto: B. Love/Blue Chameleon Ventures

vibrieren mit dem Schwanzende und beißen schließlich heftig zu. Terrarientiere zeigen ein derartiges Droh- und Abwehrverhalten kaum noch. Selbst Wildfänge und frisch geschlüpfte Jungtiere gewöhnen sich bald an die Hand des Pflegers. Es kommt aber immer wieder vor, daß einzelne Exemplare zeitlebens bissig sind. Dabei ist es häufig nicht eindeutig, ob dahinter pure Aggressivität, Angstverhalten oder auch nur Freßgier steht. Beim Ergreifen einer Kornnatter in ihrem natürlichen Lebensraum kann das Tier zur Abwehr den Inhalt seiner in der Schwanzwurzel liegenden, paarigen Analdrüsen entleeren. Eigentlich zur Partnerfindung eingesetzt, sind die für uns Menschen sehr übelriechenden Absonderungen aber ein wirksamer Schutz vor Feinden. Bei Terrarientieren ist das Ausscheiden dieses Sekretes hin und wieder bei längerem und vor allem zu rabiatem Hantieren mit dem Tier festzustellen. Der unangenehme Geruch ist selbst mit Seife nur schwer von den Händen zu entfernen.

Wie zu den Kornnattern liegt auch über die Erdnattern eine Fülle vorwiegend US-amerikanischer Literatur zu ihrer Ökologie und den Verhaltensweisen vor. *Elaphe o. obsoleta* bevorzugt Laubwälder vom Tiefland bis in Bergregionen hinauf. Hier ist sie vor allem in felsigen Gebieten zu finden. Trockene Nadelwälder gehören ebenso zum Lebensraum wie Eichen-, Ahorn- und Hickorywälder entlang von Flüssen und in Seengebieten. Selbst Randzonen der Sümpfe und andere Feuchtbiotope finden Beachtung, desgleichen Felder, Stadtrandgebiete, sogar Müllplätze, verfallende Gebäude und Straßenränder.

Die Graue Erdnatter (*E. o. spiloides*) favorisiert ähnliche Lebensbereiche wie die Nominatform, dringt aber nicht so weit wie diese in die Bergregionen vor. Wie alle Erdnattern findet man sie auch auf Bäumen, in Baumhöhlen oder im Dachstock von Gebäuden. Auf der Suche nach Vogelnestern erklimmen sie hohe Bäume. Nistkästen für Vögel oder Hörnchen sind vor ihnen nicht sicher.

E. o. lindheimeri zeigt eine noch höhere Anpassungsfähigkeit an nasse Habitate, lebt aber je nach Verbreitungsgebiet auch in trockenen Canyons, in Savannengebieten sowie – besonders im östlichen Texas und in Louisiana – auf Farmland und sogar in den Parkanlagen größerer Städte.

Ausgesprochene Tieflandbewohner sind *E. o. quadrivittata* und *E. o. rossalleni*. In Zypressensümpfen, offenen Laubwäldern, sandigen Kiefernwäldern, Buschlandschaften und selbst in Mangrovensümpfen sind sie zu Hause. Auch in landwirtschaftlichen Gebäuden und anderen menschlichen Bauten sind sie gelegentlich zu finden. Bei *E. o. rossalleni* kommen die Everglades mit Sägegrasarealen und halbfeuchten bis nassen Waldzonen hinzu. Auf den Florida Keys besiedeln die Kükennattern neben den tropischen Hartholzwäldern sogar die Salzwassersümpfe. Alle Erdnattern können ausgezeichnet schwimmen und tauchen, bei Gefahr bis über eine Stunde lang.

Wie Kornnattern bewegen sich die Erdnattern im Gelände recht bedächtig und versuchen bei Gefahr, vorsichtig einen Unterschlupf aufzusuchen. Angeblich gilt *E. o. lindheimeri* in ihrer Heimat als besonders aggressive Schlange, die sich gegenüber einem potentiellen Feind auf-

Diese Schwarze Pilotnatter (*E. o. obsoleta*) wurde in einem alten Schuppen im Sevier County (Tennessee) angetroffen.
Foto: B. Love/Blue Chameleon Ventures

Natürlicher Lebensraum und Verhaltensweisen

Kükennatter (*E. o. quadrivittata*) aus dem St. Lucie County (Florida)
Foto: B. Love/Blue Chameleon Ventures

Selbst hier in der Nähe des Menschen ist die Kükennatter anzutreffen (Hendry County, Florida).
Foto: B. Love/Blue Chameleon Ventures

E. o. lindheimeri – hier ein leuzistisches Tier – gilt in ihrer Heimat als besonders aggressiv.
Foto: B. Love/Blue Chameleon Ventures

richtet, zischt und sich ihm mit Beißattacken entgegenwirft. Ergriffen, entleeren auch die Erdnattern ein übelriechendes Analdrüsensekret. Manche Erdnattern, auch Nachzuchttiere, behalten tatsächlich selbst bei langjähriger Terrarienhaltung eine gewisse Aggressivität bei. Eine Unterartspezifität habe ich allerdings nicht beobachten können. Die individuellen Eigenheiten einzelner Exemplare zeigten größere Unterschiede als die von Tieren verschiedener Unterarten.

Im Vergleich zur Kornnatter besitzen Erdnattern eine wesentlich ausgeprägtere Tagaktivität, wenngleich frühe Morgen- und späte Nachmittagsstunden bevorzugt werden. Das trifft bei heißem Wetter aber auf viele Reptilien zu. Bei hohen Tagestemperaturen sind die Schlangen besonders in den späten Abendstunden unterwegs. Die hier aufgeführten Präferenzen für bestimmte Aktivitätszeiten fallen dagegen bei Terrarienhaltung nicht so deutlich auf. Es gibt bei allen diesen Kletternattern keinerlei Probleme, wenn beispielsweise tagsüber Futter angeboten wird – dann ist jede hungrige Schlange aktiv.

Die letzte hier zu erwähnende Schlange, *Elaphe bairdi*, über deren natürliches Verhalten – vermutlich vorrangig wegen ihrer sehr versteckten Lebensweise – nur wenig Informationen vorliegen, zeigt ähnliche Verhaltensweisen wie die Unterarten von *E. obsoleta*. Eindeutig liebt sie jedoch vegetationsreiche Kalksteincanyons, Felsformationen mit Spalten und Höhlen, mit Büschen bewachsene Berghänge und ausgetrocknete Wasserläufe, sogenannte Creeks. Im Bergland findet der aufmerksame Beobachter sie vielfach in lichten Wacholder-Eichen-Wäldern. In der Ebene lebt sie an Wasserläufen, auf Baumwollfeldern und in Hickory-Pflanzungen. Ebensowenig werden menschliche Siedlungen gemieden. In Mexiko ist *E. bairdi* vor allem in trocke-

Texaskükennatter (*E. o. lindheimeri*) in Abwehrposition
Foto: D. Schmidt

nem, mit Buschwerk und verschiedenen Nadelgehölzen bedecktem Gelände anzutreffen.

Die vorwiegend am Boden lebende Natter klettert auch gut in Büschen und auf Bäumen. Ihr Droh- und Abwehrverhalten ähnelt dem von *E. obsoleta*. Daß sie grundsätzlich weniger aggressiv sein soll als ihre Verwandten, ist ebenfalls individuell sehr unterschiedlich ausgeprägt. In trokkenen Lebensräumen stehen die Aktivitätszeiten von *E. bairdi* im Tagesverlauf verständlicherweise mit dem Feuchtigkeitsangebot in Verbindung: Während oder kurz nach Regenfällen zeigen die ansonsten vornehmlich dämmerungs- und nachtaktiven Tiere eine besondere Aktivität.

Auf die im Zusammenhang mit Nahrungserwerb, Überwinterung und Fortpflanzung stehenden Verhaltensweisen der Korn- und Erdnattern im natürlichen Lebensraum werden wir in den entsprechenden Kapiteln zur Pflege und Vermehrung dieser Schlangen in menschlicher Obhut eingehen.

Natürlicher Lebensraum und Verhaltensweisen

An den Böschungen dieses Kanals in Florida (St. Lucie County) findet die Kükennatter zahlreiche Verstecke.
Foto: B. Love/Blue Chameleon Ventures

Kletternattern und die Gesetze des Menschen

Während alle hier vorgestellten Unterarten der Korn- und der Erdnatter in Europa keinerlei besonderen Schutzbestimmungen hinsichtlich ihrer Haltung im Terrarium unterliegen, sieht das in ihrer Heimat anders aus. In den einzelnen Bundesstaaten der USA gelten die unterschiedlichsten Bestimmungen mit mehreren Kategorien, die u. a. den Fang und auch die Haltung im Terrarium regulieren. Bei Interesse an den Vorschriften in einem bestimmten Bundesstaat müssen aktuelle Informationen gesondert eingeholt werden. Folgende Regelungen wurden nach den Angaben bei RAMUS (1996) zusammengestellt:

Bedrohte Arten	
Elaphe guttata emoryi	Illinois
Gefährdete Arten	
Elaphe obsoleta	Massachusetts
Elaphe g. guttata	New Jersey
Arten von besonderem Interesse	
Elaphe g. guttata	Arkansas, West Virginia
Elaphe guttata rosacea	Florida (Lower Keys)
Elaphe guttata emoryi	Utah
Elaphe obsoleta	Michigan, Minnesota, Nebraska, Rhode Island
Arten, die besonderen Regelungen unterliegen	
Elaphe obsoleta	Connecticut („offene Saison": 1.5. bis 31.8.)

Allgemein unterliegt die Terrarienhaltung der Korn- und Erdnattern in der Bundesrepublik Deutschland natürlich den generellen Tierschutzbestimmungen. So soll Deutschland mit der Novellierung des Tierschutzgesetzes (TierSchG) in der Fassung der Bekanntmachung vom 25. Mai 1998 (BGBl. I, S. 1105) seiner Verpflichtung zur nationalen Umsetzung des EU-Rechtes nachkommen, vor allem aber sollen die erweiterten Vorschriften die Grundlage für einen wirksameren und noch fortschrittlicheren Tierschutz schaffen. So heißt es im § 2:
„Wer ein Tier hält, betreut oder zu betreuen hat,
- muß das Tier seiner Art und seinen Bedürfnissen entsprechend angemessen ernähren, pflegen und verhaltensgerecht unterbringen,
- darf die Möglichkeit des Tieres zu artgemäßer Bewegung nicht so einschränken, daß ihm Schmerzen oder vermeidbare Leiden oder Schäden zugefügt werden,
- muß über die für eine angemessene Ernährung, Pflege und verhaltensgerechte Unterbringung des Tieres erforderlichen Kenntnisse und Fähigkeiten verfügen."

Damit muß der Schlangenpfleger nicht nur die sogenannte Tierhalternorm einhalten, sondern er muß auch über ausreichende Kenntnisse verfügen und diese gegebenenfalls nachweisen können. Unter maßgeblicher Beteiligung der Deutschen Gesellschaft für Herpetologie und Terrarienkunde e. V. (DGHT) wurden inzwischen Grundlagen für entsprechende Sachkundenachweise für Terrarianer und Zoohändler erarbeitet, nach denen ab 1. Januar 2001 die Sachkundeprüfungen abgelegt werden können.

Empfehlungen über die Mindestanforderungen an die Haltung von Reptilien – eine Aufgabe des Tierschutzes – wurden im Auftrag des Bundesministeriums für Ernährung, Landwirtschaft und Forsten, Referat Tierschutz, durch eine Sachverständigengruppe erarbeitet und in einem Gutachten vom 10.1.1997 veröffentlicht. Neben auch für Schlangen zusammengestellten Hinweisen zur allgemeinen Gestaltung der Haltung im Terrarium wurde für Kletternattern (*Elaphe*) eine Mindestgröße des Terrariums für zwei etwa gleichgroße Tiere für Länge×Breite×Höhe das 1,0- × 0,5- × 1,0fache der Körperlänge (Kopf bis Schwanzspitze) empfohlen. Für jede weitere Natter sind etwa 20 % des Terrarienvolumens unter

57

Kletternattern und Gesetze

Das gibt's auch

Frankfurt/Main (AP) Beim Einsteigen in die U-Bahn hat eine Kornnatter offenbar das Trittbrett verfehlt. Wie die Feuerwehr jetzt mitteilte, erspähte ein wachsamer Zugführer die 1,50 Meter lange Schlange zwischen Bahnsteigkante und Gleisen. Der Fahrer verständigte die Feuerwehr. Zufällig war jedoch ein Kollege der Leitzentrale im Dienst, der das Tier schon vor Eintreffen der Rettungsmannschaft als harmlose Kornnatter identifizierte. Unklar ist, wohin sie zu so früher Stunde unterwegs war. Sie wurde vorübergehend in den Zoo gebracht.

MOZ 13.05.1993

BZ 21.12.1999

BM 21.12.1999

Schlange ringelte sich durch Zug

Aufregung im Bahnhof Lichtenberg: Eine Kornnatter war in einem aus Hannover kommenden Zug aus ihrem Transportkörbchen ausgebüxt und hatte 90 Minuten lang das Personal in Atem gehalten. Das Tier hatte sich am Sonnabend bereits nach der Ausfahrt aus der niedersächsischen Landeshauptstadt hinter der Sitzpolsterung eines Abteils verkrochen. Nachdem die Besitzerin den Zugführer informiert hatte, wurde der Waggon vorsorglich geräumt. In Lichtenberg gingen BGS-Beamte, Bahner und ein Mitarbeiter des Tierparks Friedrichsfelde auf die Jagd – nach eineinhalb Stunden wurde die ungiftige Natter gestellt. mb

Schreck am Morgen: Natter im Schlafzimmer

Friedrichshain. Edda Venusia Jones traute ihren Augen nicht: Da lag eine Schlange neben ihrem Bett, als sie am Sonnabend um 10 Uhr die Augen aufschlug. „Sie muß durchs offene Fenster gekommen sein," sagt die 65jährige Britin, die seit kurzem in einem Altbau an der Karl-Marx-Allee wohnt.

Vor ihrem Fenster in der zweiten Etage steht seit Wochen ein Gerüst. Noch Stunden später schüttelt sich die Journalistin vor Ekel, wenn sie an die 1,50 Meter lange Schlange denkt. Sie sei sofort aus dem Bett gesprungen und habe die Schlafzimmertür von außen zugemacht, berichtet sie. Dann rief sie die Auskunft an. Was tun mit einer unerwünschten Schlange?

Geschockt: Edda Jones vor eigenen Worten „ohne Angst, auch nicht vor Hunden, ich drückte mit dem Hundefänger-Stock auf den Nacken. Er hat das Tier ganz cool am Hals genommen", so Frau Jones.

„Die orangefarbene Natter mit dunklen Flecken wickelte sich um meinen Arm, aber das machte mir nichts," sagt Lüher. „Wir brachten sie dann in den Tierpark Friedrichsfelde. Die haben sich gefreut, sie brauchten sie irgendwo stiftengegangen. Es war eine amerikanische Kornnatter – schönes Tierchen," schwärmt Lüher. Was wird aus der Schlange? „Wenn sich der Halter nicht meldet, dann bleibt sie im Tierpark", verrät Lüher. mst

„Schlangenpforte". Foto: Schmidt

Schlangen-Alarm im Interregio Münster–Berlin
Waggon geräumt und verschlossen / Experte vom Tierpark Friedrichsfelde fing das Tier wieder ein

VON FRANZISKA KÖHN

Eine entwichte Schlange hat am vergangenen Sonnabend im Interregio-Zug 2545 von Münster nach Berlin-Ostbahnhof für Aufregung gesorgt. Wie ein Sprecher des Bundesgrenzschutzes (BGS) am Montag mitteilte, war die etwa 70 Zentimeter große Kornnatter aus ihrem Transportgefäß, einer mit Löchern versehenen Plastikdose, entwichen. Das Reptil versteckte sich sofort hinter der Sitzpolsterung in einem Abteil des Zuges.

Erst kurz vorm Aussteigen in Hannover gegen 16.20 Uhr hatte die Besitzerin des Tieres bemerkt, daß die Plastikdose leer war. Die Schlange konnte sie nicht finden. „Die Frau hat in Hannover sofort den Zugführer über die Flucht der Schlange informiert", sagte der BGS-Sprecher. Daraufhin wurde der Waggon noch in Hannover vorsorglich geräumt und verschlossen. Die Heizung wurde ausgeschaltet, um die Bewegungsfähigkeit der Kornnatter einzuschränken. Der Zug fuhr ohne Verspätung weiter nach Berlin. In Lichtenberg wurde der Waggon gegen 19.30 Uhr aus dem Verkehr ge-

Eine solche Kornnatter entwich im Interregio 2545. STEFAN SAUER

nommen. Dort warteten bereits mehrere BGS-Beamten. Gemeinsam mit Bahnmitarbeitern und dem alarmierten Schlangenkurator des Tierparks Friedrichsfelde, Falk Dathe, gingen sie auf „Schlangenjagd". „Wir mussten einige Teile der Waggonverkleidung abmontieren, bevor wir an die Schlange herankommen konnten", sagte der BGS-Sprecher.

Erst nach 90 Minuten wurde die noch nicht ganz ausgewachsene Kornnatter von Falk Dathe einge-

fangen. „Das Tier hat immer wieder versucht, zu entgleiten", sagte Dathe. Das Reptil wurde zunächst in den Tierpark Friedrichsfelde gebracht. Dort konnte es die Besitzerin aus Hannover am Sonntag wieder abholen.

Nach Angaben des Schlangenexperten Falk Dathe sind die rötlich-orangefarbenen Kornnattern ungefährliche Schlangen. „Sie sind als Haustiere sehr beliebt. Jeder kann sich ein solches Tier halten" meinte Dathe. Ausgewachsene Kornnattern können über einen Meter lang werden. Die farbenprächtigen Schlangen sind normalerweise in den Südstaaten der USA zu Hause.

BM 20.06.1999

„Sensations"-Meldungen in Tageszeitungen über entwichene Kornnattern

---

Beibehaltung der geforderten Terrarienproportionen zuzugeben. Diese Angaben sind Richtwerte, die im speziellen Fall um etwa 10 % unterschritten werden können. Die Kornnatter wird hier als für einen Anfänger geeignete Art speziell herausgestellt. Auf spezielle Probleme zur Terrariengröße wird später eingegangen.

Im Tierschutzgesetz werden des weiteren auch Eingriffe am Tier, die gewerbsmäßige Züchtung von Wirbeltieren, sofern es keine landwirtschaftlichen Nutztiere sind, ihre Schaustellung oder die Durchführung von Tierbörsen geregelt. Auch für die sogenannten Qualzüchtungen gibt es Festlegungen (§ 11b). Danach sind bei Wirbeltieren beispielsweise züchterische Maßnahmen verboten, wenn damit gerechnet werden muß, daß bei den Nachkommen erblich bedingte Leiden oder Schäden auftreten können. Das muß bei der züchterischen Beeinflussung von Schlangen beachtet werden, da verminderte Vitalität der Nachkommen oder gestörte Fortpflanzungsleistung die Folge sein können.

Und schließlich sind beim Transport von Tieren aufgrund der Tierschutztransportverordnung (TierSchTrV) vom 25. Febr. 1997 (BGBl. I S. 348) bestimmte Vorschriften zu beachten. Im § 33 (1) heißt es: „Der Absender hat sicherzustellen, daß wechselwarme Wirbeltiere und wirbellose Tiere in Behältnissen befördert werden." Was darunter beim Transport von Korn- und Erdnattern zu verstehen ist, wird uns später noch beschäftigen.

Obwohl Korn- und Erdnattern nicht zu den sogenannten „gefährlichen" Tieren gehören, deren Haltung in einzelnen Bundesländern Deutschlands streng reglementiert ist, sollte sich der Terrarianer in seinem speziellen Fall bei der Pflege aller seiner Tiere nach möglichen rechtlichen

Einschränkungen der Tierhaltung in Miet- und Eigentumswohnungen erkundigen. Wie die unterschiedlichsten Gerichtsurteile zeigen, kann selbst die Haltung völlig harmloser Schlangen Probleme bereiten. Die in Mietverträgen mitunter fixierte Regelung, aufgrund derer ohne Einwilligung des Vermieters keine Tierhaltung gestattet sei, gilt allerdings von vornherein als hinfällig, wenn es sich um Kleintiere wie Aquarienfische, Goldhamster, Meerschweinchen, Schildkröten oder kleine Vögel handelt. Wenn jedoch die Haltung von Reptilien wegen subjektiver Vorbehalte von Mitmenschen geeignet ist, den Hausfrieden zu stören, sei es nicht vertretbar, die Haltung auch nur einer harmlosen Kornnatter zuzulassen. Andere Richter zeigten sich in ihren Urteilen dagegen „schlangenfreundlicher". Selbst Wohnungseigentümer sind vor derartigen Problemen nicht gefeit. Die Haltung von Schlangen – und der als Reptilienfutter gezüchteten Mäuse und Ratten – kann als nicht mehr ordnungsgemäßer Gebrauch der Eigentumswohnung angesehen werden. In einem Fall wurde aufgrund der „hiesigen tradierten soziokulturellen Vorstellungen der Allgemeinheit" die Schlangenhaltung mit ordnungsgemäßem Wohnen in einer Wohnanlage als nicht vereinbar erklärt; das „gemeinschaftliche Zusammenleben war empfindlich gestört." (RÖSSEL 1997).

Schwierigkeiten dürften aber generell vorprogrammiert sein, wenn sich beispielsweise durch störende Gerüche bei der Haltung und Zucht von Futtermäusen Nachbarn und Vermieter belästigt fühlen. Und welches Aufsehen und welche Kosten bei Feuerwehr- oder Polizeieinsatz selbst eine ausgerissene Kornnatter – verbunden mit einem sensationslüsternen Medienaufgebot – auslösen kann, haben Beispiele in jüngster Zeit auch in unserer so aufgeklärten Gesellschaft immer wieder gezeigt.

Schlangenhaltung – hier in einem Terrarium des Autors – wird nicht immer geduldet   Foto: D. Schmidt

Der Erwerb der Tiere muß gut durchdacht sein

Als Leser dieser Zeilen beweisen Sie bereits, daß Sie sich für Schlangen interessieren und sich weitergehende Informationen über Korn- und Erdnattern erhoffen. Die Tiere der hier vorgestellten Arten sprechen nicht nur wegen ihrer attraktiven Färbungen an. Der Umgang mit ihnen ist unproblematisch, sie sind nicht giftig, beißen nur selten oder nie, werden nicht zu groß und stellen keine nur schwer erfüllbaren Anforderungen an Erwerb, Unterbringung und Ernährung. Und – das ist für viele angehende und gestandene Terrarianer besonders reizvoll – sie sind ohne größere Probleme zu vermehren. Damit sind sie nicht nur für den Einsteiger in die Schlangenhaltung interessant, sondern auch für erfahrene Terrarianer, die sich mit der Züchtung bekannter und neuer Zuchtformen auseinandersetzen wollen. Sie ermöglichen Terrarienbeobachtungen zur Biologie und zum Verhalten und verhelfen immer wieder zu neuen Erkenntnissen, die auf diese oder andere Arten bezogen werden können und die sogar – indirekt durch Schlüsse auf entsprechende Verhaltensweisen in der Natur oder direkt durch Nachzuchten, die weitere Wildfänge für die Terrarienhaltung überflüssig machen – zum Nutzen der Wildtiere dienen können.

Voraussetzung für die Übernahme der Verantwortung für ein Lebewesen, sei es ein Tier oder eine Pflanze, sind Grundkenntnisse über seine Lebensansprüche und deren möglichst optimale Erfüllung unter menschlicher Obhut. Der fortgeschrittene Terrarianer wird dazu auf die Fachbücher seines Bücherregals und auf terraristische und herpetologische Zeitschriften zurückgreifen. Vielfach besitzt er Kontakte zu anderen Terrarianern oder ist sogar Mitglied eines terraristischen Vereins. Diese Möglichkeiten muß der Anfänger in der Schlangenhaltung ebenso erschließen. Mittlerweile gibt es geeignete Fachliteratur für viele terraristisch interessante Arten. Zur Kontaktaufnahme mit Gleichgesinnten, zum Studium von Fachliteratur und zum Besuch einer der zahlreichen Veranstaltungen sei die Deutsche Gesellschaft für Herpetologie und Terrarienkunde e. V. (DGHT), die weltweit größte Organisation ihrer Art, empfohlen. Auskünfte über die Tätigkeit dieses Vereins, über das Wirken seiner Stadt- und Regionalgruppen, seiner überregionalen Arbeitsgemeinschaften – darunter die AG „Schlangen" – erteilt jederzeit:

> Deutsche Gesellschaft für Herpetologie und Terrarienkunde e. V.
> Geschäftsstelle, Postfach 1421,
> Wormersdorfer Straße 46–48
> D-53351 Rheinbach
> Telefon: 02225-703333; Fax: 02225-703338; E-Mail: gs@dght.de
> Internet: http://www.dght.de

Der DGHT gehören auch Terrarianergruppen in der Schweiz und in Österreich an.

Darüber hinaus kann in vielen größeren Städten mit weiteren terraristischen oder aquaristisch-terraristischen Vereinen Kontakt aufgenommen werden.

Eine der ersten Voraussetzungen für die Haltung von Korn- und Erdnattern ist die Beachtung rechtlicher Fragen, auf die wir bereits eingegangen sind. Hierbei sollte es jedoch kaum zu nennenswerten Problemen kommen. Wichtiger sind für den Einsteiger da schon Fragen, die seine unmittelbare persönliche Situation betreffen. So muß er sich von vornherein darüber klar sein, ob er sich die mit der Pflege der Tiere verbundenen zeitlichen und auch finanziellen Aufwendungen leisten kann. So übersteigen die Energiekosten für Beleuchtung und Beheizung des Terrariums wie auch die Kosten für die Beschaffung oder Haltung der Futtertiere bald den Anschaffungspreis für Terrarium und Schlangen.

Hat der Einsteiger sich mit anderen Familienmitgliedern und womöglich mit den Nachbarn abgestimmt? Sind ausreichende Kenntnisse vorhanden für den Erwerb der Tiere und für die Schaffung geeigneter Haltungsbedingungen, das heißt, Einrichtung und Betrieb eines biotopadäquaten Terrariums mit den erforderlichen Temperatur-, Licht- und Feuchtigkeitsverhältnissen sowie eine ausreichende Futtergrundlage? Den letztgenannten Vorbedingungen wollen wir uns in späteren Kapiteln widmen. Selbstverständlich sollte bereits vor Erwerb der Schlangen ein geeignetes Quarantäneterrarium oder das für den Erstbesatz vorgesehene endgültige Terrarium eingerichtet und hinsichtlich seiner Klimabedingungen erprobt sein.

Wenn die Haltung einer einzelnen Korn- oder Erdnatter durchaus möglich ist – Schlangen sind in der Natur Einzelgänger –, wird der engagierte Schlangenfreund sich aber wenigstens zwei Tiere, möglichst ein Männchen und ein Weibchen, zulegen wollen. Dabei ist Tieren einer Art und Unterart unbedingt der Vorzug zu geben. Das bedeutet nicht, daß beispielsweise verschiedene Korn- oder Erdnattern nicht unter denselben Bedingungen gepflegt werden können, vor allem, wenn sie etwa die gleiche Größe aufweisen. Es sei aber darauf hingewiesen, daß alle Formen einer Art untereinander fruchtbar sind und sogar Kreuzungen zwischen Kornnattern und Erdnattern nicht ausgeschlossen werden können. Die wohl wichtigste Forderung der klassischen Terraristik ist aber die genetische Reinhaltung der Wildformen. Und auch die moderne Züchtung auf Farb- und Zeichnungsvarianten hat nur Sinn, wenn gezielte Anpaarungen ganz bestimmter Individuen geplant werden.

Für viele Terrarianer steht der Kauf der Tiere in einem zoologischen Fachgeschäft im Vordergrund. Da unter den im Handel befindlichen Korn- und Erdnattern sich kaum Wildfangtiere befinden werden, sind die von professionellen und privaten Schlangenzüchtern vom Handel angekauften Tiere in der Regel in einem besseren Zustand. Aus der Natur entnommene Repti-

Massenvermehrung von Kornnattern – hier amelanistische Jungtiere bei einem amerikanischen Züchter vor dem Verkauf – soll den Handel mit Wildtieren für die Heimtierhaltung überflüssig machen.
Foto: B. Love/Blue Chameleon Ventures

lien haben längere Transporte und unzulängliche Zwischenhälterungen hinter sich, können verschiedene Parasiten mit sich führen und zeigen oft schon Anzeichen von Erkrankungen. Trotzdem ist der Kauf einer Schlange beim Händler Vertrauenssache. Häufig sind sogenannte Fachhändler lediglich Verkäufer von Hunde-, Katzen- und Vogelfutter und selbst bestenfalls Aquarianer. Dennoch glauben sie, mit dem Handel von Amphibien und Reptilien Geld verdienen zu können. Niemals sollte man deshalb unkritisch die Informationen des Verkäufers über Art- und Unterartzugehörigkeit, Geschlecht, Lebensansprüche und Zustand des Tieres hinnehmen. Der Anfänger ist gut beraten, wenn ihn ein erfahrener Terrarianer beim Kauf der ersten Schlangen begleitet. Ich weiß das aus eigener Erfahrung. Als ich vor Jahrzehnten meine ersten Schlangen, ein Pärchen Amurnattern (*Elaphe schrencki*), kaufen wollte, befand sich unter den zahlreichen in den Verkaufsterrarien des Zoogeschäftes ausgestellten Tieren kein einziges Weibchen. Wohlweislich hatte man die Wildfänge nach Geschlechtern sortiert, um hinter den Kulissen alle tragenden Weibchen vor ihrem Verkauf erst ablegen zu lassen.

Ungeteiltes Vertrauen wird man beim Kauf der Nattern üblicherweise einem bekannten Züchter entgegenbringen können. Der Kontakt zu anderen Terrarianern oder das Studium des Anzeigenteils einschlägiger Zeitschriften sind eine gute Voraussetzung dafür, an eingewöhnte, gesunde und vielleicht auch preiswertere Tiere heranzukommen. Die Besichtigung der Terrarien des Züchters, seiner Tiere und die uneigennützige direkte Vermittlung von Erfahrungen mit den jeweiligen Tieren sind nicht hoch genug einzuschätzende Vorteile. Allerdings muß man sich meist der Mühe unterziehen, die als Jungtiere erworbenen Schlangen erst aufzuziehen. Ältere Tiere wird der Züchter kaum abgeben – das ist kein böser Wille. Meist fehlen ihm die Zeit, der Platz und die Futtertiere für die Aufzucht einer größeren Anzahl von Jungschlangen. Für den Einsteiger in die Natternhaltung sind frisch geschlüpfte Jungtiere nicht unbedingt zu empfehlen. Werden ältere Exemplare abgegeben, handelt es sich meist um überzählige Tiere eines Geschlechts.

Die dritte Methode, an Schlangen zu gelangen, ist das Selbstfangen. Dabei erhält man, wird mit der erforderlichen Vorsicht und einigen Erfahrungen vorgegangen, qualitativ gute Tiere und erwirbt gleichzeitig Kenntnisse über ihre Lebensräume. Im Interesse der immer mehr zurückgehenden Bestände und mit Rücksicht auf die erforderlich gewordenen artenschutzrechtlichen Bestimmungen verbietet sich heute ein Wildfang von Reptilien mehr und mehr, selbst wenn er mit Überlegung und Selbstbeschränkung erfolgt. Und bei unseren Korn- und Erdnattern und dem breiten Angebot an Nachzuchttieren wäre ein Wildfang auch nur in seltenen, genetisch zu begründenden Fällen angesagt. Nach den Erfahrungen von LOVE & LOVE (2000) gewöhnen sich etwa 45 bis 75 cm lange Exemplare am besten im Terrarium ein.

Bei jedem Erwerb einer Natter sollte man sich grundsätzlich über den Zustand des Tieres informieren und darauf achten, daß nicht vielleicht eine noch unerkannte Erkrankung vorliegt. Dabei empfiehlt es sich, folgende Kriterien zu überprüfen:

Allgemeiner Ernährungszustand: Ist die Schlange gut genährt? Ist sie nicht zu fett? Ist sie gar unterernährt bei deutlich hervortretender Wirbelsäule („Dreikantfeile")?

Körperliche Fitneß: Versucht die Schlange sich beim Ergreifen kräftig um Hand und Unterarm zu winden, wehrt sie sich gegen das Festhalten oder versucht sie vielleicht gar zu beißen? Das alles ist positiv zu bewerten. Die Schlange sollte nicht schlaff in der Hand hängen.

Verhalten im Terrarium: Die Schlange sollte in arttypischer Ruhelage in ihrem Terrarium liegen oder bei ruhiger Bewegung ungestörte Bewegungsabläufe zeigen. Unkoordinierte Bewegungen oder ein lang ausgestrecktes Liegen könnten auf Erkrankungen hindeuten.

Beschaffenheit der Körperoberfläche: Die Schlange sollte eine arttypisch glatte, unverletzte Körperoberfläche ohne alte Häutungsreste – insbesondere auf den Augen und an der Schwanzspitze – aufweisen. Offene Verletzungen dürfen nicht vorhanden sein; gegen gut verheilte und vernarbte Wunden ist aber nichts einzuwenden. Knoten unter der Haut sind ein Alarmzeichen. Abstehende einzelne Schuppen könnten durch Milben hervorgerufen werden.

Zustand der Augen: Die Augen sollen klar sein und eine natürliche Wölbung aufweisen. Eine Augentrübung vor der Häutung ist normal. Häutungsreste sind dagegen nicht immer problemlos zu entfernen.

Erwerb

Porträt einer Evergladeskükennatter (*E. o. rossalleni*) Foto: B. Love/Blue Chameleon Ventures

Maul und Nase: Die Maulspalte ist geschlossen. Das Innere des Maules – vorsichtig mit einem Holzspatel oder ähnlichem zu öffnen – ist ohne Beläge, ohne blutige Stellen oder Pusteln und frei von schleimigen Absonderungen. Bei unsachgemäßer Haltung kann leicht eine Maulfäule (Stomatitis) auftreten. Die Nasenlöcher sind sauber und nicht verschleimt. Die Schnauzenspitze ist nicht durch falsche Unterbringung oder langwierigen Transport aufgerieben und entzündet.

Atmung: Es sind keine Atemgeräusche zu hören. Bei verschleimter Maulhöhle besteht Verdacht auf Lungenentzündung. Das für manche Schlangenarten typische Zischen wäre normal, bei Korn- und Erdnattern aber kaum zu hören.

Körperform: Deformationen der Wirbelsäule – seitliche oder vertikale Verkrümmungen – sollten nicht vorhanden sein. Derartige Veränderungen und Bewegungsstörungen können während der Entwicklung im Ei auftreten und brauchen das Allgemeinbefinden der Schlange nicht unbedingt zu beeinträchtigen. Da sie aber auch genetisch bedingt sein könnten, sollte man ein davon betroffenes Tier nicht zur Nachzucht heranziehen. Es könnte aber, in Verbindung mit Bewegungsstörungen, auch eine Wirbelsäulenverletzung vorliegen. Ungewöhnliche Verdickungen und Verhärtungen am Leib schließen den Erwerb dieser Schlange aus. Eine Ausnahme bedeutet natürlich frisch verschlungene Beute. Nur sollte vom Transport dieser Schlange vorerst abgesehen werden.

Ausscheidungen: Die Umgebung der Kloake ist sauber und nicht verkrustet. Falls Ausscheidungen kontrolliert werden können, sollten sie eine gewisse Konsistenz aufweisen und schwarze

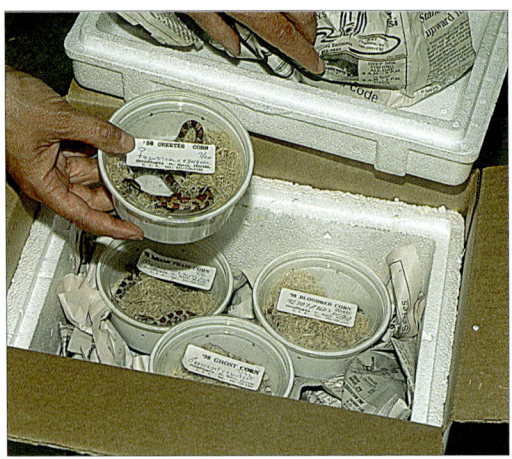

Verpackung von jungen Kornnattern für den Versand
Foto: B. Love/Blue Chameleon Ventures

Kot- und oft auch weiße Harnanteile erkennen lassen. Als Ausnahme kann nach der Verfütterung von Küken ein gelblicher, relativ dünnflüssiger Kot akzeptiert werden.

Außenparasiten: Während Zecken normalerweise nur bei Wildfängen zu beobachten sind, kann die Verschleppung von Schlangenmilben sehr lästig sein. Am Tage sind sie kaum zu erkennen. Einzelne abstehende Schuppen oder winzige weiße Pünktchen auf den Schuppen – Ausscheidungen der Milben – sind jedoch wichtige Verdachtsmomente.

Der Transport von Korn- und Erdnattern erfolgt am zweckmäßigsten in festen, trockenen – weil nur dann luftdurchlässigen – und fest verschnürten Stoffbeuteln. Diese Beutel dürfen keineswegs etwa aus einem alten, halbverschlissenen Bettlaken gefertigt sein. Größere Nattern bohren sehr intensiv in den Winkeln und Falten des Beutels und haben dabei durchaus Erfolg. Es empfiehlt sich generell, die Nähte des Beutels doppelt anzulegen und nach außen zu wenden. Beim Eindrehen des oberen Beutelteils und Abbinden mit einem Bindfaden ist darauf zu achten, daß die Schlange nicht versehentlich mit eingebunden wird. Eine zusätzliche Verpackung (stabiler Karton, Kiste), die eine ausreichende Belüftung zuläßt, kann nie schaden. Für kleine Schlangen sind natürlich auch Kunststoffterrarien oder mit entsprechenden Luftlöchern versehene Plastikdosen geeignet. Hierbei empfiehlt sich die Einlage von geknülltem Küchen- oder Toilettenpapier oder von trockenem Moos, damit die Schlangen beim Transport nicht durch unvermeidbare Erschütterungen im Behälter herumgeworfen werden.

Grundsätzlich sind während des gesamten Transportes ausgeglichene Temperaturen – am besten etwa um 20 °C – zu garantieren. Insbesondere sind tiefe Temperaturen und eine Überhitzung durch Sonneneinstrahlung oder Heizkörper zu vermeiden. Um diese Anforderungen zu erfüllen, erhebt sich natürlich die Frage nach dem Transportmittel. Am besten ist selbstverständlich ein Transport per Auto unter Aufsicht einer kundigen Person. Bei tiefen Außentemperaturen kann ein zusätzlicher Behälter aus wärmedämmendem geschäumten Kunststoff, eventuell zusätzlich mit eingelegter, temperierter Wärmflasche, vor Unterkühlung schützen. Zum persönlichen Transport kleiner Korn- oder Erdnattern habe ich die Tiere im Stoffbeutel an einer Schnur unter der Oberbekleidung um den Hals gehängt und damit eine gute Temperierung garantiert. Was tut man aber, wenn die Tiere mit Bahn oder Flugzeug transportiert werden müssen? Daß dabei auf eine noch sicherere Unterbringung der Schlangen zu achten ist, versteht sich wohl von selbst. Wenn irgend möglich, behalte man die Tiere immer unmittelbar bei sich. Problematisch ist der Versand per Post. Vor allem tierschutzrechtliche Gründe waren mit Anlaß dafür, daß die Deutsche Post AG den Versand lebender Wirbeltiere generell ablehnt. Es gibt allerdings Logistikunternehmen, die den Transport auch lebender Reptilien übernehmen – sich diese Dienstleistung aber gut bezahlen lassen. Dann ist der Transport einer jungen Kornnatter aber teurer, als das Tier selbst. Vor dem Versand von Schlangen muß man sich unbedingt rechtzeitig über die Transportbedingungen beim jeweiligen Transporteur erkundigen.

Das Terrarium – ein künstlicher Lebensraum

Eine Grundvoraussetzung für die Haltung und Pflege von Schlangen ist die Schaffung eines Lebensraumes, der es hinsichtlich Größe, Form, Gestaltung, der klimatischen Verhältnisse und Wahrung hygienischer Gesichtspunkte den Tieren ermöglicht, den natürlichen Lebensgewohnheiten weitestgehend nachzukommen, gesund zu bleiben, ein hohes Lebensalter zu erreichen sowie sich fortzupflanzen. Dieser Lebensraum soll vor äußeren Einflüssen weitestgehend abgeschirmt sein. Speziellen Anforderungen bei der Haltung der Schlangen ist durch seine besondere Gestaltung Rechnung zu tragen. So gibt es

- das „normale" Terrarium, in dem die Tiere die meiste Zeit ihres Lebens verbringen,
- gegebenenfalls ein besonders gestaltetes „Zuchtterrarium",
- das Aufzuchtterrarium für den Schlangennachwuchs,
- das Quarantäneterrarium für die separate Haltung von Neuankömmlingen oder erkrankten Tieren
- und falls erforderlich ein Überwinterungsterrarium.

Auf die Spezialbehälter zur Reproduktion der Schlangen, zur Hygiene und zur Überwinterung wird in den betreffenden Kapiteln eingegangen. Aber auch der Terrarianer setzt bestimmte Erwartungen in die Unterkunft seiner Schlangen. Dabei möchte ich hier und in den weiteren Ausführungen meine persönlichen Vorlieben für einen Terrarientyp in den Vordergrund stellen, mit dem versucht wird, im Terrarium einen naturnahen Biotopausschnitt nachzugestalten. Die in der „modernen" Terraristik, insbesondere aus den USA kommend, dominierende Schlangenhaltung in kleinen Kunststoffboxen mag praktische und hygienische Vorteile besitzen, ob sie jedermann und vor allem den Tieren zusagt, bleibt dahingestellt. Deshalb seien hier als Wünsche des Terrarianers herausgestellt, daß das Terrarium möglichst viel von den Lebensäußerungen der Tiere erkennen läßt, daß es schön anzusehen ist, und daß es – in einem bewohnten Raum aufgestellt – zum Blickfang wird. Das ist übrigens viel schwerer zu erreichen als bei einem Aquarium. Berechtigterweise erwartet der Terrarianer von seinem Terrarium, daß es frei zugänglich, einfach zu bedienen und leicht zu säubern ist, daß das Ausbrechen von Schlangen,

Derartige einfache Kunststoffbehälter mit einer Pappröhre als Unterschlupf, Holzspänen als Bodengrund und einer Wasserschale werden von US-amerikanischen Schlangenzüchtern bevorzugt. Diese Box steht teilweise auf einer Heizung.
Foto: B. Love/Blue Chameleon Ventures

auch von Jungschlangen, die sich selbst durch einen schmalen Spalt zwischen zwei Schiebescheiben zwängen können, sowie von Beutetieren unmöglich ist. Nicht zuletzt müssen die Anschaffungs- und Betriebskosten des Terrariums für seinen Geldbeutel vertretbar sein. Die letztgenannten Forderungen werden zwar von einer Kunststoffbox bestens erfüllt, aber wir wollen ja den Schlangen akzeptable Lebensbedingungen bieten und uns an den Tieren erfreuen. Und wir nehmen dafür etwas mehr Arbeit gerne in Kauf.

Es ist noch gar nicht so lange her, daß der angehende Terrarianer darauf angewiesen war, sein Terrarium selbst zu bauen oder von einem Fachmann anfertigen zu lassen. Dabei standen meist Konstruktionen mit Metall- oder Holzrahmen im Vordergrund. Heute bietet der Fachhandel eine Fülle durchaus erschwinglicher Terrarien an, meist rahmenlos aus verklebten Glasscheiben mit Schiebetüren. Ein derartiges, fachgerecht konstruiertes Becken ist für den Anfänger in der Pflege von Korn- und Erdnattern durchaus geeignet. Anders sieht das schon beim fortgeschrittenen Schlangenhalter aus: Ein wachsender Tierbestand und die Aufzucht zahlreicher Jungtiere verlangen bald neue Lösungen. Diese liegen gewöhnlich in Terrarienanlagen, die viel Platz, unter Umständen einen ganzen Raum, einnehmen. Hier werden individuelle Konstruktionen erforderlich, die nicht mehr im Zoogeschäft zu erwerben sind. Der Eigenbau von Terrarien soll aber nicht ein Schwerpunkt dieses Buches sein. Dafür gibt es genügend Spezialliteratur, auf die zurückgegriffen werden sollte – beispielsweise ein Buch von HENKEL & SCHMIDT (1999).

Terrariengröße

Da es sich bei Korn- und Erdnattern um mittelgroße und in ihren Bewegungen eher ruhige Schlangen handelt, kommen wir auch mit mittelgroßen Terrarien aus. Das heißt nicht, daß ein möglichst geräumiges Terrarium nicht geeigneter ist, da es den Tieren mehr Bewegungsfreiheit bietet und bessere Möglichkeiten für eine gute Strukturierung der Einrichtung mit unterschiedlichen klimatischen Bereichen gibt. Als Ausnahme möchte ich Aufzuchtterrarien herausstellen – doch davon später. Das andere Extrem wäre die schon erwähnte Kunststoffbox, in denen der Züchter auch eine große Anzahl von Schlangen wie Labormäuse in Batterien unterbringen kann. Um stete Debatten zwischen Tierschützern und Behörden auf der einen und Terrarianern auf der anderen Seite in fachlich fundierte Bahnen zu lenken, hat, wie schon erwähnt, eine Expertengruppe 1997 im Auftrag des Bundesministeriums für Ernährung, Landwirtschaft und Forsten, Referat Tierschutz, ein Gutachten über Mindest-

Terrarienwand für Korn- und Erdnattern beim Autor
Foto: D. Schmidt

Teil der Terrarienanlage der amerikanischen Schlangenzüchter Bill und Kathy Love
Foto: B. Love/Blue Chameleon Ventures

anforderungen an die Haltung von Reptilien erarbeitet. Dieses Gutachten soll und kann das Studium entsprechender Fachliteratur zur Haltung von Reptilien nicht ersetzen, will auch kein Dogma sein und läßt vernünftige Toleranzen gelten. Es hat keine Gesetzeskraft, kann aber zur ersten Orientierung gut herangezogen werden. Für terraristisch relevante Reptiliengattungen, so auch für die Kletternattern (*Elaphe*), sind neben einer allgemeinen Biotopcharakterisierung, den Grundtemperaturen am Tage und in der Nacht sowie der lokalen Maximaltemperatur vor allem die Empfehlungen für minimale Terrarienabmessungen von Bedeutung. Dabei wird die Gehegegröße in Länge×Breite×Höhe – bezogen auf die Gesamtlänge der betreffenden Schlangen – angegeben. Diese Maße sind lediglich Richtwerte, die im speziellen Fall um etwa 10 % unterschritten werden können. Sie gelten gewöhnlich für zwei etwa gleichgroße Exemplare. Für jedes weitere Tier sind etwa 20 % des Terrarienvolumens unter Beibehaltung der geforderten Terrarienproportionen zuzugeben. Für die *Elaphe*-Arten wird eine Terrariengröße von mindestens 1,0 × 0,5 × 1,0 der gesamten Körperlänge aufgeführt. An zwei Beispielen nachgerechnet würde das bedeuten:

- Ein Pärchen Kornnattern von je 100 cm Gesamtlänge benötigt ein Terrarium mit den Mindestmaßen 100 cm Länge × 50 cm Breite × 100 cm Höhe (Terrarienvolumen: 500 dm³). Bei 10 % Volumenunterschreitung müßten die Abmessungen beispielsweise 100 cm × 50 cm × 90 cm betragen (Terrarienvolumen: 450 dm³).

In diesem Freilandterrarium eines zoologischen Gartens werden auch Kornnattern gehalten. Foto: D. Schmidt

- Vier adulte Erdnattern von je 130 cm Gesamtlänge brauchen ein Terrarium mit den Abmessungen 130 cm × 65 cm × 130 cm + 40 %. Das erwünschte Terrarienvolumen von etwa 1540 dm³ hätte dann ein Terrarium von 170 cm Länge × 70 cm Breite × 130 cm Höhe.

Während die Terrariengröße im Beispiel Kornnattern kaum Diskussionen auslösen dürften, erscheinen die Maße für das Erdnatterterrarium doch recht reichlich, zumal mehrere gemeinsam gepflegte Kletternattern gewöhnlich ohnehin die meiste Zeit des Tages in einem Knäuel zusammen ruhen und nur selten die gesamte Grundfläche nutzen. Die Höhe des Terrariums wird selbst von unseren auch kletternden Nattern nur genutzt, wenn neben Astwerk vor allem hochliegende Ruheplätze angeboten werden. Ein gut strukturiertes Terrarium kann durchaus eine etwas zu klein erscheinende Grundfläche kompensieren. Bei der Breite des Terrariums sollte man möglichst nicht sparen. Die Schlangen verhalten sich beim Hantieren im Terrarium wesentlich ruhiger, wenn sie sich etwas in den Hintergrund zurückziehen können.

In den Richtlinien wird akzeptiert, daß für die Aufzucht von Jungschlangen Kleinterrarien erforderlich sind, deren Abmessungen die angegebenen Maße erheblich unterschreiten. Das gleiche gilt für Behälter, in denen die Tiere zur Winterruhe untergebracht werden. Bei der Anschaffung juveniler Tiere sollte man aber auf alle Fälle deren Wachstum berücksichtigen, sonst ist ein heute ausreichend großes Terrarium in einem Jahr viel zu klein.

Da unsere Kletternattern auch in höheren Lagen mit kühlen Nächten sowie in den gemäßigten Klimazonen des nordamerikanischen Subkontinents vorkommen, wäre unter gewissen Voraussetzungen in klimatisch günstigen Lagen Mitteleuropas auch an eine Freilandhaltung zu denken. Bei der Haltung von Strumpfbandnattern (*Thamnophis*) – nordamerikanische Wassernattern – im Freilandterrarium liegen dazu bereits positive Erfahrungen vor. Ein Freilandterrarium würde natürlich einen wesentlich größeren Lebensraum bieten. Die bei einer derartigen Haltung zu berücksichtigenden Probleme, wie zusätzliche Beheizung und Beleuchtung an trüben Tagen, die Verabreichung lebender Futtertiere, die Schaffung geeigneter Eiablageplätze, die nie völlig auszuschließenden Ausbruchsmöglichkeiten und letztlich auch Gefahren durch Vögel, streunende Katzen oder mißgünstige Mitmenschen sind Aspekte, die einem Zimmerterrarium den Vorzug geben lassen. Sinnvoller wäre da schon ein Freiluftterrarium – ähnlich einem Zimmerterrarium, mit einer oder zwei luft- und sonnenlichtdurchlässigen Wänden –, das in einem windgeschützten Winkel auf Balkon, Terrasse oder im Garten den Nattern stundenweise einen größeren Freiraum gewähren könnte. Dabei muß vor der Gefahr der Überhitzung bei zu intensiver Sonneneinstrahlung gewarnt werden. Für Terrarien, die im Wintergarten oder in einem wirklich gut klimatisierten Gewächshaus aufgestellt werden, gelten eigentlich dieselben Voraussetzungen wie für ein Zimmerterrarium.

Grundsätzliches zur Terrarieneinrichtung
Wie wir erfahren haben, kommen Korn- und Erdnattern in ihrer Heimat in den unterschiedlichsten Biotopen vor. Der natürliche Lebensraum unserer eigenen Tiere, das heißt eigentlich ihrer Vorfahren, ist in der Regel nicht bekannt. Wir würden ihn nur kennen, wenn wir sie selbst gefangen hätten. Wir wissen aber nun, in welchen Biotopen Korn- und Erdnattern generell vorkommen, und daß sie recht anpassungsfähig an die verschiedensten Umweltverhältnisse sind. Unserer Phantasie sind deshalb bei der naturnahen Gestaltung des Terrariums kaum Grenzen gesetzt. Stets aber müssen die Belange der Tiere an erster Stelle bei der Gestaltung des Terrariums stehen, erst dann kommen unsere ästhetischen Gesichtspunkte. Aus Gründen der Zweckmäßigkeit wollen wir uns aber auf einen gewissen Mittelweg der Terrariengestaltung beschränken. Für die Key-Kornnatter nun unbedingt ein Paludarium einrichten zu wollen, das ein Mangrovendickicht simuliert, wäre ebenso übertrieben, wie für Bairds Kletternatter eine absolut trockene Felsformation zu gestalten. Eine zu feuchte und warme Haltung bereitet hygienische Probleme und kann, wie mir das einmal bei einer Evergladeskükennatter passiert ist, die sogenannten „Schlangenpocken" – eine Hautkrankheit – verursachen. Eine einseitig trockene Haltung dagegen kann bei nicht vollständig ausgewogener Ernährung schnell zu Häutungsschwierigkeiten führen. Eine Haltung auf trockenem Substrat bei einer relativen Luftfeuchtigkeit von etwa 50 bis 70% führte bei meinen Tieren nie zu Häutungsschwierigkeiten oder gar Atemwegserkrankungen. Ich habe mit Ausnahme der Key-Kornnatter, Bairds Kletternatter und vermutlich auch der 1994 neu klassifizierten Südlichen Präriekornnatter Erfahrungen mit allen hier vorgestellten Formen sammeln können und sie alle unter ähnlichen Bedingungen langjährig gepflegt und vermehrt. Das schließt nicht aus – und es ist besonders reizvoll –, daß ein Terrarianer mit mehreren Korn- und Erdnatterunterarten deren Terrarien optisch unterschiedliche charakteristische Lebensräume nachgestaltet. Das trifft vor allem auf Anlagen zu, die als Schauterrarien gestaltet werden. Und warum sollten nicht auch einmal Kornnattern vorgestellt werden, wie sie sich im Gebälk einer verfallenen Scheune verstecken und auf Mäusejagd gehen?

Terrarienrückwände
Ein wesentlicher Gestaltungsfaktor eines Terrariums sind dessen Rückwand und gegebenenfalls seine Seitenwände. Nur in einem völlig frei im Raum stehenden Terrarium wäre eine Rundumsicht ohne Rückwand denkbar. Meist wird das Terrarium vor einer Wand stehen – und selbst die teuerste Zimmertapete hinter dem Terrarium eignet sich nicht als Rückwand. Ich möchte deshalb generell empfehlen, wenigstens die Rückwand einer entsprechenden Gestaltung zu unterziehen. Das ist auch bei geklebten Vollglasterrarien möglich. Die simpelste Rückwand-

gestaltung besteht im Bekleben der rückwärtigen Außenwand mit einfarbigem Papier oder Pappe oder im Streichen mit geeigneter Farbe. In ein Vollglasterrarium kann aber auch eine gut eingepaßte gestaltete Rückwand eingesetzt oder gleich dort gestaltet werden. Der Gestaltung von optisch attraktiven Strukturwänden im Terrarium sind kaum Grenzen gesetzt. Sie ermöglichen es den kletternden Tieren, ihren Terrarienraum wesentlich umfassender zu nutzen. Sehr gern werden von unseren Nattern auch eingearbeitete, ausreichend große Liegeflächen in unterschiedlichen Höhen angenommen. Sie tragen dazu bei, die geforderte Grundfläche deutlich zu vergrößern. Ob diese Strukturwände aus Kunststoff modelliert, aus Korkrinde gestaltet oder als Felsimitation ausgeführt werden, ist prinzipiell Ansichtssache. Wichtig ist nur, daß die Rück- oder Seitenwand aus gesundheitlich unbedenklichen Materialien besteht, daß sie nicht zu schwer ist, und daß die Schlangen, vor allem Jungtiere, nicht unkontrollierbar hinter ihr verschwinden können. Die als Futtertiere eingesetzten Nager dürfen ihr nichts anhaben können. Aus hygienischen Gründen sollte sie sich leicht reinigen und gegebenenfalls erneuern lassen. Für Aquarien und Terrarien sind äußerst naturgetreu gestaltete Rückwände im Fachhandel erhältlich, die sich auch für Kletternattern eignen. Leider sind sie meist sehr kostspielig. Zahlreiche gute Ideen für den Anfänger – unter anderem wie eine Terrarienrückwand gestaltet werden kann – unterbreitet HERRMANN (1994).

Für meine Terrarien für Korn- und Erdnattern, aber auch für andere Reptilienarten, habe ich Rückwände gestaltet, indem ich unterschiedlich ausgeformte Brocken aus Kunststoff-Hartschaum auf die Terrarienwände geklebt habe, die ich mit

Mit Kunststoff-Hartschaum lassen sich Terrarienrückwände gestalten. *E. o. rossalleni* auf einem künstlichen „Felsvorsprung" im Terrarium des Autors   Foto: D. Schmidt

Terrarium

Evergladeskükennatter (*E. o. rossalleni*) im Terrarium mit Hobelspänen als Einstreu
Foto: B. Love/Blue Chameleon Ventures

einer etwa einen Zentimeter dicken Schicht eines zu einem dicken Brei angerührten Gemisches aus Sand, Zement und farblosem Latex oder Holzkaltleim bedeckt habe. Mit den Händen – Gummihandschuhe anziehen! – habe ich dann die Oberfläche modelliert. Nach dem Abbinden und Austrocknen wurde eine sämig gerührte Mischung aus Zement und Latex, wunschgemäß und verschiedenfarbig mit Abtönfarbe versetzt, mit einem derben Pinsel aufgetupft. Mit einem feinen Pinsel lassen sich weitere Strukturen andeuten und so Felswände, Lehmabbrüche, sandige Hanglagen und ähnliches imitieren. Derartige Rückwände sind wärmedämmend, leicht, sehr stabil, widerstehen jedem Nagergebiß und lassen sich problemlos abwaschen.

Wenn sie nach mehreren Jahren doch unansehnlich geworden sind, kann man sie einfach überstreichen.

Bodengrund
Als Bodengrund eignen sich für das Korn- oder Erdnatterterrarium unterschiedliche natürliche und künstliche Materialien. Verständlicherweise bestimmen biologische und gestalterische Gründe Art und Aussehen des Bodengrundes. Auf jeden Fall soll er staubfrei sein und darf keine Partikel enthalten, die bei der Futteraufnahme mit verschluckt werden und dann der Schlange schaden könnten. Da unsere Kletternattern kaum im Bodengrund wühlen, dient dieser vor allem der Terrariendekoration sowie der

Bindung von Ausscheidungen der Tiere. Schlangenpfleger, die ihre Tiere in Kunststoffboxen halten, verwenden meist spezielle saugfähige und für diese Art der Tierhaltung hergestellte Substrate, beispielsweise aus Altpapier gefertigte oder Holzspäne. Für vermeintlich „hygienisch" eingerichtete Terrarien finden auch Hobelspäne, Blähtonkügelchen, Kunststoffgranulate oder sogar sogenannter Kunstrasen Anwendung. Mir persönlich gefallen derartige Materialien nicht.

Sie sind auch eine potentielle Gefahr bei unbeabsichtigter Aufnahme einzelner Teilchen durch die Schlangen.

In meinen Terrarien habe ich beste Erfahrungen mit lockerem, frischem oder trockenem Waldmoos gemacht, das in einer etwa fünf Zentimeter dicken Schicht auf den blanken Terrarienboden aufgebracht wird. Das Moos ist saugfähig; mit Kot und Harn versetzte Bereiche lassen sich ohne Schwierigkeiten entfernen und durch frisches Moos ersetzen. Auch andere, natürlich aussehende organische Substrate wie zerkleinerte Naturborke, so das speziell für die Terraristik hergestellte Substrat aus zerkleinerter Rinde der Kokospalme, oder notfalls Buchenholzspäne („Räucherspäne") sind zu empfehlen. Rindenmulch wird von vielen Terrarianern als wenig geeignet abgelehnt, insbesondere weil trotz Feuchtigkeitsspeicherung die obersten Mulchschichten austrocknen un der dabei auftretende Staub den Atemwegen der Schlangen schaden könnte. Eine optische Aufbesserung erhält der Bodengrund durch etwas trockenes Fallaub, das ich übrigens bei der Überwinterung der Nattern in ihrem Terrarium zur Wärmedämmung sehr reichlich einsetze. Da unsere Kletternattern zweckmäßigerweise relativ trocken zu halten sind, wären humose Erde, lehmige Erde oder Erde-Sand-Mischungen weniger angebracht. Dasselbe gilt für Substrate, die speziell für Regenwaldterrarien gedacht sind. Sand ist eher für ein Wüstenterrarium zu verwenden.

Ungestreifte Evergladeskükennatter in einem mit Kiefernstubben und Rinde ausgestatteten Terrarium   Foto: D. Schmidt

Bei einem Quarantäneterrarium ist auf Bodengrund zu verzichten. Es genügt eine Lage Küchenpapier, das sehr saugfähig ist und sich täglich auswechseln läßt. Auch Zeitungspapier, da saugfähig und sehr arm an Mikroorganismen, ist geeignet.

Kletter- und Versteckmöglichkeiten

Neben strukturierten Rück- und Seitenwänden sind den Korn- und Erdnattern weitere Möglichkeiten zum Klettern zu bieten. Wird möglichst bizarr geformtes Astwerk verwendet, muß es gut im Terrarium verankert werden und sollte ziemlich dick sein. Dünne Äste werden von den recht kräftigen Kletternattern nur ungern angenommen und auch nicht als Ruhestätte akzeptiert. Dickborkige Äste (Robinie, Korkeiche) sehen zwar besser aus als glattes, unter Umständen sogar entrindetes Holz, sie lassen sich aber nur schwer säubern und sollten bei einer Generalreinigung des Terrariums erneuert werden. Sehr repräsentabel sind knorrige, dicke Rebstöcke oder Mangrovenwurzeln, die auch relativ gut gereinigt werden können.

Ich statte meine Schlangenterrarien meist mit dekorativen, halbverrotteten Kiefernstubben aus. Diese werden von den Nattern erklettert oder als Liegeplatz angenommen, und unter ihnen verbergen sich die Tiere gern. Als zusätzliche Verstecke biete ich meinen Tieren große, dicke Rindenstücke abgestorbener Kiefern. Diese leicht gewölbten Platten lege ich hohl auf den Boden. Da Schlangen in ihrem Unterschlupf gern enge Stellen aufsuchen, an denen sie nach allen Seiten Körperkontakt erreichen, werden diese Rindenstücke bevorzugt akzeptiert. Bei Verschmutzung sind sie mühelos auszuwechseln. Gleichermaßen geeignet, aber teurer, ist flache oder röhrenförmige Korkrinde.

Bei der Gestaltung einer Felslandschaft können imitierte „Felshöhlen" als Verstecke verwendet werden. Wichtig ist grundsätzlich aber, daß alle Verstecke jederzeit durch den Terrarianer kontrolliert und gesäubert werden können. Zu Höhlungen aufgeschichtete Natursteine müssen gut miteinander verankert sein, damit sie nicht zusammenstürzen und Tiere verletzen oder Terrarienscheiben zerschlagen können. Nicht nur für Giftschlangen sind verschließbare Schlupfkisten sehr praktisch. Sie werden von unseren Nattern gern angenommen. Dorthin können sie sich beispielsweise bei größeren Reinigungsarbeiten zurückziehen und behindern den Terrarianer nicht. Bei der Nachgestaltung der amerikanischen Biotope für die Korn- und Erdnattern sind große Kakteenskelette äußerst beeindruckend. Allerdings sind sie im Fachhandel sehr teuer.

Terrarienbepflanzung

Zum natürlichen Biotop einer Natter gehören selbstverständlich auch Pflanzen. Diese können auch wesentlich zur dekorativen Gestaltung eines Terrariums beitragen und die Luftfeuchtigkeit erhöhen. Für Schau- und Lehrzwecke ist ein geographisch korrekt bepflanztes Terrarium von großem Wert. Sollten wir deshalb ein Terrarium für Korn- und Erdnattern üppig bepflanzen? Kletternattern sind keine ausgesprochenen Baumbewohner, die sich überwiegend oder ausschließlich im Laubwerk von Bäumen und Büschen aufhalten, wie das beispielsweise viele Regenwaldbewohner tun. Sie sind zwar keine

Ein so üppig bepflanztes Becken wie dieses Paludarium ist sehr attraktiv, für Korn- und Erdnattern allerdings ungeeignet. Foto: D. Schmidt

Pflanzenfresser, allein durch ihre Körpermasse werden sie aber beim Klettern und Umherkriechen selbst robuste Pflanzen zerdrücken oder Teile von ihnen abbrechen. Selbst Soden, also in das Terrarium eingebrachte Grasstücke, werden sehr schnell unansehnlich. Bestenfalls können noch Jungschlangen in einem sparsam bepflanzten Behälter untergebracht werden – doch muß man auch hier mit einem häufigen Austausch der Pflanzen rechnen. Unsere Schlangen kommen grundsätzlich völlig ohne Pflanzen aus. Doch müssen wir völlig auf Grün in unserem Terrarium verzichten?

Erfreulicherweise gibt es seit einigen Jahren Kunststoffpflanzen zu kaufen, die auf den ersten Blick kaum von einer natürlichen Pflanze zu unterscheiden sind. Immer mehr Terrarianer haben festgestellt, daß eine ganze Reihe von Vorteilen für derartige Imitationen spricht. Diese künstlichen Pflanzen sind entweder vollständig aus Plastik gepreßt und damit besonders unempfindlich oder sie bestehen aus Spezialgewebe, kombiniert mit Kunststoff. Aber auch letztgenannte Ausführungen widerstehen selbst größeren Belastungen und Verschmutzungen. Sie alle sind schnell und leicht zu reinigen und sogar zu desinfizieren. Sie sind nicht nur Dekoration für das menschliche Auge, sondern auch Sichtschutz, Klettermöglichkeit, Rückzugsrefugium und nicht zuletzt eine ausgezeichnete Häutungshilfe. Allerdings haben sie im Gegensatz zu echten Pflanzen keinen positiven Einfluss auf das Terrarienklima.

Ein solches spartanisch mit künstlichen Blattpflanzen gestaltetes Terrarium sieht ansprechend aus. Es kann mit wenigen Handgriffen ausgeräumt und gereinigt werden. Foto: D. Schmidt

Auch ein Terrarium mit natürlichen Pflanzen sollte übersichtlich eingerichtet sein. Foto: D. Schmidt

Kunststoffpflanzen lassen sich in die übrige Terrarieneinrichtung einfügen. Es müssen keine Pflanztöpfe mühevoll verkleidet und versteckt werden, sie „gedeihen" selbst in einer dunklen Terrarienecke und müssen selbstverständlich auch nicht regelmäßig gepflegt und gegossen werden. Eine Bohrung in der strukturierten Rückwand oder im Wurzelstubben genügt, um sie fest und „natürlich" einzusetzen. Selbst ein Epiphytenstamm kann hübsch ausstaffiert werden. Den amerikanischen Habitaten angepaßt, verwende ich vorzugsweise Farne, *Philodendron*, *Ficus* und ähnliche Imitationen. Sehr attraktiv sind auch die in den unterschiedlichsten Formen und Größen erhältlichen künstlichen Kakteen, die allerdings im Schlangenterrarium am Boden befestigt werden sollten. Natürliche Kakteen sind für ein Schlangenterrarium ohnehin wenig geeignet, sie würden für die Tiere sogar eine Verletzungsgefahr darstellen.

Weitere Einrichtungsgegenstände
Einen wichtigen Teil der Terrarieneinrichtung nehmen die technischen Anlagen zur Beheizung, Beleuchtung und Belüftung des Behälters ein. Dazu kommen etliche Geräte der Meß- und Regeltechnik. Auch wenn diese technischen Hilfsmittel möglichst dezent bereits vor Fertigstellung der übrigen Terrarieneinrichtung installiert sein müssen, wollen wir erst im Zusammenhang mit ihren Funktionen bei der Schaffung des Terrarienklimas auf sie eingehen.
Unabdingliches Zubehör eines Terrariums ist ein Trink- und Badegefäß. Für alle unsere Kletternattern sollten Wasserbehälter vorhanden sein,

die nicht nur das Trinkbedürfnis stillen können, sondern die auch gelegentlich als Badewanne genutzt werden können. Dekorativ wirken in den Terrarienboden eingelassene, naturnah geformte Wasserbecken. Selbst mit einem Abfluß versehen, sind sie aber sehr unpraktisch. Schlangen koten häufig ins Wasser, zudem fällt leicht Bodensubstrat hinein, so daß mitunter ein täglicher Wasserwechsel erforderlich wird. Die dabei notwendige Reinigung ist recht schwierig. Das Becken muß gescheuert und mehrmals ausgespült werden; der Abfluß ist schnell verstopft. Wesentlich praktischer sind deshalb herausnehmbare Behälter, die schnell entleert und gereinigt werden können. Wasserschalen gibt es im Zoohandel aus Glas oder simplem Kunststoff, aber auch als naturnahe Gesteinsimitationen. Geeignet sind außerdem preiswerte Plastikgefäße von der Kühlschrankdose bis zur Fotoschale, die es vor allem auch in solchen Größen gibt, die einer 1,5 m langen Erdnatter das Baden ermöglichen. Der ins Terrarium gestellte Wasserbehälter muß unbedingt standfest sein, er darf von den Schlangen nicht verschoben oder gar unterkrochen und verkantet oder umgeworfen werden können.

Das Klima im Terrarium

Nachdem wir zwei wesentliche physische Umweltfaktoren, die Größe und die allgemeine Qualität des Lebensraumes „Korn- und Erdnatterterrarium" kennengelernt haben, geht es nun um die nachzuahmenden klimatischen Umweltfaktoren. Wie alle rezenten Reptilien sind Schlangen wechselwarm (poikilotherm). Ihre Körpertemperatur ist von der Umgebungstemperatur abhängig und damit Schwankungen unterworfen. Ohne Wärmezufuhr von außen kann eine Schlange nicht existieren. Sie ist aber in der Lage, ihre Körpertemperatur während der Aktivitätsperioden durch bestimmte instinktive Verhaltensweisen in einem gewissen Bereich konstant zu halten. Die Temperatur spielt also im Leben einer Schlange eine ausschlaggebende Rolle. Mit der Temperatur steht in der Natur eng das Sonnenlicht in Verbindung. Intensität, Qualität und Dauer der Lichteinwirkung sind im Leben dieser Tiere wichtige Kriterien für die verschiedensten Lebensfunktionen, einschließlich der Reproduktion. Wie alle Tiere sind die Schlangen außerdem auf die Versorgung mit Wasser angewiesen. Nur mit Hilfe eines geregelten Wasserhaushaltes können sie existieren. Um Wasserverluste durch Atmung, Verdunstung über die Haut sowie die Exkremente auszugleichen, ist neben einer gewissen Boden- und Luftfeuchtigkeit die Wasserversorgung durch Trinkwasser und Beutetiere lebenswichtig. Im Zusammenwirken von Temperatur und Feuchtigkeit kommt in der Natur der Luftbewegung eine große Bedeutung zu. Im weitgehend geschlossenen Terrarium ist deshalb eine ausreichende Frischluftzufuhr zu beachten.

Während Schlangen in freier Wildbahn extremen Klimabedingungen wie intensiver Mittagshitze, starker nächtlicher Abkühlung, außergewöhnlicher Trockenheit oder ständig hoher Feuchtigkeit ausweichen können, ist das im räumlich begrenzten Terrarium nur begrenzt realisierbar. Bei möglichst zweckmäßiger Terrarieneinrichtung in Verbindung mit einer sinnvoll eingesetzten Terrarientechnik wird die Schaffung eines möglichst optimalen Terrarienklimas notwendig. Zusätzlich ist immer die Notwendigkeit eines geeigneten Gefälles aller Klimafaktoren und die Rhythmik im Verlauf eines Tages und eines Jahres zu beachten. Tagein, tagaus dieselben Klimabedingungen – sie zu erreichen ist technisch am einfachsten – ist für Korn- und Erdnattern von großem Nachteil.

Grundsätze der Terrarientechnik

Für die Gestaltung der Klimafaktoren im Terrarium sind grundsätzlich technische Geräte zur Beleuchtung, Beheizung oder gegebenenfalls auch zur Belüftung und Befeuchtung erforderlich. Diese nutzen zumeist den elektrischen Strom als Energiespender. Für die Einrichtung und den Betrieb der elektrischen Anlage sind unbedingt alle erforderlichen Sicherheitsvorschriften zu beachten. Bei der eigenen Installation von elektrischen Anlagen muß daher prinzipiell ein Fachmann zu Rate gezogen werden. Die verwendeten Elektrogeräte sind in ihrem Originalzustand zu belassen. Für weitere Kriterien zur Sicherheit der Terrarientechnik sei auf das Buch von HENKEL & SCHMIDT (1999) verwiesen. Elektrische Leitungen und andere stromführende Teile müssen so geschützt sein, daß sie weder von den Schlangen noch von ihren Beutetieren beschädigt werden können.

Da eine ständige Kontrolle und Regelung der Klimafaktoren im Terrarium keinem Terrarianer zuzumuten ist, sind Möglichkeiten der Meß-, Steuerungs- und Regelungstechnik zu nutzen. Dabei sollte man sich nicht nur im Interesse seines Geldbeutels auf sinnvolle und nur unbedingt notwendige Maßnahmen beschränken. Eine computergesteuerte Terrarienanlage ist sicher eine Herausforderung für Computerfans – einfache und überschaubare Lösungen, die auch bei Störungen Möglichkeiten zur Handschaltung oder zum Notbetrieb zulassen, sind unbedingt vorzuziehen. Neben einer sicheren, ausreichenden Stromversorgung ist natürlich eine hohe Zuverlässigkeit und Funktionssicherheit der eingesetzten Geräte und Bauteile wichtige Voraussetzung für den ungestörten Betrieb des Terrariums. Nicht zu vergessen sind die Austauschbarkeit oder Reparierfähigkeit der Installationen auch nach Jahren.

Beleuchtung

Da Korn- und Erdnattern weder ausgesprochene Nachttiere noch Bodenwühler sind, kommt dem

Blick auf eine einfach und zweckmäßig gestaltete Terrarienanlage
Foto: D. Schmidt

Klimafaktor Licht auch im Terrarium besondere Bedeutung zu, auch wenn keine lichthungrigen Pflanzen vorhanden sind. Die tägliche Lichtrhythmik ist selbst bei dämmerungs- und nachtaktiven Tieren der wichtigste Zeitgeber für Aktivitäts- und Ruhephasen. In den äquatorfernen Zonen wechselt die tägliche Sonnenscheindauer je nach Jahreszeit in Abhängigkeit von der geographischen Breite. Bezogen auf die nördliche Hemisphäre bedeutet das beispielsweise, daß im Süden der USA bei etwa 30° nördlicher Breite die Tageslichtlänge im Dezember 10,2 Stunden, im Juni 14 Stunden beträgt, während sie im Norden bei 42° nördlicher Breite 9,1 bzw. 15,2 Stunden dauert. Für Reptilien aus Zonen mit jahreszeitlichen Unterschieden der Tageslichtlänge spielt die Jahresrhythmik eine wichtige Rolle im Fortpflanzungsgeschehen. Sie dürfte sogar bedeutungsvoller sein als ein jahreszeitlicher Wechsel der Temperaturen.

Je nach Sonnenstand, Wetterverhältnissen und Vegetationsdichte ist die Beleuchtungsstärke im Biotop einer Schlange sehr unterschiedlich. Sind in sonnendurchfluteten Lebensräumen im Sommer Beleuchtungsstärken von über 100.000 Lux (lx) keine Besonderheit, liegt dieser Wert im Winter trotz wolkenlosen Himmels bloß noch bei etwa 10.000 lx. Bereits einen Meter hinter dem Fenster liegt der Wert bei etwa 50 % und erreicht an einem hellen Spätherbsttag dann kaum noch Werte von 500 bis 2000 lx. Damit wird deutlich, daß im Terrarium eine Zusatzbeleuchtung meist unerläßlich ist.

Welche Bedeutung der Qualität des in der Schlangenhaltung eingesetzten künstlichen Lichtes, das heißt, seiner spektralen Zusammensetzung zukommt, ist umstritten. Das für uns Menschen sichtbare Tageslicht reicht von Violett über Gelb und Orange bis Rot mit Wellenlängen zwischen 380 und 780 Nanometer (nm). Für die poikilothermen Schlangen spielen im langwelligen Bereich rote und infrarote Wärmestrahlen zweifellos eine wichtige Rolle. Inwieweit aber der sogenannte UV-B-Bereich mit Wellenlängen von 250 bis 350 nm zur Bildung von Vitamin D aus körpereigenem Provitamin (für einen optimalen Calciumhaushalt der Schlangen) erforderlich ist, muß offen bleiben – zumal man weiß, daß die dicke Haut der Schlangen ohnehin nur wenig ultraviolettes Licht in den Körper eindringen läßt. Meine Kletternattern haben über Generationen hinweg weder natürliches noch künstliches ultraviolettes (UV-) Licht erhalten. Da auch auf zusätzliche Vitamin- und Mineralstoffe in der Regel verzichtet wurde, kann wohl davon ausgegangen werden, daß die über die Beutetiere aufgenommenen Vitamine und Mineralien für die Gesunderhaltung und selbst für die Reproduktion ausreichen. Speziell für die Terraristik entwickelte Leuchten, wie sogenannte Vollspektrum-Leuchtstoffröhren, die einen gewissen UV-B-Anteil in ihrem Lichtspektrum aufweisen und für den Dauerbetrieb geeignet sind, werden natürlich nicht schaden.

Zur Realisierung der für den Lebensraum Terrarium gewünschten Lichtintensität und Lichtqualität wird im Handel eine Vielzahl von künstlichen Leuchtkörpern angeboten. Am häufigsten werden Leuchtstofflampen eingesetzt. Sie haben eine wesentlich längere funktionelle und wirtschaftliche Lebensdauer als herkömmliche Glühlampen, die einen Großteil der erforderlichen Energie als Wärme abgeben. Letzteres bringt allerdings auch Vorteile, weil Strahlungswärme für die Reptilien interessant ist. Im Gegensatz zu normalen Glühlampen können Leuchtstofflampen nach dem Charakter ihrer spektralen Energieverteilung ausgewählt werden. Beste Dienste leisten bei der Haltung unserer Kletternattern Tageslichtlampen, die auch die Terrarieneinrichtung ins gewohnte Licht setzen. Die langen, röhrenförmigen Leuchtstofflampen ermöglichen eine gleichmäßigere Ausleuchtung des Terrariums als die bekannten Energiesparlampen. Mit innen verspiegelten Reflektions-Glühlampen kann das Licht auf kleine Flächen konzentriert werden. Auch bei Leuchtstoffröhren läßt sich durch einen Reflektor die Lichtausbeute erhöhen. Der Einsatz von Quecksilberdampf-

Hochdrucklampen oder Halogen-Metalldampflampen mit ihrer besonders hohen Lichtleistung ist nur bei sehr großen Terrarien erforderlich. Da notwendige Mindestbeleuchtungsstärken für Reptilien im Terrarium nicht bekannt sind und da die Messung der verschiedenen lichttechnischen Meßgrößen Erfahrungen und spezielle Meßgeräte erfordert, sollten wir nach dem Grundsatz handeln: je heller, desto besser. Werte, wie sie in der offenen Landschaft anzutreffen sind, werden wir ohnehin nicht realisieren können. Als Empfehlung für ein Terrarium mit Korn- und Erdnattern können gelten (je nach Größe des Terrariums): eine oder mehrere Tageslicht-Leuchtstofflampen sowie eine Reflektions-Glühlampe, die über einem „Sonnenplatz" für ein höheres Licht- und auch Wärmeangebot sorgt. Aus Sicherheitsgründen müssen alle Beleuchtungskörper im Terrarium durch Verkleidung vor Berührung durch die Schlangen geschützt werden. Am besten ist es, sie getrennt vom eigentlichen Terrarienraum zu installieren. Wenn sich Schlangen an einer Leuchtstofflampe auch nicht verbrennen werden, zeigen sie leider oft eine Vorliebe dafür, sich zwischen die Röhren zu quetschen; dadurch können die Lampen aus der Fassung gedrückt oder gar zerbrochen werden. Kontakt zu stromführenden Teilen ist nicht auszuschließen.

Zur Regelung des Beleuchtungsrhythmus genügt eine Schaltuhr. Bestenfalls kann der Licht-Wärme-Strahler über einen zweiten Schaltkreis zusätzlich im Tagesverlauf zu- und abgeschaltet werden. Es empfiehlt sich, Schaltuhren mit Gangreserve zu verwenden, damit bei netzbedingten Stromabschaltungen und zeitweiliger Abwesenheit des Terrarianers der Tagesrhythmus der Beleuchtung nicht durcheinander gerät. Schaltuhren, die dem Jahresverlauf entsprechend die tägliche Beleuchtungsdauer selbständig steuern, oder Geräte zur morgendlichen und abendlichen Simulation einer Dämmerung sind wirklich überflüssig.

Generell ist die strikte Anpassung der täglichen Beleuchtungsdauer an die geographische Breite und den Kalendermonat unnötig. Insbesondere, wenn das Terrarium in einem bewohnten Raum steht, möchte der Terrarianer zumindest auch in den frühen Abendstunden noch etwas von seinen Tieren sehen. Meinen nordamerikanischen Nattern gewähre ich von März bis November eine tägliche Beleuchtungsdauer von 14 Stunden. Lediglich in der Übergangszeit vor Beginn und nach Ende der Winterruhe wird im Verlauf von etwa je zwei Wochen die künstliche Beleuchtungsdauer stufenweise auf sechs Stunden täglich begrenzt.

Beheizung

In der Natur steht das Angebot an Wärme in engem Zusammenhang mit der Sonneneinstrahlung und damit in der Heimat unserer Schlangen mit der Tageszeit. In der Tiefe des tropischen Regenwaldes treten dagegen weit geringere Tag-Nacht-Unterschiede im Temperaturverlauf auf. Wenn auch die Temperatur die unterschiedlichen Körperfunktionen einer Schlange maßgeblich beeinflußt – ein Temperaturanstieg um 10 Kelvin (K) verdoppelt im allgemeinen Geschwindigkeit und Effektivität ihres Stoffwechsels – sind konstant hohe Terrarientemperaturen für Korn- und Erdnattern falsch. Innerhalb des Terrariums ist für ein Temperaturgefälle zwischen der wärmsten Stelle unter einem Strahler und dem kühlsten Versteck von 10 bis 20 K durchaus wünschenswert. Neben einer physiologischen Anpassung sorgen vor allem die Verhaltensweisen der Schlange dafür, daß ein für das Tier optimaler Bereich der Körpertemperatur eingehalten wird. Die tödliche Minimaltemperatur kann zwischen – 7 und – 2 °C liegen, natürlich nur während einer ordnungsgemäß vorbereiteten Winterruhe, sonst liegt sie höher. Die tödliche Höchsttemperatur beträgt 42 bis 45 °C. Die kritische Mindesttemperatur liegt bei Landschlangen üblicherweise zwischen 3 und 8 °C, die kritische Höchsttemperatur zwischen 38 und 42 °C. Die freiwillig tolerierte Mindesttemperatur schwankt je nach Art, Jahreszeit und Region (BAUCHOT 1994). Korn- und

Erdnattern aus den gemäßigten kühlen Gebieten verlassen ihre noch etwa 8 °C kalten Verstecke, um sich zu sonnen. Mit fortschreitender Jahreszeit steigt die akzeptierte Mindesttemperatur auf 10 bis 14 °C; im Sommer liegt sie zwischen 14 und 16 °C. Steigt die Temperatur auf 34 bis 36 °C an, werden kühlere Stellen aufgesucht.

Mit Hilfe einer elektrischen Beheizung läßt sich der Klimafaktor Wärme im Terrarium relativ einfach realisieren. Eine Warmwasserheizung im Terrarium ist zwar auch denkbar; sie ist bei Installation wesentlich teurer, im Betrieb allerdings billiger als eine elektrische Heizung. Für die von uns gepflegten Schlangen ist als nächtliche Grundtemperatur die allgemeine Raumtemperatur von 18 bis 20 °C ausreichend. Erforderlichenfalls kann eine lokale Bodenheizung, insbesondere für Exemplare aus dem Süden des Gesamtverbreitungsgebietes, als zusätzliche Wärmequelle dienen. Als Bodenheizungen kommen vor allem Wärmeplatten, Wärmematten und Heizkabel in Betracht, auch wenn eine von unten kommende Wärme nicht unbedingt physiologisch korrekt ist. Wie erwähnt, sollte deshalb im Terrarium tagsüber immer eine Wärmestrahlungsquelle zur Verfügung stehen. Elektrisch beheizte künstliche Steine sind für Schlangen wenig geeignet. Sie sind zu klein, um einer Schlange eine ausreichende Wärmefläche zu bieten. Beheizte Wohnhöhlen sind meines Erachtens völlig unphysiologisch. Strahlungswärme und gleichzeitig Licht bieten Glühlampen und sogenannte Spot-Strahler. Die Verbindung von Licht und Wärme ist für das Reptil die natürlich gegebene Kombination und der beste Ersatz für die Sonne. Als Quellen für „dunkle" Wärmestrahlung kommen Infrarotstrahler (Rotlichtlampen, Keramikstrahler) in Frage. Sie können der allgemeinen Temperierung der Terrarienluft dienen. Wegen fehlender Helligkeit sind sie gleichfalls unphysiologisch. Alle Heizgeräte sind in ihrer Leistung (Watt) den jeweiligen Terrarienbedingungen anzupassen. Richtwerte können dafür leider nicht gegeben werden, da die erforderliche Leistung vorrangig von der Raumtemperatur, aber auch von Terrariengröße und -gestaltung abhängt. Sie ist empirisch zu ermitteln. Ein direkter Kontakt der Tiere mit der Wärmequelle ist unbedingt zu verhindern, er kann zu schwerwiegenden Verbrennungen und Austrocknungen führen.

Im Sommer liegen die Temperaturen in meinen Schlangenterrarien – je nach Außentemperaturen – nachts zwischen 18 und 22 °C und erreichen durch Beleuchtungskörper im Terrarium, durch die unter den Terrarien plazierten Vorschaltgeräte (Drosseln) der Leuchtstoffröhren sowie durch Wärmestrahler gewöhnlich eine Grundtemperatur zwischen 24 und 28 °C. Lediglich unter dem Wärmestrahler werden lokal höhere Werte erreicht.

Die Kontrolle der Temperatur ist mit den üblichen Glasthermometern kein Problem. Es ist aber darauf zu achten, daß sie von den Tieren nicht zerbrochen werden können. Moderner und optisch ansprechender sind elektronische Thermometer mit digitaler Anzeige. Sie lassen auch mehrere Meßstellen im Terrarium zu, registrieren gleichzeitig Minimal- und Maximaltemperaturen und ermöglichen so eine genaue Temperaturkontrolle. Für Terrarienräume haben sich auch Thermographen bewährt, die die Temperaturschwankungen im Verlauf einer Woche exakt aufzeichnen. Sollte der tägliche Beleuchtungsrhythmus nicht ausreichen, um im gleichen Takt die gewünschten Tag-Nacht-Schwankungen der Terrarientemperatur zu erreichen, ist die Steuerung der Bodenheizung und etwaiger Dunkelstrahler mit Schaltuhren oder besser noch über einen Thermostat – auch in gleichzeitiger Verbindung mit einer Schaltuhr – anzuraten.

Belüftung

Ein wesentlicher Faktor für die Erreichung eines guten Terrarienklimas und damit für die Gesunderhaltung der Schlangen ist eine ausreichende Frischluftzufuhr. Sie steht in enger Verbindung mit der Beheizung des Terrariums und beeinflußt wesentlich den Klimafaktor Feuchtigkeit.

Die Voraussetzungen für einen hinreichenden Wechsel der Terrarienluft müssen bereits bei der Konstruktion des Terrariums berücksichtigt werden. So reicht es keineswegs aus, wenn ein Aquarium, mit einem Gazedeckel versehen, zum Terrarium umfunktioniert wird. Stauende Feuchtigkeit und Anreicherung von Kohlendioxid wären die Folge. Um einen befriedigenden Luftaustausch zu gewährleisten, müssen zusätzlich im unteren Bereich des Terrariums Öffnungen vorhanden sein, die mit Metallgaze oder gelochtem Blech oder Kunststoff verschlossen sind, um einen Ausbruch der Terrarieninsassen zu verhindern. Im Zusammenwirken mit der Terrarienheizung, insbesondere mit einem Wärmestrahler, kann jetzt ein Luftwechsel garantiert werden: die erwärmte Terrarienluft steigt nach oben, entweicht durch Öffnungen im Oberteil oder Deckel des Terrariums. Gleichzeitig wird durch die unten im Terrarium befindlichen Lüftungsöffnungen Frischluft angesaugt. Ist das Temperaturgefälle zum Terrarieninneren sehr groß – mehr als 5 K – sollte die Frischluft in einem unter dem Terrarium befindlichen Hohlraum mit Hilfe einer schwachen Heizung vorgewärmt werden. Eine zusätzliche Anfeuchtung der Frischluft ist bei der Haltung von Korn- und Erdnattern nicht erforderlich. Der gewissenhafte Terrarianer sollte jedoch darauf achten, daß nur saubere und nicht etwa mit Tabakrauch geschwängerte Luft in das Terrarium gelangt, da Nikotin sehr giftig ist. Grundsätzlich sollte in einem Raum mit Terrarien oder mit Futtertieren nicht geraucht werden.

Zur Verbesserung des Luftaustausches in großen Terrarien kann ein Miniventilator sehr nützlich sein. Derartige Geräte, meist mit 12-V-Trafo und Drehzahlregulierung versehen, sind im Fachhandel erhältlich. Im Oberteil des Terrariums eingebaut, drückt der Ventilator warme, verbrauchte Luft nach außen und sorgt so für Frischluftnachschub im unteren Terrarienteil. Hygienisch gesehen hat eine Zwangsentlüftung des Terrariums durch einen Ventilator den Nachteil, daß Keime im Terrarium durch die intensivere Luftbewegung verteilt und auch nach außen transportiert werden. In einem Freiluftterrarium gibt es kein Belüftungsproblem. In jedem Fall ist aber Zugluft zu vermeiden.

Befeuchtung

In enger Wechselbeziehung mit Beleuchtung, Beheizung und Belüftung steht die Luftfeuchtigkeit im Terrarium. Durch die nächtliche Abkühlung steigt die relative Luftfeuchtigkeit an. Im Regenwald- und auch im Wüstenterrarium ist das von besonderer Bedeutung. Große Feuchtterrarien können mit automatischen Beregnungsanlagen ausgestattet werden. Auch Ultraschall-Luftbefeuchter dienen diesem Zweck. Für unser Kletternatterterrarium ist eine zusätzliche Erhöhung der Luftfeuchtigkeit nicht erforderlich. Eine gewisse Bodenfeuchtigkeit reicht aus. Je nach Art des Bodensubstrates genügt es, gelegentlich einen Teil des Terrariums zu besprühen. Eine relativ trockene Haltung wird von allen Korn- und Erdnattern gut vertragen. Sie hat den Vorteil, daß die Vermehrung von Mikroorganismen im Terrarium in Grenzen gehalten werden kann. Im trockenen Zuchtterrarium wird zudem ein Eiablagebehälter, der Substrat mit höherer Feuchtigkeit enthält, besser angenommen. Wir kommen im Zusammenhang mit der Vermehrung der Schlangen darauf zurück. Der Wasserbedarf unserer Schlangen wird in nur sehr geringem Maße über die Luft- und Bodenfeuchtigkeit gedeckt; Hauptquelle für eine Wasseraufnahme ist das Trinken. Deshalb muß den Tieren ständig sauberes Trinkwasser zur Verfügung stehen. Besonders nach einer Futteraufnahme wird ausgiebig getrunken.

Die Höhe der relativen Luftfeuchtigkeit, sie sollte – wie in einem menschlichen Wohnraum – etwa 50 bis 70 % betragen, kann mit einem Hygrometer kontrolliert werden. Zweckmäßig ist ein mit einem Thermometer kombiniertes Hygrometer, das auf getrennten LCD-Anzeigen nicht nur die aktuellen Werte der Temperatur und der Luftfeuchtigkeit angibt, sondern auch die Maximal- und Minimalwerte beider Kriterien – beispielsweise der vergangenen Nacht – anzeigt.

Ernährung, Futter und Fütterung

Wie alle Tiere sind Schlangen in ihrer Ernährung – Aufnahme von Nahrungsstoffen zum Körperaufbau, zur Aufrechterhaltung aller Lebensfunktionen sowie zur Realisierung bestimmter Leistungen – auf organische und anorganische Stoffe angewiesen. Grundsätzlich sind Schlangen karnivor (fleischfressend) und bevorzugen lebende Beutetiere. In der Natur vergreifen sie sich vermutlich nur gelegentlich an frischen Kadavern. Pflanzliche Stoffe werden mit dem Magen-Darm-Inhalt ihrer Beute aufgenommen.

Natürliche Beutetiere

Die Art der Beute ist je nach Schlangenart und ihrer Umwelt sehr unterschiedlich. Manche Arten akzeptieren ein breites Nahrungsspektrum, was ihnen die Ausnutzung eines saisonal und territorial unterschiedlichen Angebotes an Beute ermöglicht. Andere Arten sind ausgesprochene Nahrungsspezialisten, die nur ganz bestimmte Beute, beispielsweise ausschließlich Eier, Schnecken oder gar andere Schlangen, verzehren. Um für ein optimales Nahrungsangebot bei der Terrarienhaltung einer Schlangenart gewappnet zu sein, sind eingehende Feldstudien eine gute Voraussetzung. Neben Naturbeobachtungen spielen dabei vor allem Untersuchungen des Mageninhaltes von wildlebenden Schlangen eine wichtige Rolle. Diesbezügliche Literaturangaben über die uns hier interessierenden Nattern hat SCHULZ (1996) zitiert.

Das Nahrungsspektrum der Kornnatter umfaßt kleine Nagetiere, nestjunge Vögel, Vogeleier, Fledermäuse, Echsen und Frösche. Warmblütige Beutetiere, insbesondere Mäuse und kleine Ratten, werden zumindest von adulten Exemplaren bevorzugt, während Jungtiere vorrangig Echsen und Frösche erbeuten. Die Hauptnahrung der Key-Kornnatter sollen allerdings Echsen sein, vor allem die in ihrem Verbreitungsgebiet vorkommenden Anolis, wie *Anolis sagrei*, da Mäuse und Ratten auf den Florida Keys relativ rar sind. Ob die vereinzelt beobachteten Fälle von Ophiophagie (Verzehr von Schlangen) nicht eventuell auf „Irrtümern" beim Echsenfang oder „Unfällen" beim gleichzeitigen Ergreifen ein und derselben Beute durch zwei Schlangen beruhen, muß offen bleiben. Unter den engen Terrarienbedingungen mit mehreren Schlangen im Behälter sind derartige „Unfälle" jedenfalls nicht auszuschließen: Die größere und kräftigere Schlange an dem einen Ende der Maus kann ihr Gegenüber durchaus gleich mit verschlingen, wenn dieses mit den spitzen, nach hinten gerichteten Zähnen die Maus nicht schnell genug wieder loslassen kann. Interessant ist noch eine Beobachtung, bei der eine in einer Höhle gefangene Kornnatter der Nominatform drei Höhlengrillen auswürgte.

Erdnattern fressen im Prinzip die gleichen Beutetiere wie die Kornnattern. Erwachsene Exemplare favorisieren speziell Mäuse, Ratten und Vögel. Das Nahrungsspektrum ist in der Natur aber wesentlich weiter gefaßt. Erbeutet werden auch kleine Kaninchen, Erd- und Baumhörnchen, Präriehunde, Murmeltiere, Wiesel, junge Oppossums, Vogeleier, Echsen, Frösche und selbst Insekten. In Höhlen stellen die Erdnattern den dort lebenden Fledermäusen nach. Jungtiere fressen vorwiegend Echsen, Frösche und nestjunge Mäuse. Vereinzelt wird auch über das Fressen anderer Schlangen und von Echseneiern berichtet.

Fledermäuse gehören neben den erwähnten kleinen Nagern sowie Vögeln und deren Eiern zur Beute von Bairds Kletternatter. Es wurde auch beobachtet, daß sich manche Exemplare auf Echsen, wie kleine Leguane der Gattung *Urosaurus*, spezialisiert hatten, die vermutlich nachts in ihrem Unterschlupf in Felsspalten oder ähnlichem aufgespürt wurden.

Ernährung im Terrarium
Das Wissen über das natürliche und sehr weite Nahrungsspektrum unserer Schlangen ist die Voraussetzung für das Angebot geeigneter Futtertiere im Terrarium. Dabei werden wir nie auch nur annähernd derart unterschiedliches Futter anbieten können. Es leuchtet nun ein, wenn Wildfangtiere und vor allem Jungtiere Schwierigkeiten machen können, die ihnen zur Verfügung gestellten Futtertiere zu akzeptieren. Glücklicherweise lassen sich Schlangen in den meisten Fällen auf das ihnen von uns angebotene Futter prägen, begnügen sich zeitlebens mit nur wenigen Futtertierarten oder fressen gar nur eine bestimmte Sorte. Wir müssen uns jedoch darüber klar sein, daß zur artgemäßen Schlangenhaltung grundsätzlich die Verabreichung lebender Beutetiere gehört. Das bereitet manchen „Tierfreunden" Abscheu. Sie wollen nicht verstehen, daß ein so „primitives" Reptil einen hochentwickelten Vogel oder sogar ein Säugetier frißt, und übertragen menschliche Wertmaßstäbe auf Vorgänge in der Natur. Die Natter folgt genetisch fixierten Verhaltensweisen, mit denen sie optimale Voraussetzungen im Daseinskampf besitzt. Ohne den artspezifischen Erwerb ihrer Nahrung müßte die Schlange verhungern. Zwar lassen sich die meisten Exemplare unserer Nattern bei Terrarienhaltung an tote Beute gewöhnen, die Ernährung mit lebenden Beutetieren hält die Tiere jedoch fit und gehört zu einer berechtigterweise stets geforderten artgerechten Haltung und Pflege.
Aufgrund des sehr begrenzten Wissens über die tatsächlichen Ernährungsbedürfnisse muß man annehmen – zumindest bis ein Unterschied erwiesen ist –, daß die Ansprüche der Reptilien dieselben Nährstoffe (Kohlenhydrate, Eiweiße, Fette) sowie Vitamine und Mineralstoffe einschließen, die auch von Säugetieren benötigt werden. Bei der Fütterung von Schlangen sind für den Terrarianer Kenntnisse über die Nahrungszusammensetzung sicher von untergeordneter Bedeutung. Da es exakte Ermittlungen des Bedarfs an diesen Futterbestandteilen bei Reptilien im Gegensatz beispielsweise zu landwirtschaftlichen Nutztieren nicht gibt, können diesbezügliche Angaben auch nur empirisch getroffen werden. Bei der Verabreichung von Ersatzfuttermitteln ist ein derartiges Wissen aber schon wichtig. Das trifft vor allem auf die Versorgung mit Mineralstoffen und Vitaminen zu. Bei Mineralstoffen, denen als Skelettbaustoff und für spezifische Stoffwechselfunktionen große Bedeutung zukommt, ist nicht nur die Bedarfsdeckung, sondern auch ein richtiges Verhältnis der einzelnen Elemente zueinander wichtig. So kommt Calcium im Körper in relativ großer Menge vor. Sein Mangel führt bei Jungschlangen zu Mineralisierungsstörungen des Skeletts, bei adulten Tieren zur Entmineralisierung der Knochen. Auch Phosphor ist vorwiegend im Skelett vorhanden. Für die Ernährung ist die Einhaltung eines günstigen Calcium-Phosphor-Verhältnisses wichtig. Beutetiere der Schlangen weisen normalerweise ein ausreichendes Verhältnis von 1 : 1 bis 1 : 2 auf. Bei der Verfütterung von Muskelfleisch kann dieses Verhältnis jedoch bis auf 1 : 40 auseinanderdriften. Auch nestjunge Mäuse, ein für Jungschlangen sehr häufiges Futter, weisen einen relativ geringen Calciumgehalt auf, vor allem, wenn sie sich nicht gerade an der calciumreichen Mäusemilch gesättigt haben.
Energetisch gleichfalls bedeutungslos und in relativ geringen Mengen im Schlangenfutter enthalten sind Vitamine, die der Körper nicht oder in nicht ausreichendem Maße bildet. Der Bedarf der Schlangen an Vitaminen ist vor allem von Alter, Wachstumsintensität und Leistungen wie Trächtigkeit abhängig. Da auch für sie keine Bedarfszahlen für Schlangen vorliegen, müssen Folgeerscheinungen bei Mangel an bestimmten Vitaminen (Hypovitaminose), aber auch Auswirkungen einer Überdosierung (Hypervitaminose) beachtet werden. Jedes Vitamin hat spezifische Funktionen. Für den Mineralstoffwechsel, hauptsächlich die Einlagerung von Calcium und Phos-

Ernährung, Futter und Fütterung

Oben und rechts: Diese Evergladeskükennatter (*E. o. rossalleni*) ergreift eine aufgetaute Futtermaus und verschlingt sie sofort, ohne sie vorher zu umschlingen. Fotos: D. Schmidt

phor in die Knochen, ist Vitamin D wichtig – insbesondere in der für Reptilien wirksamen Variante D_3 (Cholecalciferol). Es verhindert bei ausreichender Versorgung mit diesen Elementen das Auftreten von Rachitis. Wie jahrzehntelange eigene Erfahrungen zeigen, ist bei Kornnattern wie auch bei Erdnattern weder eine Bestrahlung mit dem für die körpereigene Vitamin-D-Bildung wichtigen UV-Licht noch die zusätzliche Verabreichung eines Vitamin D_3 enthaltenden Präparats notwendig. Wer allerdings seine Futtertiere sehr einseitig und vitaminarm ernährt, sollte

Ernährung, Futter und Fütterung

Ernährung, Futter und Fütterung

Kornnatter (*E. g. guttata*) beim Verschlingen einer halbwüchsigen Ratte
Foto: B. Love/Blue Chameleon Ventures

besser ein wasserlösliches Vitaminpräparat, das neben Vitamin D_3 auch noch die Vitamine A, E und C enthalten kann, gelegentlich ins Trinkwasser der Schlangen geben oder ein totes Futtertier damit injizieren. Empfehlenswert sind auch spezielle Gemische, die mehrere Vitamine und Spurenelemente in ausgewogenem Verhältnis enthalten. Zu hohe Calcium- und Vitamin-D_3-Gaben führen bei den Schlangen zu starker Skelettcalcifizierung und damit zu erheblicher Bewegungseinschränkung.

Häufigkeit der Fütterung
Über die von unseren Schlangen wirklich benötigte Futtermenge kann gleichfalls nur spekuliert werden. Futterbedarfswerte wurden bisher nie ermittelt. Aus dem Verhalten der Tiere, das heißt ihrer Freßgier – wir würden es Hunger nennen –, kann nicht auf den tatsächlichen Kalorienbedarf geschlossen werden. Manche Nattern fressen praktisch jedes ihnen angebotene Futtertier und werden regelrecht fett, träge und sind schließlich nicht mehr in der Lage, sich fortzupflanzen. Andere Exemplare sind scheu, zurückhaltend oder auch nur wählerisch und fressen wenig oder schlimmstenfalls überhaupt nichts. Bei der Menge des insgesamt zu verabreichenden Futters müssen also verschiedene Aspekte, wie Wachstum, Trächtigkeit, überstandene Winterruhe oder andere Freßpausen und vor allem die augenblickliche Kondition der Schlange einkalkuliert werden.

Da der Stoffwechsel einer wechselwarmen Schlange längst nicht so intensiv wie der eines

Ernährung, Futter und Fütterung

Adulte Kornnatter (*E. g. guttata*) nach einem ausgiebigen Mahl
Foto: B. Love/Blue Chameleon Ventures

warmblütigen Vogels oder Säugetieres ist, braucht sie auch eine weit geringere Energiezufuhr über das Futter. Da die Schlangen ihre Beute nicht zerteilen können, nehmen sie mit einem Beutetier meist das Vielfache ihres Tagesbedarfs an Nahrung zu sich und können unter Umständen wochen- und monatelang hungern. Für den Terrarianer ist grundsätzlich die Beobachtung seiner Schlange und ihrer augenblicklichen Kondition wichtig: Das Tier sollte weder fett mit annähernd kreisrunden Körperquerschnitt sein, noch sollten fehlende Fetteinlagerungen die Wirbelsäule hervortreten lassen.

Die Häufigkeit der Futteraufnahme hängt von vielen inneren und äußeren Faktoren ab. Schlangen, die bevorzugt leichtverdauliche Fische, Amphibien oder Wirbellose verzehren, fressen öfter als solche, die Warmblüter bevorzugen. Während adulten Schlangen gewöhnlich eine Mahlzeit alle zwei Wochen oder seltener genügt, brauchen Jungschlangen häufiger Nahrung und nehmen dann, bezogen auf ihre Körpermasse, mehr Futter zu sich als Alttiere. So fressen junge Korn- und Erdnattern anfangs eine nestjunge Maus in der Woche und sind dann satt. Im Alter von zwei Monaten nehmen sie schon zwei bis drei nestjunge oder eine größere, gerade behaarte Maus. In der Natur erbeuten sie sicher weniger Nahrung; im Terrarium erreichen wir so aber eine gute Entwicklung der Tiere. Mit zunehmendem Alter vergrößern sich die Abstände der Futteraufnahmen langsam – und auch die Größe der Futterportionen. Etwa 50 cm langen Nattern reichen gewöhnlich ein bis zwei Mäuse im Absetzeralter alle zwei

Wochen. Im Alter von mehr als einem Jahr können dann schon ein bis zwei ausgewachsene Mäuse gefressen werden, und eine adulte Korn- oder Erdnatter frißt gewöhnlich nur noch aller zwei bis drei Wochen, dann aber mehrere Mäuse oder eine halbwüchsige Ratte.

Höhere Terrarientemperaturen beschleunigen die Verdauung und die erneute Freßbereitschaft. Im Extremfall – während der temperaturbedingten Winterruhe – erfolgt für Monate überhaupt keine Nahrungsaufnahme. Daneben sind aber oft eine natürliche, hormonell bedingte Rhythmik, die vom Pfleger kaum beachtet wird, sowie der Häutungszustand, Paarungsaktivitäten und das Stadium einer fortgeschrittenen Trächtigkeit von Einfluß. Im Terrarium ist nicht auszuschließen, daß die Schlangen selbst mit wegen einer bevorstehenden Häutung eingetrübten Augen oder kurz vor der Eiablage fressen, insbesondere wenn ihnen wehrlose oder tote Beute angeboten wird.

Grundsätzlich müssen wir unsere Korn- und Erdnattern verhalten füttern. Sie sollten nach einem Beutefang immer etwas hungrig bleiben. Nie sind zu viele Futtertiere auf einmal anzubieten. Oft werden dann mehrere Tiere reflektorisch getötet und nur eines verzehrt. Zuviel oder zu große Beute wird nach wenigen Tagen wieder ausgebrochen. Dasselbe kann auch bei sehr warmer Haltung passieren, wenn die Verwesungsprozesse im Futter schneller einsetzen, als die Verdauung vor sich geht. Die sich dabei bildenden Gase blähen den Schlangenleib auf und treiben schließlich den übelriechenden Mageninhalt aus. Bei geschwächten Tieren kann diese körperliche Strapaze ernste Folgen haben.

Die Verdauung der aufgenommenen Nahrung zieht sich je nach Temperatur und Futtertier über mehrere Tage hin und erfolgt so vollständig, daß relativ wenige Exkremente abgesetzt werden. Im Gegensatz zu den Knochen sind Keratin- und Chitinteile recht widerstandsfähig gegenüber den Verdauungsenzymen. Haare, Federteile, das Schuppenkleid der Vogelläufe oder Teile von Insektenpanzern finden sich regelmäßig im Schlangenkot. Farbe, Konsistenz und Geruch des Kotes werden durch die Art des Futters geprägt. Bei der Verfütterung von Mäusen oder Ratten an unsere Nattern werden wir gewöhnlich sehr dunkle, etwas geformte Kotstücke vorfinden, die bei gleichzeitiger Harnausscheidung weiße Harnsäureanteile aufweisen. Die Ausscheidung von Kot und dünnflüssigem Harn kann gelegentlich aber auch deutlich abgesetzt voneinander erfolgen. Bei Verfütterung von Eintagsküken wird der Kot wesentlich heller und flüssiger ausfallen, ohne daß eine Verdauungsstörung vorliegt.

Futtertiere

Trotz der eingangs aufgezeigten, breit gefächerten natürlichen Futtertierpalette der Korn- und Erdnattern lassen sich unsere Pfleglinge gewöhnlich mit nur wenigen Arten von Futtertieren zeitlebens und über Generationen vollwertig ernähren. Kleinsäuger und Eintagsküken spielen dabei die Hauptrolle.

Der Fang von Wildsäugern, insbesondere von Mäusen, kommt gewöhnlich für den Terrarianer nicht in Frage. In Lebendfallen gefangen, müssen sie schnellstens verfüttert werden. Sie sind sehr ungestüm und wehrhaft. Außerdem besteht Vergiftungsgefahr, falls sie kurz vor dem Fang Giftköder aufgenommen hatten. Auch Wildvögel sind nicht zu empfehlen. Wenn auch nestjunge Sperlinge ein ideales Futter selbst für futterverweigernde Schlangen darstellen, sind heutzutage vielerorts Sperlinge bereits so selten geworden, daß sie nach der Vogelschutzrichtlinie 79/403/EWG geschützt sind. Bei Verfütterung von nestjungen verwilderten Haustauben besteht neben potentieller Vergiftungsgefahr insbesondere die Möglichkeit der Übertragung von Salmonellen. Grundsätzlich sollten wir vor allem wegen der Gefahr einer Übertragung von Parasiten auf die Verfütterung von Wildtieren verzichten.

Unter den Säugetieren kommen aus den genannten Gründen vor allem Laborsäuger wie Labormäuse und Laborratten in Betracht, auch wenn diese Tiere vielfach als Heimtiere die Zuneigung vieler Tierfreunde gefunden haben. Das trifft in

Eintagsküken von Haushühnern sind ein beliebtes Futter bei größeren Korn- und Erdnattern; hier *E. o. spiloides*.
Foto: D. Schmidt

noch stärkerem Maße auf Goldhamster, Zwerghamster, Vielzitzenmäuse, Zwergkaninchen oder Meerschweinchen zu. Junge Haustiere sind wegen ihrer Größe für unsere Nattern ohnehin nicht geeignet. Anders sieht das beim Hausgeflügel aus. Eintagsküken, vor allem von Hühnern, sind ein beliebtes und bewährtes Schlangenfutter. Da die aussortierten Hähnchenküken von Legerassen in den Brütereien ohnehin meist getötet und anderweitig verwertet werden, sind sie eine ergiebige und preiswerte Futterquelle. Weil auch Vogeleier zum natürlichen Futterspektrum von Korn- und Erdnattern gehören, können kleine Eier von Hühnern, Tauben oder Stubenvögeln als Schlangenfutter dienen. Da im Terrarium viele Schlangen nicht an den Verzehr von Eiern gewöhnt sind, spielen sie aber nur eine untergeordnete Rolle. Ich habe jedoch die Erfahrung gemacht, daß eine Natter auch an Eier geeigneter Größe gewöhnt werden kann, wenn das Ei mit einer Nadel angestochen wurde und etwas Eiklar ausgetreten ist. Das Ei wird dann verschlungen, zerbricht im Schlund und wird samt Schale abgeschluckt und verdaut. Das Eierfressen erfolgt hier also nach einem anderen Modus als bei den auf Eier spezialisierten Afrikanischen Eierschlangen (Gattung *Dasypeltis*), die mit speziellen Fortsätzen an mehreren Halswirbeln die Eierschale aufritzen, den Inhalt des Eis schlucken und die zusammengedrückte Eierschale zum größten Teil wieder ausspeien. Eine untergeordnete Rolle als Schlangenfutter spielt auch Muskelfleisch, insbesondere Herzfleisch von Rind und Pferd. Es hat lediglich als Ersatzfutter bei Zwangsernährung eine gewisse Berechtigung.

Selbst bei der Pflege nur weniger Nattern spielen die Kosten für die Futtertiere keine unbedeutende Rolle. Es kann nur jedem Terrarianer, der die Voraussetzungen dazu schaffen kann, empfohlen werden, Futtertiere, insbesondere Mäuse und Ratten, selbst zu züchten. Das setzt jedoch eine geeignete Räumlichkeit voraus, die nicht nur eine Temperatur von etwa 18 bis 20 °C gewährleistet, sondern auch eine Belästigung der Umwelt mit dem kaum vermeidbaren Geruch der Futtertierzucht ausschließt. Am einfachsten und effektivsten, aber auch am geruchsintensivsten ist die Haltung und Züchtung von Labormäusen. Zeitsparend ist ihre Haltung in professionellen Plastikboxen mit Metalldrahtdeckeln, Tränkflaschen und Hobelspänen als Einstreu. Eine vollwertige und saubere Fütterung bieten die im Futtermittelhandel erhältlichen Mäuse-Ratten-Pellets (Preßlinge). Grünfutter, Gemüseabfälle und altbackenes Gebäck werden zusätzlich gern gefressen.

Mäuse werden am zweckmäßigsten in Gruppen von einem Männchen und zwei bis vier Weibchen je Box gehalten, können aber auch in Familiengruppen in größeren Plastikwannen gepflegt und produktiv nachgezogen werden. Mäuse sind im Alter von vier bis sechs Wochen geschlechtsreif, sollten aber erst mit etwa acht Wochen zur Zucht herangezogen werden. Nach einer Trächtigkeitsdauer von 18 bis 24 Tagen wirft ein Mäuseweibchen etwa acht bis 15 Junge und säugt diese über vier Wochen. Bereits nach drei Wochen sollten die Jungtiere von den Alttieren getrennt werden, um Geburt und Aufzucht des nächsten Wurfes nicht zu beeinträchtigen. Wegen nachlassender Produktivität sollte ein Weibchen nicht länger als ein Jahr zur Zucht eingesetzt werden. Für Ratten sind größere, speziell für sie bestimmte Käfige zu verwenden. Ratten sind mit fünf bis neun Wochen geschlechtsreif, sollten jedoch erst mit 12 Wochen zur Zucht eingesetzt werden. Nach etwa dreiwöchiger Trächtigkeit wirft ein Rattenweibchen im Mittel neun bis zwölf Junge, die nach drei bis vier Wochen abzusetzen sind und nach Geschlechtern getrennt werden sollten. Da ausgewachsene Ratten für die meisten unserer Nattern zu groß sind, kommen in erster Linie Rattenbabys und heranwachsende Jungratten zur Verfütterung. Ob es sich bei der Vermehrung von Mäusen und Ratten um Albinos, Schecken oder einen der verschiedenen Farbschläge handelt, ist prinzipiell egal. Es kommt höchstens auf die Herkunft der Zuchttiere an. So können speziell ingezüchtete Linien genetische Defekte aufweisen, die die Fortpflanzungsleistung beeinträchtigen. Ich bevorzuge in meiner Futtertierzucht ein Gemisch der verschiedensten Farbschläge und erziele damit hohe Nachzuchtergebnisse. Falls einmal eine Schlange Abneigung beispielsweise vor Albinofuttertieren zeigt, besteht so auch die Möglichkeit, ihr „naturfarbene" oder ähnlich gefärbte Farbvarianten anzubieten. Für weiterführende Informationen zur Haltung und Vermehrung von Mäusen und Ratten als Schlangenfutter sei auf das Buch von FRIEDERICH & VOLLAND (1998) verwiesen.

Sehr effektiv lassen sich auch Goldhamster für Futterzwecke vermehren. Ihre Haltung macht jedoch etwas Mühe, da nur ein brünstiges Weibchen das Zuchtmännchen im gleichen Behälter duldet. Goldhamsterweibchen erreichen ihre Zuchtreife im Alter von sechs bis sieben Wochen, haben eine Trächtigkeitsdauer von lediglich 16 Tagen und bringen sechs bis zwölf Junge je Wurf zur Welt. Neben Ratten haben Goldhamster und die anderen erwähnten Kleinsäuger den Vorteil einer geringeren Geruchsbelästigung als Mäuse. Die Vermehrung von Vielzitzenmäusen, Rennmäusen, Zwerghamstern, Zwergkaninchen oder gar Meerschweinchen als Schlangenfutter ist zu unproduktiv und stößt bei vielen Mitmenschen auf Unverständnis.

Da die Größe der gepflegten Nattern ausschlaggebend für die Größe der Futtertiere ist, ist es erforderlich, stets eine ausreichende Futterbasis zur Verfügung zu haben. Eine nur kleine eigene Futtertierzucht kann in Zeiten erhöhten Futterbedarfs – so in den Wochen nach der Winterruhe, nach der Eiablage oder nach dem Schlupf der Jungschlangen – schnell zu Engpässen führen. Andererseits wächst der Futtertierbestand in fütterungsschwachen Zeiten, vor allem während der Winterruhe der Schlangen, zahlenmäßig schnell an, und schnell sind die Futtertiere zu groß geworden. Eine Alternative zur eigenen Futtertierzucht ist natürlich der regelmäßige oder bedarfsgerechte Kauf von Futtertieren. Bei einem größeren Schlangenbestand wird der Futterkauf aber bald zum größten Kostenfaktor der Schlangenhaltung.

Da, wie erwähnt, sich die meisten unserer Nattern auch an tote Beutetiere gewöhnen lassen und gegen die gelegentliche Verfütterung toter Beute nichts einzuwenden ist, ist die Konservierung von Futtertieren durch Tiefgefrierung eine sehr zweckmäßige Methode, jederzeit Futter in der richtigen Größe zur Verfügung zu haben. So lassen sich die Nager – insbesondere die zur Schlangenaufzucht benötigten nestjungen Mäuse oder die nur saisonal und dann in größerer Stückzahl erhältlichen Eintagsküken – auf Vorrat einlagern. Voraussetzung ist aus hygienischen Gründen natürlich ein gesonderter Gefrierschrank oder eine Gefriertruhe. Das Gefrierfach eines Kühlschrank ist nicht geeignet. Die Kleinsäuger und Küken werden am einfachsten und unblutig in einem dicht schließenden Gefäß durch Begasung mit Kohlendioxid aus einer Druckflasche abgetötet. Grundsätzlich eignet sich auch ein ethergetränkter Zellstoffbausch, nur ist die Feuergefährlichkeit des Ethers zu beachten. Mit Ether hantiert man am besten im Freien, wo auch nach der Abtötung nach kurzzeitiger Lüftung die restlichen Etherrückstände

Als Alternative zu einem Futtertier bieten amerikanische Züchter „Schlangenwürstchen" an, hier einer anerythristischen („Typ A") Kornnatter. Foto: B. Love/Blue Chameleon Ventures

Kornnatter beim Verschlingen von einem „Schlangenwürstchen" Foto: B. Love/Blue Chameleon Ventures

verdunsten können. Dann werden die toten Futtertiere portionsweise verpackt und sehr zügig bei wenigstens - 18 °C eingefroren. Während der nun möglichen mehrmonatigen Lagerung darf das so konservierte Futter sich nicht erwärmen oder gar auftauen und ein zweites Mal eingefroren werden. Vor dem Verfüttern ist die Futterportion mindestens auf Raumtemperatur zu erwärmen, und zwar nicht nur an der Oberfläche, sondern durchgängig. Bei Schlangen, die tote Beute nicht mögen, können die Erwärmung des Futtertieres auf seine ursprüngliche Körpertemperatur und ein wiederholtes direkte Vorhalten mit einer langen Futterpinzette und ruckartige Bewegungen zum Erfolg führen. Ein nicht gefressenes aufgetautes Futtertier darf auf keinen Fall nochmals eingefroren werden und sollte wegen der Gefahr der Übertragung von Krankheiten auch keinen anderen Schlangen angeboten werden.

Mit zunehmender Kommerzialisierung der Terraristik und dem damit einhergehenden Zubehörhandel wird, ausgehend von den USA, seit einiger Zeit auch ein tiefgefrorenes Kunstfutter für Schlangen angeboten: sogenannte Schlangenwürstchen (Snake Steak Sausages). Diese „Würstchen" enthalten die Körper verschiedener Wirbeltiere, allerdings ohne Fell, Federn und Innereien. Mit einer speziellen Flüssigkeit können die Würstchen mit dem Geruch von Mäusen oder von Echsen versehen werden. Hergestellt werden sie in Größen, die von der Größe einer neugeborenen Maus bis zu der einer mittelgroßen Ratte reichen. Ich habe keine Erfahrungen mit der Verfütterung derartigen Kunstfutters. LOVE & LOVE (2000) berichten aber über positive Erfahrungen: mehr als drei Viertel aller jungen Kornnattern akzeptierten die „Würstchen", insbesondere wenn sie mit Mäuseduft verwittert worden

Ernährung, Futter und Fütterung

waren. Die Verabreichung derartigen Kunstfutters ist sicher nicht artgerecht, sollte aber als zeitweiliges Ersatzfutter akzeptiert werden. Sicher stellt es jedoch eine Kostenfrage dar.

Beutefang
Während viele Terrarientiere täglich Futter aufnehmen und der Terrarianer damit auch täglich in die Pflicht genommen wird, seine Pfleglinge zu versorgen, hat es der Schlangenpfleger einfacher – seine Tiere fressen wesentlich seltener. Ich habe es deshalb immer als ein besonderes und interessantes Ereignis angesehen, wenn eine meiner Schlangen nach Tagen, Wochen oder gar Monaten eine Maus erlegt hat. Wie alle Schlangen haben unsere Nattern – im Gegensatz zu den Echsen – durch ihren losen Kiefer-Gaumen-Apparat die Fähigkeit verloren, Beutetiere im Maul zu zerdrücken oder gar zu zerreißen. Sie haben typische Beutefang- und Beutetötungsmethoden entwickelt und sind gezwungen, die Futtertiere in einem Stück zu verschlingen. Korn- und Erdnattern sind dabei weder ausgesprochen passive Lauerjäger, die nur darauf warten, daß irgendwann ein Beutetier in Reichweite vorbeikommt, noch sind sie sehr aktive Jäger, die unermüdlich einer Beute über weite Strecken nachspüren und sie schließlich ergreifen. Bei Korn- und Erdnattern bestimmt wohl mehr der Hunger das Jagdverhalten. Eine irgendwo ruhende Natter wird sicher sofort zugreifen, wenn sich eine Maus in ihre Nähe wagt. Verspürt sie Hunger – und das

Die gespaltene Zunge ist bei Schlangen – hier eine leuzistische Texaskükennatter (*E. o. lindheimeri*) ein hochsensibles Organ.
Foto: B. Love/Blue Chameleon Ventures

erkennt auch der aufmerksame Terrarianer sehr gut – streift sie ruhig umher, durchstöbert Ecken und Spalten, um schließlich das mit allen Sinnen aufgespürte Beutetier zu erfassen. Dabei spielen eine Rolle: die Augen, die Nase, das Jacobsonsche Organ ein am Gaumendach gelegenes Sinnesorgan, dem mit den Zungenspitzen in der Luft und am Boden zu findende Duft-

Blitzschnell hat die Graue Erdnatter (*E. o. spiloides*) eine Maus ergriffen, erdückt sie und beginnt nach einiger Zeit, sie zu verschlingen.   Fotos: D. Schmidt

partikel zugeführt werden und nicht zuletzt die Sinne für Erschütterungen und – bei den einzelnen Schlangengattungen unterschiedlich ausgeprägt – für Wärmestrahlung, die von einer warmblütigen Beute ausgeht. Die Fähigkeit, Infrarotstrahlung intensiv und gerichtet wahrzunehmen, besitzen vor allem viele Riesenschlangen, Vipern und die Grubenottern, bei denen dafür sogar spezielle Wärmesinnesorgane bekannt sind.

Das Ergreifen lebender Beute erfolgt gewöhnlich in enormer Geschwindigkeit – bei höherer Körpertemperatur der Schlange noch wesentlich schneller als bei niedrigerer. Potentielle Beutetiere zeigen sich, wie Terrarienbeobachtungen immer wieder beweisen, von der sich nähernden Schlange völlig unbeeindruckt und geben sich ihrer augenblicklichen Tätigkeit – Putzen, Fressen usw. – unbeirrt hin. Die Futtertiere, die meist ihre natürliche Scheu weitgehend verloren haben, zeigen sogar selbst Interesse an der Schlange und können sie beißen, falls sie sich bedroht fühlen. Das kann fatal werden, wenn bei kühlen Temperaturen die Schlange verhältnismäßig träge ist und aufgrund des relativ niedrigen und verzögerten Schmerzempfindens sich nicht wehrt, wenn sie von einer wehrhaften Beute angenagt wird. Wir sollten deshalb Futtertiere möglichst nicht unbeobachtet und vor allem nicht über Nacht im Terrarium belassen; zumindest müssen wir ihnen ihr gewohntes Futter ins Terrarium legen.

Wenn eine Korn- oder eine Erdnatter ein Beutetier ergriffen hat, wickelt sie sich blitzschnell mit einer oder mehreren Körperwindungen darum und erdrosselt es. Diese Nattern sind von ihrem Beutefangverhalten also Würgeschlangen, auch wenn fälschlicherweise diese Bezeichnung oft nur für Riesenschlangen verwendet wird. Dieses Verhalten ist aber keineswegs charakteristisch für alle Nattern, nicht einmal für alle *Elaphe*-Arten. Zornnattern (Gattung *Coluber*) pressen beispielsweise eine wehrhafte Beute mit Körperschlingen gegen den Boden, gegen Steine oder ähnliches und erdrücken sie so. Wassernattern wie *Nerodia*- und *Natrix*-Arten schlingen ihre kaum wehrhafte Beute (Fische, Amphibien) lebend hinunter. Auch unsere Nattern erkennen sofort, wenn es sich um ein wehrloses oder totes Beutetier handelt. So werden Eintagsküken von größeren Schlangen nur selten erdrosselt oder erdrückt, sondern oft noch lebend verschlungen. Selbst nestjunge Ratten, die schon mindestens die Größe einer wehrhaften Maus haben, werden als nicht bissig erkannt und ohne vorherige Tötung abgeschluckt.

Unsere Nattern und selbst große Riesenschlangen erdrosseln ihr Beutetier, sind aber keineswegs in der Lage, beim Würgen ihrem Opfer alle Knochen im Leib zu brechen, wie oft behauptet wird. Sie pressen ihre Beute zusammen und verhindern deren Atemtätigkeit. Die Umschlingung wird vermutlich nach Herzstillstand gelockert, die Beute durch Abzüngeln überprüft. Oft sieht die Schlange den Kopf ihrer Beute nicht und tastet sich trotzdem zielgerichtet in dessen Richtung. Wahrscheinlich spielen dabei Haarstrich oder die Richtung der Federn eine wichtige Rolle. Mitunter wird von einer gierigen Schlange das Opfer von hinten zuerst verschlungen, was durchaus zu Schwierigkeiten führen kann. Nach Passage der Beute durch die Schädelpartie kann man ein mehrmaliges „Gähnen" der Schlange beobachten – ein Vorgang, bei dem alle Schädelteile wieder richtig geordnet werden.

Wasseraufnahme

Obgleich Schlangen recht unregelmäßig Wasser aufnehmen, ist im Terrarium nach einem Freßakt häufig ein ausgiebiges Trinken zu beobachten. Vor dem Trinken wird das Wasser erst bezüngelt – offensichtlich eine Qualitätskontrolle, die den Terrarianer darauf hinweisen sollte, immer sauberes Trinkwasser anzubieten. Ich betone: „sauberes" Wasser, da ich der Meinung bin, daß nicht täglich „frisches" Wasser vorhanden sein muß. Wie alle Schlangen, trinken unsere Nattern saugend durch die Öffnung im Schnauzenschild, die auch dem Durchstecken der Zunge beim Züngeln dient, oder bei leicht geöffneter Maulspalte. Seitliche Bewegungen der hinteren Kieferpartien verstärken die Sogwirkung. Da unseren Nattern ein größeres Wassergefäß zur Verfügung steht, kriechen sie natürlich auch hindurch, liegen darin oder setzen sogar ihre Exkremente darin ab. Deshalb ist es wichtig, möglichst täglich den Zustand des Trinkwassers zu kontrollieren.

Futterverweigerung
Wie wir erfahren haben, steht unseren Nattern in der Natur ein sehr vielfältiges, wenn auch ein keineswegs immer sehr reichliches Futterangebot zur Verfügung, das je nach Habitat, Witterung und Jahreszeit zudem erheblichen Veränderungen unterliegen kann. Wir erwarten von unseren Pfleglingen jedoch, daß sie jederzeit die ihnen angebotenen weißen Mäuse usw. fressen. Glücklicherweise sind unsere Korn- und Erdnattern diesbezüglich recht anpassungsfähig und tun uns meist diesen Gefallen. Wir dürfen uns aber nicht wundern, wenn beispielsweise eine frischgefangene Schlange aufgrund von Fang- und Transportstreß, neuer Umgebung oder ungewohntem Futterangebot das Fressen verweigert. Auch Jungtiere, die, wie wir wissen, in der Natur andere potentielle Beute vorfinden als gerade nestjunge Mäuse, können streiken. Nach meinen Erfahrungen haben junge Erdnattern stets als Erstfutter nackte Mäusebabys ohne Probleme akzeptiert, während vor allem recht kleine Kornnatter-Schlüpflinge zunächst Schwierigkeiten bereiteten. Mit der Fütterung der jungen Nattern werden wir uns später im Zusammenhang mit ihrer Aufzucht näher beschäftigen. Die Haltung eines Neuzugangs in einem völlig ungewohnten Quarantäneterrarium könnte für die erste Zeit gleichfalls Ursache der Futterverweigerung sein. Auch ist es möglich, daß eine neu erworbene Schlange vom Vorbesitzer ausschließlich tote Beute vorgelegt bekam und jetzt mit einem lebenden Futtertier „überfordert" ist. Es passiert auch, daß eine Schlange vielleicht irgendwann einmal von einem Futtertier attackiert und heftig gebissen wurde, nun Angst vor lebender Beute hat und nur noch tote Futtertiere annimmt.

Welche Möglichkeiten gibt es nun, eine neuerworbene größere Korn- oder Erdnatter, die wider Erwarten die ihr angebotenen Futtertiere mißachtet, zur selbständigen Futteraufnahme zu bewegen? Zunächst sollten wir versuchen, durch geeignete Stimulation die Schlange zur freiwilligen Futterannahme zu bewegen. Wenn nicht eine Erkrankung Ursache für Nahrungsverweigerung ist, könnten entweder eine Ruhebehandlung – störungsfreie Haltung unter naturnahen Verhältnissen und wiederholtes Anbieten arttypischer Beute – oder eine Streßbehandlung mit stark wechselnden Haltungsbedingungen und Anbieten verschiedenartigsten Futters zum Erfolg führen.

Wenn auch unter Berücksichtigung möglicher natürlicher Freßpausen aufgrund der Jahreszeit, einer bevorstehenden Häutung, Trächtigkeit usw. oder aber einer Erkrankung über Monate nichts gefressen wurde und möglicherweise erste Abmagerungserscheinungen zu erkennen sind, bleibt leider nur die Zwangsernährung der betroffenen Schlange, um sie nicht zu verlieren.

Zwangsfütterung
Eine Zwangsfütterung ist stets eine Notlösung, die weder für die Schlange sehr zuträglich noch für den Terrarianer problemlos ist. Neben dem Streß für das Tier und einem nie völlig auszuschließenden Verletzungsrisiko besteht bei unbedachter Zwangsfütterung das Problem ihres falschen Zeitpunktes. So sorgt ein unnatürliches Temperaturregime im Terrarium dafür, daß eine Schlange zwar aktiv sein kann, ihre Sekretion an Verdauungsenzymen aber verringert ist und sie zwangsweise eingeführtes Futter nicht normal verdauen kann.

Während die Handhabung einer mittelgroßen Korn- oder Erdnatter auch dem wenig geübten Terrarianer kaum Schwierigkeiten bereiten dürfte, sollte bei größeren und vielleicht auch bissigen Exemplaren schon eine Hilfsperson das Tier halten. Die Zwangsfütterung sollte zunächst mit einem arttypischen Futtertier versucht werden. Dabei spielen abgetötete nestjunge bis halbwüchsige Mäuse die bedeutendste Rolle. Oft wird empfohlen, das Futtertier zuvor beispielsweise mit frischem Eiklar eines Hühnereies besonders gleitfähig zu machen. Dabei ist jedoch die Gefahr der möglichen Übertragung von Salmonellen zu beachten. Ich habe stets die zu verabreichende Maus lediglich mit Wasser naß gemacht und so eine hinreichende Gleitfähigkeit erreicht. Ohne diese Gleitfähigkeit, beim normalen Freßakt durch den reichlich fließenden Speichel der Schlange erzeugt, ist das Massieren des Futterbrockens erschwert und bereitet der Schlange möglicherweise sogar Schmerzen. Versucht die Schlange nicht schon von selbst in das vorgehaltene Futter zu beißen, wird ihr Maul mit Hilfe eines Holzspatels oder ähnlichem mit sanfter Gewalt geöffnet. Dann wird mit einer stumpfen Pinzette das Futtertier kopfvoran tief in den Schlund geschoben und bis zum Ende des ersten Körperdrittels, das heißt, bis etwa zum Magen, massiert. Bei der Zwangsfütterung kann auch andere Nahrung gegeben werden. Kleine, leichtverdauliche Fische oder Fleischstreifen sind viel einfacher zwangswcise zu verabreichen. Man muß bei längerer Zwangsernährung allerdings auf die Vollwertigkeit des Futters achten; sie ist bei Fleischverfütterung nicht gegeben.

Vielfach wird für eine schonende Zwangsernährung die Verabreichung eines nicht zu flüssigen Futterbreies über eine Schlundsonde empfohlen. Dabei ist unbedingt darauf zu achten, daß die Sonde oder der eingeführte Schlauch auch wirklich in den Schlund und nicht fälschlicherweise in die Atemöffnung (Glottis) der Schlange geschoben wird. Am vollwertigsten ist die so verabreichte Nahrungsportion, wenn sie aus einem mit einem Mixer zuvor pürierten Futtertier besteht – sicher ist das aber nicht jedermanns Sache. Als möglichst vollwertige „künstliche" Nahrung, die mit einer Spritze durch einen Schlauch oder eine Kunststoffkanüle verabreicht wird, bieten sich unterschiedliche Rezepturen an. Sie enthalten vor allem Eiweiß, gequirltes Ei, durchgedrehtes Herzfleisch mit Zusätzen von warmer Milch, Traubenzucker, Wasserflöhen oder Bachflohkrebsen, Mineralstoffen und Vitaminen. Es gibt aber bereits auch geeignete veterinärmedizinische Fertigpräparate. Eine derartige künstliche Ernährung halte ich aber höchstens bei erkrankten und wirklich sehr abgemagerten Nattern für angebracht. Zeigt die Schlange noch einigermaßen zufriedenstellende Kondition und ist zu vermuten, daß sie noch in der Lage ist, festere Nahrung zu verdauen, sollte lieber eine Maus verfüttert werden. Dem toten Futtertier können auch gezielt veterinärmedizinische Präparate in exakter Dosierung beigegeben werden.

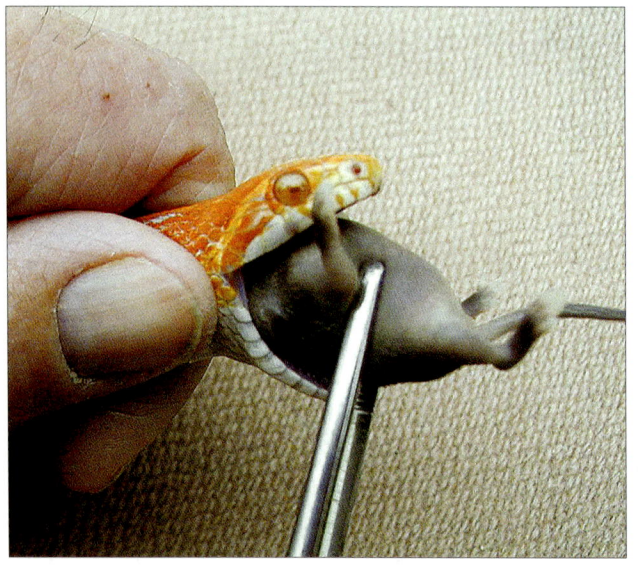

Die Zwangsfütterung einer Schlange bedeutet immer Streß für das Tier und ist nur als letzter Ausweg anzusehen.   Foto: D. Schmidt

Schlangenkrankheiten – Vorbeugung und Erkennung

Voraussetzung für ein langes Leben und eine optimale Fortpflanzungsbereitschaft unserer Nattern ist neben ihrer artgemäßen Haltung und Pflege die Erhaltung ihrer Gesundheit. Die unter unserer Fürsorge gehaltenen Tiere sollen physisch und psychisch gesund bleiben und ihrer Art gemäß reaktions- und bewegungsfreudig sein. Dabei ist zu berücksichtigen, daß Terrarientiere andere Verhaltensweisen zeigen werden als ein Wildtier, das sich mit Nahrungsbeschaffung, Schutz vor Feinden und den verschiedensten Umwelteinflüssen auseinanderzusetzen hat. Es ist wichtig, Einklang mit den Lebensbedingungen einer den Schlangen angemessenen Umwelt im Zustand des Wohlbefindens, ohne Störungen und Krankheiten, herzustellen. Auch bei sachgerechter Haltung und Pflege sind unsere Tiere aber nicht vor Erkrankungen und Verletzungen und deren möglichen fatalen Folgen gefeit. Das Zusammenleben mehrerer Tiere erhöht dabei noch die potentielle Gefahr.

Wenn auch die Veterinärmedizin grundsätzlich viele Erkrankungen bei Reptilien richtig erkennen und behandeln kann und sich dazu etliche Tierärzte und oft selbst Terrarianer Spezialkenntnisse angeeignet haben, ist es immer richtig, einer Erkrankung bereits vorzubeugen. Viele Erkrankungen basieren auf unsachgemäßen Haltungsbedingungen, die zu einer nicht optimalen Kondition und einem gestörten Immunstatus der Tiere führen. Auch Schlangen müssen eine gute immunbiologische Abwehrkraft gegenüber allgegenwärtig (ubiquitär) verbreiteten Erregern, die unspezifische Erkrankungen in den verschiedenen Organen hervorrufen können, besitzen. Stressoren aller Art, mangelhafte und nicht vollwertige Ernährung, ungeeignete räumliche Verhältnisse im Terrarium, anhaltende soziale Spannungen oder Störeinflüsse durch eine zu hohe Tierzahl im Terrarium sind Faktoren, die dazu beitragen, daß diese Erreger krankmachen oder daß wirklich pathogene Erreger angreifen können. Hier kommt der Hygiene – die Wissenschaft von der Gesundheit des Organismus, die sich mit den Gesetzmäßigkeiten in der Wechselwirkung zwischen Umwelt und gesundem Individuum beschäftigt – besondere Bedeutung zu. Hygiene umfaßt vor allem sanitäre Maßnahmen und Quarantänebedingungen. Terrarienhygiene ist mehr als simples Reinigen – vor allem dürfen hygienische Maßnahmen den Tieren keinen Schaden durch Streß, schädliche Chemikalien oder gefährliche Umstände zufügen (ACKERMAN 2000).

Aus hygienischen Gründen sollte das Terrarium so einfach wie möglich gestaltet sein, muß jedoch andererseits einen artgemäßen Lebensraum darstellen. Je einfacher das Terrarium hinsichtlich Rückwand, Bodengrund, Versteck- und Klettermöglichkeiten, Bepflanzung, Wasserbehälter usw. eingerichtet ist, desto leichter lassen sich Hygienevorschriften einhalten. Eine Überbesetzung des Behälters ist grundsätzlich sehr negativ. Optimalerweise sollte das Terrarium täglich nach Exkrementen, Häutungsresten und ausgewürgten Futtertieren abgesucht werden. Der saugfähige Bodengrund ist dabei um die Schmutzstelle herum großzügig zu entfernen und gegebenenfalls zu erneuern. Die Frage nach der Häufigkeit einer Generalreinigung des Terrariums mit Entfernung aller mobilen Einrichtungsgegenstände und vollständiger Reinigung und Desinfektion ist nicht pauschal zu beantworten. Wenn kein besonderer Anlaß, wie Besatz mit neuen Tieren oder Einschleppung von Krankheitserregern und Parasiten vorliegt, führe ich in meinen Schlangenterrarien jährlich nach der Winterruhe der Tiere eine gründliche Terrarienreinigung durch. Alle leicht ersetzbaren Einrichtungsgegenstände (Bodengrund, Äste, Rindenstücke und ähnliches) werden erneuert, die übrigen – so auch die verwendeten Kunst-

Krankheiten – Vorbeugung und Erkennung

Die Eintrübung der Augen bei dieser Kornnatter (*E. g. guttata*) hat keine krankhafte Ursache, sondern deutet auf die in einigen Tagen bevorstehende Häutung hin.　　　　　　　Foto: B. Love/Blue Chameleon Ventures

stoffpflanzen, Steine, Wasserbehälter – werden gründlich abgescheuert und desinfiziert. Der gesamte Innenraum wird einer intensiven Reinigung unterzogen, mit einem für die Schlangen ungefährlichen Desinfektionsmittel behandelt und abschließend sorgfältig ausgewaschen und ausgetrocknet.

Bei der Reinigung werden Verschmutzungen, einschließlich einiger Krankheitserreger, mechanisch entfernt. Sie muß jeder weiteren Behandlung zur Desinfektion (Verminderung der Zahl an Mikroorganismen mit Abtötung oder Inaktivierung aller Krankheitserreger mittels chemischer Mittel oder physikalischer Verfahren) oder gar Sterilisation (Beseitigung aller pathogenen und apathogenen Mikroorganismen einschließlich deren Sporen mit physikalischen Mitteln – Dampf, Heißluft, Begasung, Filtrierung usw.) vorangehen. Die Sterilisation eines Terrariums ist in der Regel dem Terrarianer nicht möglich, eine gründliche Desinfektion kann aber meist dafür sorgen, daß eine Erkrankung unterbunden wird. Ein „steriles" Terrarium, von dem immer wieder gesprochen wird, kann es nicht geben, da irgendwelche Mikroorganismen immer und überall vorhanden sind – und der Begriff „halbsterile Haltung" ist Nonsens. Die Reinigung und Desinfektion muß sich ebenso auf Gegenstände erstrecken, die für die Handhabung der Schlangen, ihre Behandlung oder ihren Transport benutzt werden, wie Schlangenhaken, Pinzetten, Spachtel, medizinische Instrumente, Beutel usw. Zumindest bei Ausbruch einer Erkrankung dürfen Gerätschaften nicht in verschiedenen Terrarien benutzt werden. Das trifft vor allem auch auf Futtertiere zu, die keinesfalls nach Ablehnung Schlangen in einem anderen Terrarium angeboten werden dürfen. Und wir sollten nicht unsere Kleidung und uns selbst vergessen. Eine wichtige Maßnahme, die andere Schlangen und uns selbst von Kontamination mit Erregern schützt, ist vor und nach jedem Kontakt mit den Schlangen und deren Terrarium gründliches Händewaschen. Empfehlenswert ist auch die Desinfektion der Hände nach Kontakt mit Schlangen und Futtertieren mit einem geeigneten Mittel. Schutzhandschuhe aus Gummi, Latex oder Plastikfolie können bei Erkrankungen im Tierbestand nützlich sein.

Während bei den täglichen Kontrollen mit sofortiger Entfernung offensichtlicher Verschmutzungen die Schlangen in ihrem Terrarium bleiben, empfiehlt es sich bei umfassenderen Reinigungsarbeiten, die Schlangen entweder durch geeignete Maßnahmen (Schlupfkiste, Scheibe) abzutrennen oder gar herauszunehmen und kurzzeitig in einem anderen Behälter oder in einem Schlangensack unterzubringen. Das schützt die Tiere vor Streß und uns vor den möglichen Bissen eines aggressiven Exemplars.

Für die Desinfektion bietet sich eine Vielzahl von Mitteln an, die spezifische Wirkungen und Anwendungsmethoden aufweisen. Es ist unbedingt darauf zu achten, daß nicht etwaige Rückstände des Desinfektionsmittels, die selbst nach gehöriger Abschlußreinigung verbleiben, den Schlangen gefährlich werden könnten. Deshalb sollte man nur Desinfektionsmittel in der vorgeschriebenen Konzentration und Anwendungsweise auf Peroxid- (wie Lysoval, Wofasteril), Jod- (wie Betaisodona), Laugen- (wie Hypochlorid) oder Alkoholbasis (wie Ethanol), keineswegs aber phenolhaltige Präparate oder quaternäre Ammoniumverbindungen verwenden (KÖHLER 1996).

Die wichtigste prophylaktische Maßnahme gegen Einschleppung von Krankheitserregern bei Zugang einer neuen Schlange in unseren vorhandenen Schlangenbestand ist die Durchführung einer gewissenhaften Quarantäne. Alle Neuzugänge, Wildfangtiere oder Nachzuchttiere haben durch Fang und Transport eine Streßphase hinter sich, die ihr Immunsystem geschwächt haben kann. Bisher harmlose Mikroorganismen können nun zu einer Erkrankung führen oder wenige Krankheitserreger gewinnen die Oberhand und machen krank. Auch wenn es für uns unbequem ist, eine streng separate Haltung des Neuankömmlings für 30, besser 60 bis 90 Tage einzuhalten, ist in Anbetracht der Inkubationszeiten vieler Krankheitserreger und Parasiten sicherer. Optimal ist es, wenn während der Quarantäne mehrere Kotuntersuchungen durch eine geeignete veterinärhygienische Einrichtung vorgenommen werden. Die Quarantäne soll aber nicht nur den alten Tierbestand schützen, sie dient auch dem möglicherweise gesundheitlich labilen Neuzugang. Im Altbestand vorhandene und die eingewöhnten Schlangen nicht beeinträchtigende Erreger könnten der neuen Schlange schaden. Daß separate Haltung einer erkrankten Schlange unter Beachtung aller hygienischen Gesichtspunkte im Quarantäneterrarium bis zur vollständigen Genesung dauern muß, braucht wohl nicht besonders betont werden.

Nun kann aber trotz aller Vorsicht eine unserer Nattern ernstlich erkranken. Der aufmerksame Terrarianer wird bald erkennen, wenn ein Tier durch Abweichungen vom normalen Verhalten oder äußere Veränderungen Unwohlsein oder gar eine Erkrankung signalisiert. Futterverweigerung, Teilnahmslosigkeit oder nervöse Aktivität und Aggressivität können Krankheitsanzeichen sein. Eine frühzeitige Diagnose ist für den Nichtfachmann in den meisten Fällen kaum möglich, und selbst der Tierarzt, der sich nicht regelmäßig mit Reptilien beschäftigt, hat dabei seine Schwierigkeiten. Oft geben erst spezielle Laboruntersuchungen Auskunft. Da Korn- und Erdnattern kaum unter anderen Erkrankungen leiden als andere Nattern, sei in der nachstehenden Tabelle eine Übersicht über wichtige Erkrankungen, geordnet nach den befallenen Organen und möglichen Ursachen aufgelistet (SCHMIDT 1996). Zur richtigen Diagnose und Therapie der Erkrankung ist der Terrarianer in den meisten Fällen auf den Reptilientierarzt angewiesen. Auskunft über derartige Tierärzte ist u. a. bei der Geschäftsstelle der DGHT sowie im Internet (www.dght.de) zu erhalten. Hinweise zur Behandlung richtig erkannter Erkrankungen sind der Fachliteratur, beispielsweise bei JAROFKE & LANGE (1993), KÖHLER (1996), BEYNON u. a. (1997) oder ACKERMAN (2000), zu entnehmen. Generell dürfen die von Tieren auf den Menschen übertragbaren Erkrankungen (Zoonosen)

Tab. 2 – Erkrankungen von Nattern

Organ	Erkrankung	mögliche Ursachen
Haut	Häutungsschwierigkeiten	Haltungsfehler, starker Milbenbefall
	Außenparasiten	Milben, Zecken
	Hautentzündungen	Pilze, Bakterien
	Abszesse	Bakterien (*Pseudomonas, Aeromonas*)
	Bläschenkrankheit (sogenannte „Pocken")	zu feuchte Haltung
	Hautknoten	Bakterien, Parasiten oder Pilze
	Verbrennungen	Haltungsfehler
Skelettsystem	allgemein	Calciummangel, ungünstiges Ca:P-Verhältnis; Ernährungsfehler
	Knochenbrüche	mechanische Verletzungen, auch als Folge von Calciummangel
Verdauungsorgane	Erbrechen	Haltungsfehler, Streß
		bakterielle Darmentzündungen
		Parasiten (Einzeller, Spulwürmer, Bandwürmer)
		Viren
		Vergiftungen
	Maulfäule	Befall durch unterschiedliche Keime, auch Vitamin-C- und -A-Mangel
	Amöbenruhr	Infektion mit *Entamoeba invadens* über Futter, Wasser, Gerätschaften
	Kokzidiose	Befall mit Kokzidien
	Kotanschoppung	Infektionen, Wurmbefall, Haltungsfehler (niedrige Temperatur), Fütterungsfehler (übergroße Futtertiere)
	Kloaken- und Mastdarmvorfall	als Folge von Entzündungen der Kloake bzw. des Darmes
Atmungsorgane	Lungenentzündung	Parasiten (Fadenwürmer, Lungenwürmer, Zungenwürmer)
		Bakterien
		Viren
Kreislauforgane	Herzfehler	Herzveränderungen (wie Herzklappenödem)
Harn- und Geschlechtsorgane	Nierenerkrankung	u. a. Saugwürmer
	Gicht der Eingeweide	Harnsäureablagerungen unterschiedlicher Ursache
	Legenot	Haltungsfehler, Calciummangel
	Hemipenisvorfall	mechanische Probleme bei Paarung
Sinnesorgane	Augenentzündungen	unterbliebene Häutungen der Brille, bakterielle Infektionen

nicht unterschätzt werden. Vor allem durch Salmonelleninfektionen hervorgerufene Erkrankungen spielen dabei eine Rolle. Insbesondere Personen mit jeder Art von Immunschwäche, aber auch Kinder und körperlich geschwächte alte Menschen sollten den Kontakt mit Reptilien und anderen Tieren meiden. Durch strikte Einhaltung hygienischer Erfordernisse können die durch Reptilien übertragenen Zoonosen vollständig verhindert werden. Generell sind Zoonosen durch diese Tiere selten und repräsentieren nur einen Bruchteil aller auftretenden Infektionskrankheiten. Wenn es jedoch zu einer reptilienbezogenen Erkrankung beim Menschen kommt, ist das meistens eine sehr negative Publicity für die Reptilienhaltung. Deshalb sollte jeder Terrarianer bemüht sein, die nötigen Vorsichtsmaßnahmen zu respektieren (ACKERMAN 2000).

Im engen Zusammenhang mit der Hygiene beim Umgang mit unseren Schlangen – und mit Reptilien überhaupt – stehen einige Gerätschaften, die nicht unerwähnt bleiben sollen. Sie gehören zur Grundausstattung des Terrarianers. Für die täglichen Reinigungsarbeiten brauchen wir eine etwas abgewinkelte kleine Schaufel mit längerem Stiel zur Aufnahme von größeren Verschmutzungen auf dem Bodensubstrat. Ein breiter Spachtel, wie ihn Maler benutzen, dient zum Abkratzen angetrockneter Exkremente und zum Entfernen kleinerer Schmutzpartikel im Terrarium. Bei der Reinigung der Behälter von Futtertieren kommen wir ohne ihn kaum aus. Selbst bei absolut nicht angriffslustigen Tieren empfiehlt sich ein Schlangenhaken – und wenn es nur darum geht, eine Natter aus einer für uns schwer zugänglichen Ecke herauszuholen. Ähnliche Dienste leistet eine Schlangenzange, die – wie auch eine Stabschlinge – allerdings mehr für den Umgang mit Giftschlangen vorgesehen ist. Ein Paar lederbesetzte Handwerkerhandschuhe mit Stulpen kann dagegen beim Hantieren mit bissigen Nattern sehr hilfreich sein. Unentbehrlich sind verschieden lange Futterpinzetten, mit denen Futtertiere – tote oder lebende – einzelnen Schlangen dargereicht werden können. Eine Pinzette mit abgerundeten Enden und eine Spritze mit mehreren Plastikkanülen und geeignetem Gummischlauch für etwaige Zwangsfütterungen sollten parat liegen. Ein Zerstäuber (Blumenspritze) hilft, wenn Pflanzen im Terrarium zu pflegen sind oder die Anfeuchtung des Bodensubstrates gewünscht wird. Eine harte Geschirrspülbürste ist zum Ausscheuern des Wasserbehälters sehr zweckmäßig. Am schnellsten und gründlichsten wirkt verdünnte Salzsäure – im Baumarkt erhältlich – zum Entfernen von Kalkrändern. Dabei sind unbedingt ihre Ätzwirkung und ihr stechender Geruch zu beachten.

Nicht nur eine Frage des ästhetischen Empfindens sind saubere Terrarienscheiben. Staub und Fingerabdrücke von außen, Wasserspritzer, Kriechspuren und Exkremente von innen verunzieren die Scheiben und sind zu entfernen. Ein Schwamm, warmes Wasser und ein sauberes, trockenes Tuch tun dabei gute Dienste. Bei nicht zu starker Verschmutzung kann ein Fensterputzmittel verwendet werden. Die Tiere dürfen damit nicht in Berührung kommen, weshalb Sprays nicht in Frage kommen.

Daß alle diese Gerätschaften auch in einem gesunden Tierbestand peinlichst sauber zu halten und gegebenenfalls des öfteren zu erneuern sind, versteht sich wohl von selbst. Ich lege generell Schaufeln, Spachtel, Pinzetten usw. nach Gebrauch in eine Desinfektionslösung, die in einem Treteimer mit Plastikeinsatz ständig zur Verfügung steht und wöchentlich erneuert wird. Nach der Desinfektion werden die Geräte unter fließendem Leitungswasser gründlich gespült und dann getrocknet.

Für eine „Zwischenhälterung" der Schlangen bei umfangreicheren Reinigungsarbeiten oder für den Transport müssen immer mehrere saubere, stabile Leinensäcke bereit liegen. Auf Spezialinstrumente wie Knopfsonden zur Geschlechtsdiagnose oder einer sogenannten Pinky-Pump zum Stopfen von Jungschlangen kommen wir in den entsprechenden Abschnitten noch einmal zurück.

Schlangenalltag

Die Begleitung der Schlangen in ihren täglichen und jahreszeitlichen Rhythmen verpflichtet uns als Terrarianer einerseits zur möglichst naturnahen Nachahmung dieser Abläufe, sie macht aber andererseits den wesentlichen Teil unseres Hobbys aus, weil sie uns gemeinsam mit den Tieren immer wieder interessante und neue Aktivitäten miterleben läßt. Für die aus den gemäßigten Breiten der nördlichen Hemisphäre stammenden Korn- und Erdnattern treffen, wenn auch nicht in jedem Detail, ähnliche jahreszeitliche Veränderungen zu, wie bei uns in Mitteleuropa. Da wir gewöhnlich nicht wissen, aus welchem Teil der großen Verbreitungsgebiete unsere Tiere oder deren Vorfahren stammen, sind wir zu einem Kompromiß gezwungen, den die Schlangen dank ihrer Anpassungsfähigkeit und ihrer möglicherweise seit Generationen im Terrarium gewohnten Abläufe tolerieren. Trotz aller Bemühungen werden die natürlichen Bedingungen nie im Terrarium nachzuahmen sein. Das Leben einer Schlange im Terrarium verläuft wesentlich gleichförmiger und streßärmer als in der Natur – von lebensbedrohenden Naturkatastrophen wie Hurrikans, Waldbränden, Überschwemmungen, extremen Frostperioden ganz abgesehen. Deshalb gehört zur artgerechten Haltung auch positiver Streß wie Temperaturschwankungen, Jagd

Der Schlangenalltag im Terrarium verläuft wesentlich eintöniger als in der freien Natur (*E. o. lindheimeri* × *E. o. quadrivittata*). Foto: D. Schmidt

Schlangenalltag

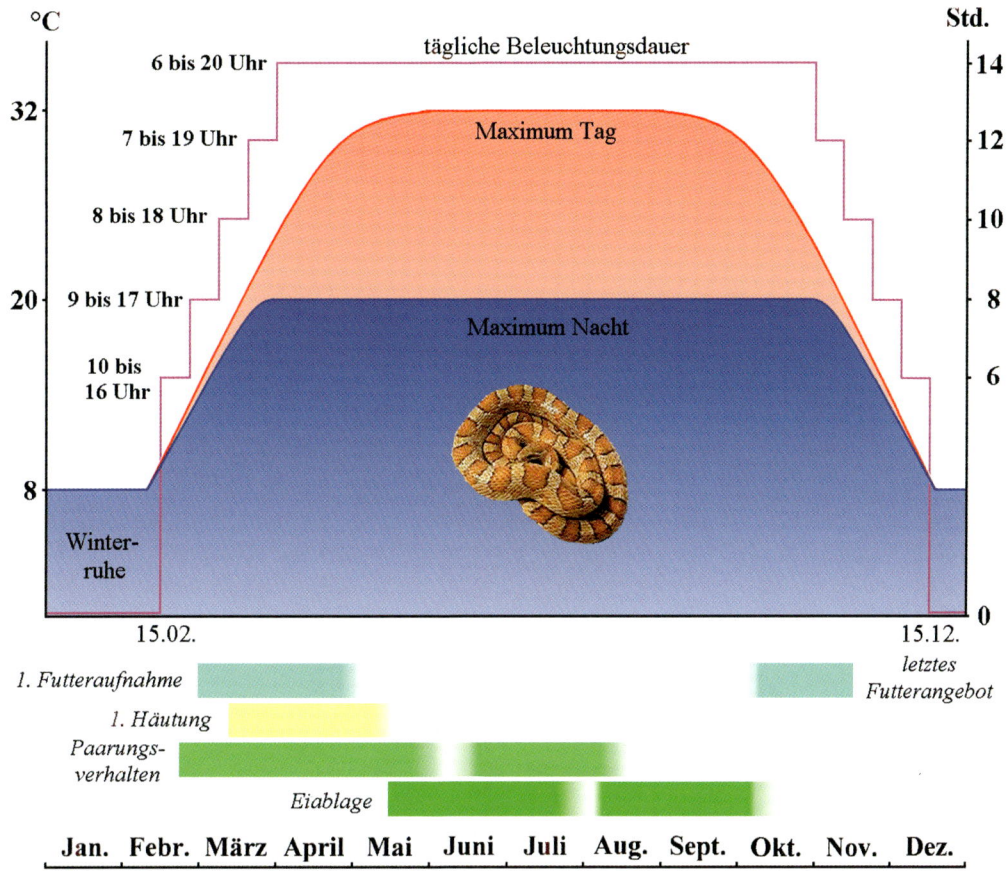

Beispiel eines Temperatur- und Beleuchtungsregimes für Korn- und Erdnatterterrarien im Jahresverlauf

auf lebende Beute, Häutung, Konfrontation mit Artgenossen, Fortpflanzung, Winterruhe, und das alles in der entsprechenden Jahresrhythmik. Sicher erdulden unsere Nattern bis zu einem gewissen Maße tagein, tagaus konstante Temperaturen, tote Futtertiere, ausbleibende Reproduktion, fehlende Winterruhe – „Ich will doch auch im Winter meine Tiere beobachten können!". Ein ausgefülltes Schlangenleben ist das nicht.
Jeder erfahrene Terrarianer und Schlangenzüchter wird natürlich auf seine Methoden der Schlangenhaltung schwören, und er hat sicher damit auch recht. Um dem Leser dieses Kapitels aber eine konkrete, über Jahrzehnte erprob-

te und bewährte Methode der Haltung von nordamerikanischen Nattern – nicht nur Korn- und Erdnattern, sondern auch Arten der Gattungen *Lampropeltis*, *Pituophis*, *Thamnophis*, *Nerodia* und anderer mehr –, wie auch verschiedener Grubenottern der Gattungen *Agkistrodon*, *Crotalus* und *Sistrurus* an die Hand zu geben, möchte ich meine Erfahrungen vorstellen und zur Nachahmung empfehlen.

Jahresrhythmik

Mit der graphischen Darstellung soll verdeutlicht werden, mit welchem Regime im Verlauf eines Jahres von Januar bis Dezember die Temperaturen und Lichtverhältnisse im Terrarium „programmiert" werden können. Dabei basiert der Programmablauf lediglich auf simplen Schaltuhren und einem Thermostat. Voraussetzung für ein derartiges Programm ist freilich, daß die Tiere in einem separaten Terrarienraum untergebracht sind, in dem Reptilien mit ähnlichen Umweltansprüchen leben. Bei der Haltung der Schlangen in einem bewohnten Raum müssen deshalb einige abweichende Maßnahmen erfolgen, die den Erfolg zwar nicht schmälern, dem Terrarianer aber mehr Mühe bereiten.

Mein „Schlangenzimmer" enthält zwei vom Boden bis zur Decke reichende, fest eingebaute Terrarienwände mit insgesamt 28 größeren und kleineren Terrarien für Schlangen der Nearktis. Daß gelegentlich das eine oder andere Terrarium mit tropischen Reptilien besetzt ist, soll hier nicht interessieren, da diese Terrarien gesondert beheizt und beleuchtet werden und ihr Betrieb nicht dem hier dargelegten Jahresrhythmus folgt. Beim vorgegebenen Regime spielen allerdings schon persönliche Motive eine Rolle, die vom natürlichen Geschehen in der nordamerikanischen Heimat der Schlangen abweichen. Da sowohl Tiere aus dem hohen Norden der Vereinigten Staaten, aus dem subtropischen Süden der Halbinsel Florida als auch aus Teilen Mexikos unter denselben Bedingungen gepflegt werden sollten, habe ich einen Mittelweg beschritten, der allen Arten gerecht wird. Die Winterruhe wurde auf zwei Monate zuzüglich etwa je vier bis sechs Wochen Übergangszeit vor und nach der eigentlichen Ruhephase festgelegt. Die Temperatur während dieser Zeit beträgt 8 °C. Korn- und vor allem die Erdnattern aus nördlichen Teilen ihres Areals würden durchaus Temperaturen von 4 bis 6 °C über mehrere Monate vertragen. Da bei mir grundsätzlich alle Schlangen die Winterruhe in ihren Terrarien absolvieren, wird die genannte Temperatur mit Hilfe einer über einen Thermostat geregelten elektrischen Raumheizung konstant gehalten. Die sich verändernden Grundtemperaturen während der Übergangszeiten werden manuell am Thermostaten eingestellt.

Von April bis Oktober beträgt die Grundtemperatur – und damit auch während der Nachtstunden in den Terrarien – 20 °C. Gewisse Schwankungen ergeben sich durch höhere Außentemperaturen im Sommer. Die in den Terrarien tagsüber herrschenden Temperaturen von 24 bis 28 °C werden durch Leuchten und Strahler im Terrarium selbst und in dem darunter liegenden Terrarium sowie in einigen Behältern zusätzlich durch Heizplatten unter dem Terrarium erzielt. Bei Außentemperaturen von 25 °C und mehr kann die Innentemperatur im Terrarium am Tage auf maximal 32 °C steigen.

Parallel zur Erhöhung der Raum- und Terrarientemperatur im zeitigen Frühjahr sowie zu deren Absenkung im Spätherbst erfolgt die Steuerung der täglichen Beleuchtungsdauer. Während der Winterruhe sind alle Lampen in den Terrarien ausgeschaltet. An sonnigen Wintertagen wird das Fenster im Terrarium durch eine Jalousette abgeschattet. Mit Ende der Winterruhe wird die Terrarienbeleuchtung zunächst für wenige Stunden um die Mittagszeit, dann stufenweise bis Ende März auf 14 Stunden, die längste Tageslichtdauer bis zum Spätherbst, heraufgesetzt. Diese Veränderungen führe ich ebenfalls manuell durch. Die jeweils eingestellte tägliche Beleuchtungsdauer wird durch einfache Schaltuhren geregelt – bei den aus Sicherheitsgründen getrennten zwei Stromkreisen der Beleuchtung aller Terrarien sind es zwei Schaltuhren. Dem natürlichen Tageslicht angepaßt, dauert der 14stündige Terrarientag in meiner Anlage von 6 bis 20 Uhr. Eine Verschiebung um etwa zwei Stunden, um gegebenenfalls die Abendstunden für Terrarienbeobachtungen nutzen zu können, spielt keine Rolle.

Winterruhe

Nachdem wir den Überblick über das „Schlangenjahr" hinsichtlich Temperatur und täglicher Beleuchtungsdauer gewonnen haben, wenden wir uns speziellen Ereignissen im Jahresablauf zu. Mit Beginn des Kalenderjahres befinden sich unsere Schlangen in der Winterruhe (Hibernation). Als wechselwarme Tiere hängen die Schlangen von der Außentemperatur ab. Dazu kommt, daß in der Natur ihre Beutetiere ebenfalls im Winter einer verminderten Aktivitätsphase unterliegen und damit für die Schlangen keine Nahrung zur Verfügung steht. Der Eintritt der Winterruhe ist jedoch nicht nur durch das Absinken der Temperatur bedingt. Ein innerer Biorhythmus spielt bei den Schlangen eine gewisse Rolle; er ist aber nicht so ausgeprägt, wie beispielsweise der hormonell gesteuerte vieler Säugetiere, bei denen besser von „Winterschlaf" gesprochen wird. Die innere Beeinflussung ist dann zu beobachten, wenn die Schlangen aus gemäßigten Zonen im Winter warm bei jahrein, jahraus konstanter Beleuchtungsdauer gehalten werden und ihnen regelmäßig Futter angeboten wird. Gewöhnlich fallen dann im Winter für Wochen, meist sogar Monate verringerte Aktivität und Futterverweigerung auf. In der Natur hängt die Dauer der Winterruhe einer Schlangenpopulation nicht von der Art oder Unterart ab, sondern vielmehr von den klimatischen Bedingungen ihres Areals. So ist beispielsweise die Nominatform der Kornnatter in Südflorida oder im Süden des Bundesstaates Mississippi in der Regel ganzjährig aktiv, während sie in nördlichen Bereichen eine mehrmonatige Winterruhe einlegt.

Unter Terrarienbedingungen in Florida strebten LOVE & LOVE (2000) für ihre Kornnattern eine den dortigen Witterungsbedingungen angepaßte Überwinterung bei 7 bis 18 °C für einen Zeitraum von 60 bis 75 Tagen oder länger an. Die Daten wurden in der Regel aber nicht konsequent eingehalten.

Im Interesse einer geplanten Vermehrung unserer Schlangen sollen sie auf den stimulierenden Effekt einer Winterruhe nicht verzichten müssen. Sowohl die Entwicklung und Reifung der

Kornnattern in Südflorida sind normalerweise ganzjährig aktiv (hypomelanistische Evergladeskükennatter, *Elaphe obsoleta rossalleni*). Foto: B. Love/Blue Chameleon Ventures

männlichen Keimzellen (Spermatogenese und Spermiogenese) als auch der Eizellen (Oogenese) sind von niedrigen Temperaturen und einem Kurztag während der Winterruhe abhängig. Die Winterruhe entspricht dem natürlichen Lebensrhythmus dieser Tiere und trägt zu einer höheren Lebenserwartung bei. Eine Trennung der Schlangen während der Winterruhe nach ihrem Geschlecht habe ich bei meinen Korn- und Erdnattern nie praktiziert; sie könnte bei Tieren, die trotz Zuchtreife wiederholt keine Fortpflanzungsaktivitäten zeigen, von Vorteil sein. Etwaige während oder kurz nach der Beendigung der Winterruhe eingetretene Tierverluste betreffen, wenn nicht gerade grobe Fehler seitens des Terrarianers vorliegen, normalerweise ohnehin nur lebensschwache Einzeltiere. Oft überstehen schwache und kranke Tiere nicht die Strapaze der mehrmonatigen winterlichen Zwangspause. Sie verenden auch in der Natur. Unter Terrarienbedingungen sollten deshalb kränkelnde und in schlechter Kondition befindliche Exemplare ebenso wie sehr junge Tiere, die sich noch nicht ausreichend Fettreserven zulegen konnten, nicht kalt überwintert werden. Es ist bei kräftigen Jungschlangen aber durchaus möglich, sie ohne vorherige Futteraufnahme in die Winterpause zu schicken. Gerade Futterverweigerer nehmen dann im Frühjahr oft problemlos die erste Beute an.

Bevor die Winterruhe eingeleitet wird, muß sicher sein, daß alle Tiere ihren Verdauungstrakt entleert haben. Im Magen-Darm-Kanal verbliebene Futterreste würden während der Winterpause in Fäulnis übergehen und unter Umständen erst nach Abschluß der Winterstarre zum Tode führen. Wird ein ausreichender zeitlicher Abstand zwischen dem letzten Futterangebot und dem Beginn der Winterruhe gewahrt, treten keine Probleme auf. Das Baden der Schlangen vor der Winterpause, das gelegentlich praktiziert wird, ist dann nicht erforderlich; es würde den Tieren nur unnötigen Streß bereiten. Ich achte auch grundsätzlich darauf, daß sich vor der Häutung befindliche Schlangen noch vor Eintritt der Winterruhe häuten. Notfalls treten sie dann etwas später in die Ruhephase ein.

Verbleiben die Schlangen während der Winterruhe in ihren Terrarien, werden von ihnen die am günstigsten erscheinenden Versteckplätze aufgesucht. Hier haben sich Schlupfkisten sehr bewährt. Als Wärmedämmung vor unvorhergesehenen raschen Temperaturveränderungen, als zusätzlicher Sichtschutz und zur Verdunklung der Verstecke gebe ich eine etwa 20 cm dicke Schicht von trockenem Fallaub, vor allem von Eichen und Buchen, zusätzlich ins Terrarium. Das Wassergefäß bleibt frei und wird etwa alle zwei Wochen mit frischem Wasser gefüllt.

Kann der gesamte Raum nicht auf die Temperatur der Winterruhe abgekühlt werden, weil er als Wohnraum genutzt wird, müssen die Nattern an einen geeigneten Platz verbracht werden. In Altbauten bieten kühle, nicht zu feuchte Keller gute Voraussetzungen. Dachböden sind wegen Frostgefahr meist ungeeignet. Auch in zentralbeheizten Häusern dürfte wohl ein geeigneter kühler Platz zu finden sein. Problematisch wird es aber in einer zentralbeheizten kleinen Wohnung. Vielleicht findet sich aber ein hilfsbereiter Bekannter, der einen passenden Überwinterungsplatz bieten kann. Zur Überwinterung in einem Kühlschrank liegen mit Schlangen wenig Erfahrungen vor. Die für unsere Nattern angestrebte Temperatur von 8 °C läßt sich mit einem normalen Kühlschrank auch nicht ohne weiteres erzielen. Möglich ist es, über einen auf 8 °C eingestellten Thermostaten den Kühlschrank ein- und auszuschalten.

Müssen die Tiere den Raum ihres Sommeraufenthaltes verlassen, ist es vorteilhaft, wenn sie samt Terrarium umziehen. Können sie nicht in ihrem Terrarium verbleiben, ist das Umsetzen in eine spezielle Überwinterungskiste erforderlich. Dazu eignet sich ein kleines Terrarium oder besser noch eine gut schließende Holzkiste mit Belüftungsöffnungen, die mit nichtrostender Drahtgaze oder ähnlichem verschlossen sind. Eine gute Wärmedämmung durch Polystyrolplatten ist sehr vorteilhaft, da kurzzeitige Temperaturschwankungen, wie beim Lüften des Überwinterungsraumes, nicht bis zu den Tieren vordringen können. Als Substrate in der Überwinterungskiste eignen sich Lauberde, abgetrocknetes Moos oder Fallaub – Materialien, die aber nie völlig austrocknen und keinesfalls schimmeln dürfen. Rindenstücke, Blumentöpfe mit einem ausgebrochenen Schlupfloch, eine Schlupfkiste oder ähnliche Verstecke, die einen gewissen Druck auf den Rücken der Schlangen gewähren, werden bevorzugt angenommen. Im Winterquartier muß unbedingt ein Gefäß mit Trinkwasser zur Verfügung stehen, da die Tiere gelegentlich trotz der relativ niedrigen Temperaturen besonders am Anfang der Winterperiode einmal umherkriechen können und trinken wollen.

Eine Kontrolle des Behälters der eingewinterten Schlangen sollte nicht zu häufig vorgenommen werden; auf keinen Fall sind die Tiere dabei zu stören. Manche sonst friedliche Exemplare reagieren dann auch recht bissig. Schlangen, die sich bei den niedrigen Temperatur nicht verkrochen haben, könnten erkrankt sein. Ihre Winterruhe ist unter Berücksichtigung einer langsamen Erwärmung zu beenden. Eine ungewohnte Aktivität der Schlangen weist auch auf zu hohe Temperaturen von über 10 °C hin.

Zur Aktivierung der Schlangen werden die Temperaturen allmählich wieder erhöht, und das Licht wird eingeschaltet. Schlangen aus einem speziellen Überwinterungsbehälter sind erst bei Temperaturgleichheit wieder in ihr inzwischen gründlich gesäubertes und neu eingerichtetes Terrarium umzusetzen. Bei meinen Tieren wird nach einigen Tagen langsamen Temperaturanstiegs ein großer Teil des eingebrachten Fallaubs aus dem Terrarium entfernt und schließlich die Terrarienbeleuchtung eingeschaltet – erst für wenige Stunden, schließlich länger und länger. Ist die Mindesttemperatur im Terrarium bei etwa 18 °C angelangt und brennt die Terrarienbeleuchtung bereits wieder für wenigstens sechs Stunden, können wir erstmals Futter anbieten. Inzwischen haben die Tiere schon mehrmals getrunken. Die Schleimhäute des Verdauungstraktes sind wieder funktionsfähig und in der Lage, Nahrung zu verdauen. Ein Zwangsbad ist deshalb auch jetzt nicht erforderlich. Oft dienen die ersten zu beobachtenden Aktivitäten nach der Winterruhe der Partnersuche und ersten Paarungsversuchen. Manche Exemplare vollziehen erst eine Häutung, ehe sie wieder fressen. Wir dürfen uns also keine Gedanken machen, wenn einzelne Nattern noch einige Wochen nach Beendigung der Winterruhe keine Beute schlagen. Ich reiche als Erstfutter dann jeder Korn- und Erdnatter nur ein oder zwei junge Mäuse oder nestjunge Ratten, um ihren Verdauungstrakt langsam wieder an größere Futtermengen zu gewöhnen. Zeigen unsere Nattern wieder ihr normales Verhalten, fressen sie und versuchen sie sich zu paaren, wissen wir, daß unsere Bemühungen, den Tieren durch eine Winterruhe günstige Vorbedingungen für die bevorstehende Aktivitätsperiode mit Wachstum und Reproduktion zu geben, erfolgreich waren. Erst dann denke ich auch an eine Generalreinigung der Terrarien. Wenn die Tiere in speziellen Behältern überwintert werden, sollte die Reinigung der eigentlichen Terrarien in dieser Zeit erfolgen.

Wachstum, Häutung, Lebensalter

Im Gegensatz zu den meisten anderen höheren Wirbeltieren wachsen Schlangen ihr ganzes Leben. Bei den Vögeln und vielen Säugetieren tritt beim Erreichen der Geschlechtsreife eine deutliche Verlangsamung und schließlich Stagnation des Wachstums ein. Viele Schlangenarten können aber nach diesem Zeitpunkt ihre Gesamtlänge noch mehr als verdoppeln. Zwar werden ihre Wachstumsraten von Jahr zu Jahr kleiner, die Anzahl der jährlichen Häutungen nimmt ab, aber die längsten Exemplare einer Art sind häufig die ältesten. Diese Möglichkeit verdanken viele Schlangen, aber auch Schildkröten und Panzerechsen dem Umstand, daß die Enden ihrer Knochen zeitlebens knorpelig bleiben und so ein Ende des Knochenwachstums nicht zwangsläufig sein muß. Warum jedoch selbst

Geschwister aus einem Gelege unter den kontrollierbaren Terrarienbedingungen – und natürlich auch in der Natur – sehr unterschiedlich wachsen und im Alter deutliche Längenunterschiede aufweisen, muß für jedes Individuum gesondert analysiert werden. Bereits die Körpermasse beim Schlupf der Jungschlangen kann um 100 % variieren, ihre Schlupflänge um mehr als 50 %. Geschlechtsunterschiede in der Größe sind bei unseren Korn- und Erdnattern nicht eindeutig – es gibt sowohl extrem große Männchen als auch sehr große Weibchen. Warum manche Exemplare von klein auf immer mehr fressen und damit schneller wachsen als andere, ist unklar und bedarf eingehenderer Untersuchungen.

Längenangaben für Schlangen werden, wenn nicht anders vermerkt, normalerweise für die Gesamtlänge getroffen. Das Verhältnis der Kopf-Rumpf-Länge (Schnauzenspitze bis Kloake) zur Schwanzlänge (Kloake bis Schwanzspitze) ist bei den einzelnen Schlangenarten und zwischen Männchen und Weibchen unterschiedlich. So wurden beispielsweise bei männlichen Kornnattern der Nominatform 220 (211 bis 230) Bauchschilde und 69,3 (58 bis 76) Unterschwanzschilde gezählt, während weibliche Tiere 227 (208 bis 238) bzw. 64 (57 bis 73) Schilde aufwiesen. Ähnliche Verhältnisse waren bei *E. g. emoryi* und *E. g. meahllmorum* zu beobachten. (SMITH u. a. 1994). Die großen Schwankungsbreiten dieser Werte lassen leider aber keine Diagnose der Geschlechtszugehörigkeit eines untersuchten Exemplares zu.

Die Länge einer Schlange ist natürlich ein besseres Maß für ihr Wachstum als eine Ermittlung ihrer Körpermasse („Gewicht"), die weit mehr von der augenblicklichen Kondition des Tieres und von eventuell zuvor erfolgter Futter- und Wasseraufnahme oder vom Trächtigkeitsstadium abhängt. Die Länge exakt am lebenden, unbetäubten Tier zu ermitteln, ist ohnehin sehr problematisch, auch wenn verschiedene Tricks (Glasrohr zum Hindurchkriechen; Bandmaß, das den Körperwindungen entlang gelegt wird) etwas weiterhelfen können. Präparierte Tiere sind meist etwas geschrumpft; Schlangenhäute dagegen oft um mehr als 25 % gedehnt. Letzteres trifft auch auf die abgestreiften Exuvien („Natternhemden") zu. Trotzdem kann die problemlose Vermessung kompletter, ohne Dehnung getrockneter Exuvien wertvolle Hinweise für die Kontrolle der Längenzunahme einer Schlange geben. Verallgemeinernd kann man zu den Wachstumsraten einer Schlange sagen: Je länger Schlangen werden, desto geringer werden ihre Zuwachsraten, die Massenentwicklung kann jedoch anhalten.

Im engen Zusammenhang mit der Längen- und Körpermassezunahme einer Schlange steht die Häutung (Ecdysis). Der Häutungsprozeß wird durch äußere Faktoren wie Nahrungsangebot, Temperatur und Feuchtigkeit beeinflußt, seine Steuerung erfolgt jedoch hormonell. Wenn die äußere, aus abgestorbenen, keratinhaltigen Zellen bestehende und wenig dehnungsfähige Hornschicht (Stratum corneum) zu eng wird, muß sie abgestreift werden. Manche Schlangen liegen mitunter vor der Häutung – entgegen ihren sonstigen Gewohnheiten – tagelang im Wasser. Dabei ist nicht klar, ob es sich dabei lediglich um einen Aufweicheffekt oder um das Ausgleichen erhöhter Wasserverluste durch die Haut vor der Häutung handelt. Viele Exemplare nehmen in der Zeit vor der Häutung keine Nahrung mehr an; es gibt aber auch Ausnahmen.

Den Beginn des Häutungsprozesses erkennen wir bereits zwei bis drei Wochen vor der eigentlichen Häutung an der Eintrübung der Augen. Da sich die bei Schlangen und manchen Echsen während der Entwicklung des Fetus (Fetogenese) im Ei zu einer durchsichtigen, die Augenhornhaut (Cornea) bedeckenden Membran verwachsenen Augenlider mit häuten, ist zwischen alter und neuer „Brille" eine trübe, bläuliche Flüssigkeit zu erkennen. Die gesamte Körperfärbung verblaßt, und die Schlange sieht recht unansehnlich aus. Wenige Tage vor dem Abstreifen der Haut verschwindet die Augentrübung. Die milchige Flüssigkeit wurde resorbiert. Ober- und Unterlippenschilde erscheinen leicht ge-

Schlangenalltag

Die Eintrübung der Augen bei dieser Evergladeskükennatter (*Elaphe obsoleta rossalleni*) deutet auf die bevorstehende Häutung hin. Das Sehvermögen der Tiere ist dadurch eingeschränkt, deshalb ist bei manchen Schlangen mit erhöhter Aggressivität zu rechnen. Foto: B. Love/Blue Chameleon Ventures

schwollen. Durch reibende Bewegungen des Kopfes an rauhen Gegenständen im Terrarium – harte Kunststoffpflanzen erweisen sich als dafür gut geeignet – löst die Schlange nun die Haut von den Lippenrändern und versucht, sie über den Kopf zu streifen. Ist das gelungen, geht die Häutung sehr schnell und ist oft nach kaum fünf Minuten abgeschlossen. Beim Zwängen durch Hindernisse streifen gesunde Nattern die Haut in einem Stück ab, die Innenseite nach außen. Dieses Natternhemd (Exuvie) ist zwar ein naturgetreues Abbild aller Schuppen des Tieres, gibt seine Fleckenzeichnung aber nur sehr blaß oder überhaupt nicht wieder. Es ist darauf zu achten, daß beide Brillen und das äußerste Schwanzende mit gehäutet wurden, um spätere Komplikationen zu vermeiden. Während die Zungenspitzen einem separaten Häutungsrhythmus unterliegen, werden die Hemipenes regelmäßig mit gehäutet.

Eine unvollständige oder fetzenweise Häutung deutet auf Mängel in der Ernährung (Vitaminmangel), auf einen allgemein schwachen Ernährungszustand, zu niedrige Haltungstemperaturen, auf eine Erkrankung oder auf Milbenbefall (Acariasis) hin. Die Rolle der Umgebungsfeuchtigkeit ist sicher artspezifisch, jedoch nicht immer klar, da sich die Nattern auch bei sehr trockener Haltung problemlos und in einem Stück häuten können. Exemplare, die sich nicht oder nicht komplett gehäutet haben, sollten für wenigstens 15 Minuten in etwa 30 °C warmem Wasser gebadet werden. Dabei sind besonders schwache Tiere ständig zu beobachten, sie könnten sonst ertrinken. Die überständige Haut ist dann so eingeweicht, daß sie sich im Ganzen abstreifen läßt oder notfalls stückchenweise mit einer Pinzette abgezogen wird. Am schwierigsten ist es, zunächst die Haut an den Ober- und Unterlippenrändern zu lösen. Mitunter genügt es aber, die

Ein anerythristisches Kornnatterweibchen hat in seiner Ablagebox in der „Schublade" einer Zuchtbatterie gerade ein großes Gelege abgesetzt. Daß sich die Schlangenweibchen kurz vor der Eiablage noch häuten, ist gar nicht so selten.
Foto: B. Love/Blue Chameleon Ventures

Schlange mit einem trockenen Tuch zu ergreifen und sich langsam herauswinden zu lassen.
Die erste Häutung frischgeschlüpfter Korn- und Erdnattern erfolgt gewöhnlich vier bis zehn Tage nach dem Schlupf. Sehr gierige Exemplare fressen schon vor der ersten Häutung zum ersten Mal nestjunge Mäuse. Während im ersten Lebensjahr noch alle vier bis sechs Wochen eine Häutung erfolgt, wird ihre Anzahl in den Folgejahren mit abnehmenden Wachstumsraten immer kleiner. Adulte Tiere häuten sich nur noch ein- bis zweimal im Jahr.
Wenn wir die Verantwortung für ein Terrarientier übernehmen, müssen wir uns darüber klar sein, daß die Korn- und Erdnattern uns ein großes Stück unseres eigenen Lebens begleiten werden. Trotz aufwendiger Freilandforschungen kann die Lebenserwartung der Schlangen nur durch Terrarienbeobachtungen sicher analysiert werden. Unter artgemäßen Haltungsbedingungen ohne Nahrungsmangel, ohne Feindeinwirkung, bei fachgerechter Krankheitsbehandlung und Parasitenbekämpfung und unter Ausschaltung extremer klimatischer Faktoren erreichen viele unserer Nattern ein überdurchschnittliches Lebensalter. Dem menschlichen Bedürfnis nach Rekorden haben

wir es zu verdanken, daß sowohl aus der Zootierhaltung als auch aus privater Tierhaltung Angaben zum Höchstalter von Schlangen vorliegen. Aus verschiedenen Quellen hat SCHULZ (1996) Beispiele für das maximal erreichte Alter unserer *Elaphe*-Arten zusammengetragen (s. unten, Tab. 3).
Diese sporadisch erfaßten Daten sagen natürlich nichts darüber aus, ob beispielsweise eine Texaskükennatter (*E. o. lindheimeri*) grundsätzlich älter wird als eine Kükennatter (*E. o. quadrivittata*). Die in einem größeren Tierbestand während 35 Jahren durchgeführten Ermittlungen ergaben, daß männliche Erdnattern (*E. obsoleta*) eine höhere mittlere Lebenserwartung – etwa 15 bis 20 Jahre – hatten als weibliche – etwa 8 bis 12 Jahre. Einzelne Männchen lebten maximal 30 Jahre, Weibchen dagegen nur maximal 22 Jahre. Dieser Unterschied ist vermutlich darauf zurückzuführen, daß die Weibchen durch die Reproduktion stärker beansprucht werden als die Männchen. Aus eigenen Erfahrungen weiß ich, daß der Terrarianer, der seine Korn- und Erdnattern regelmäßig kühl überwintert und jährlich Nachzuchten erzielt, mit einem Mindestalter seiner Tiere von wenigstens zehn Jahren rechnen muß.

Tab. 3 – Beispiele für das maximal erreichte Alter einiger *Elaphe*-Arten

Art / Unterart	Lebensalter (Jahre)
Elaphe guttata guttata	21; 32
E. g. emoryi	21
E. g. rosacea	15
Elaphe obsoleta obsoleta	30
E. o. lindheimeri	33
E. o. quadrivittata	18
E. o. rossalleni	21
E. o. spiloides	18
Elaphe bairdi	15

Adultes Exemplar von *E. bairdi*
im Terrarium   Foto: L. Trutnau

Eine adulte Kornnatter der imponierenden
Zuchtform „Bloodred"
Foto: B. Love/Blue Chameleon Ventures

Die Vermehrung von Korn- und Erdnattern

Für die Bemühungen passionierter Reptilienhalter, ihre Pfleglinge nicht nur über möglichst viele Jahre am Leben zu halten, sondern sie auch zur Fortpflanzung zu bringen, gibt es sicher unterschiedliche Motive. Im Vordergrund dürfte wohl immer die Faszination stehen, unmittelbar mitzuerleben, wie sich diese für die meisten Menschen sehr ungewöhnlichen Tiere in ihrem Funktionskreis Fortpflanzung verhalten, wie sie sich paaren, Eier legen oder lebende Junge zur Welt bringen und wie diese Jungtiere wieder zu fortpflanzungsbereiten Exemplaren herangezogen werden können. Daß der gegenwärtige Kenntnisstand zu Einzelheiten der Fortpflanzungsbiologie zu einem erheblichen, für manche Gruppen sogar zum überwiegenden Teil von Terrarienbeobachtungen geprägt ist, und daß dabei private Terrarianer entscheidendes Wissen beigesteuert haben (PETZOLD 1982), ist wohl den wenigsten Terrarianern bewußt. Die rasche Ausdehnung der Terraristik als Hobby verhalf in den letzten Jahrzehnten durch die Vermehrung von Reptilien und Amphibien der Herpetologie zum heutigen Erkenntnisstand. Die vielfältigen Aufgaben, die tiergärtnerische und andere zoologische Institutionen zu lösen haben, werden es nie zulassen, daß diese Tiere derart intensiv betreut und beobachtet werden können, wie es der interessierte Terrarianer mit seinem Idealismus tut. Noch in der zweiten Auflage des umfangreichen, mehrbändigen und über Jahrzehnte aktuellen Standardwerkes „Terrarienkunde" von W. KLINGELHÖFFER aus dem Jahre 1959 umfaßte das Kapitel „Reptilienzucht" gerade mal 20 Seiten. Heute kommt kein terraristisches Buch ohne ausführliche diesbezügliche Kapitel aus. Auch der positive Effekt, daß mit jedem im Terrarium nachgezogenen Tier kein Artgenosse aus der Natur entnommen werden muß, um von der breiten Terraristik „verbraucht" zu werden, ist vielen Terrarianern kaum bewußt. Über die mit einer kommerziellen „Produktion" von Terrarientieren verbundenen, vor allem tierschützerischen Probleme kann man sicher streiten. Sie bietet aber für viele interessierte Tierfreunde einen einfachen Einstieg in die Terraristik.

Männchen oder Weibchen

Wie die allermeisten Reptilien sind Schlangen grundsätzlich getrenntgeschlechtlich; es gibt also Männchen und Weibchen. Bedingt durch die langgestreckte Körperform der Schlangen, sind ihre Geschlechtsorgane nicht symmetrisch im Körper plaziert. Bei den Nattern sind die Eierstöcke (Ovarien) und die Hoden (Testes) paarig; das ist bei stammesgeschichtlich älteren Schlangen nicht immer der Fall. Der linke Eierstock und der linke Hoden liegen weiter schwanzwärts. Die Keimdrüsen produzieren neben einer Reihe von hochwirksamen und für die Regulierung der gesamten Fortpflanzung unabdingbaren Geschlechtshormonen vor allem die Spermien und die Eizellen (Oozyten). Der Prozeß der Spermienbildung läuft in den Hodenkanälchen ab. Die Spermien bilden sich hier über mehrere Entwicklungsstufen und werden zunächst im Nebenhoden (Epididymis), teilweise auch im Samenleiter gelagert, bevor sie während der Paarung (Kopulation) über den Samenleiter zur Kloake transportiert werden. Die Reifung der bereits beim Schlangenfetus angelegten und damit in ihrer Anzahl begrenzten Eizellen (Oogenese) erfolgt in speziellen Bläschen (Follikeln) auf der Oberfläche der Eierstöcke. Mit dem Eisprung (Ovulation) werden die reifen Eizellen aus den Follikeln ausgestoßen und über eine trichterförmige Erweiterung (Infundibulum) in den entsprechenden Eileiter (Ovidukt) geleitet. Die Eileiter sind sehr dünnwandig und bugsieren durch Kontraktionen die Eizellen in Richtung Kloake weiter. Nach der Befruchtung sorgen spezielle Drüsen für die

Bildung der Eischale. Meist wird der die Eier aufnehmende Abschnitt des weiblichen Geschlechtsapparates als Uterus (Gebärmutter) bezeichnet. Ihn „Eihälter" zu nennen, wäre jedoch exakter, da bei den allermeisten Schlangen keine Ernährung der Keimlinge über dieses Organ erfolgt, wie das durch die Gebärmutter der Säugetiere der Fall ist.

Wie alle Schuppenkriechtiere (Squamata) besitzen die Schlangen einen geteilt angelegten Penis. Man spricht deshalb auch von den beiden Hemipenes, von denen bei der Paarung zu einem Zeitpunkt nur einer in die weibliche Kloake eingeführt wird. Die Hemipenes sind im Ruhezustand als Blindsäcke auf der Schwanzunterseite in die Schwanzwurzel zurückgezogen. Die Gestalt eines bei der Erektion ausgestülpten Hemipenis ist arttypisch; bei Korn- und Erdnattern ist er zweilappig und mit Stacheln zur Verankerung in der weiblichen Kloake bedeckt. Unmittelbar vor dem Spermaerguß (Ejakulation) werden die Spermien mit den Sekreten von Anhangsdrüsen, mit der Flüssigphase (Seminalplasma) des Ejakulates, versetzt. Über eine bis zur Spitze des Hemipenis verlaufende Spermarinne (Sulcus spermaticus) gelangt das Sperma in den weiblichen Genitaltrakt. Eine gewaltsame Trennung des kopulierenden Schlangenpaares führt zu Verletzungen. Nach dem Spermaerguß schwillt der genutzte Hemipenis durch Ausströmen des angestauten Blutes ab und wird durch Muskeln in den Schwanz zurückgezogen. Korn- und Erdnattern besitzen in ihren Körperzellen einen doppelten (diploiden) Satz an Chromosomen – fadenförmige, die Gene (Erbanlagen) tragende Gebilde. Die Zahl dieser Chromosomen beträgt sowohl bei Kornnattern als auch bei Erdnattern 36. Sie gehören wie vermutlich alle Schlangen zu den Reptilien, bei denen Chromosomen nachgewiesen wurden, die für die Ausbildung des Geschlechts verantwortlich sind. Dieses Paar Geschlechtschromosomen ist – im Unterschied zum Säugetier – beim männlichen Geschlecht gleichförmig (zwei Z-Chromosomen), während es beim Weibchen verschieden

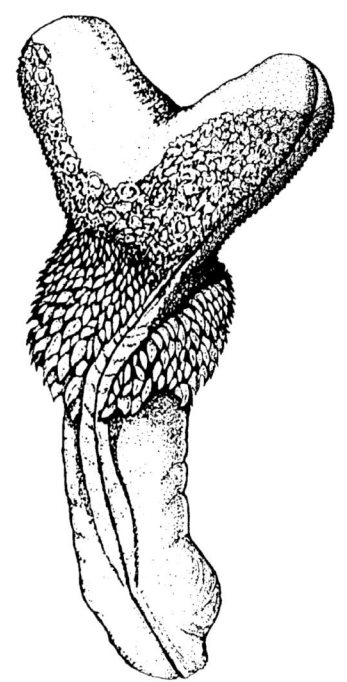

Paarungsorgan einer männlichen Erdnatter (*Elaphe obsoleta*) nach SCHULZ (1996)

gestaltet (Z-Chromosom und W-Chromosom) ist. Im Verlauf der Keimzellenreifung erfolgt dann eine Reduktionsteilung (Meiose), bei der der Chromosomensatz halbiert wird. Sowohl in den Spermien als auch in den Eizellen befindet sich also nur noch ein einfacher (haploider) Chromosomensatz. Bei der Befruchtung der Eizelle durch ein Spermium verschmelzen letztendlich beide Chromosomensätze und bilden den Grundstock für alle diploiden Körperzellen. Die Geschlechtsbestimmung (Geschlechtsdetermination) liegt also bereits mit der reifen Eizelle fest. Bei den Vögeln ist das übrigens auch so, während bei den Säugern das Sperma, das 50 % Spermien mit dem männlichen Geschlechtschromosom (Y-Chromosom) und 50 % Spermien mit weiblichem (X-) Chromosom aufweist, das Geschlecht des Nachkommen bestimmt. Aufgrund dieser Geschlechtschromosomen, die vermutlich bei allen Schlangenarten vorhanden sind, gibt es bei den Schlangen keine Abhängigkeit der Ausbildung des Geschlechts von der Inkubationstemperatur, wie das bei manchen Echsen, Schildkröten und den Panzerechsen der Fall ist.

Geschlechtsdiagnose

Während jede Natter aufgrund geschlechtsspezifischer Duftstoffe (Pheromone) weiß, welches Geschlecht ihr artgleiches Gegenüber aufweist und ob mit ihm eine Paarung möglich und sinnvoll ist, hat der Terrarianer schon größere Probleme, die Geschlechtszugehörigkeit seiner Tiere zu erkennen. Einen eindeutigen Geschlechtsdimorphismus lassen Korn- und Erdnattern nicht erkennen. Sogenannte tertiäre Geschlechtsmerkmale sind nicht bekannt: Ihre Körpergröße ist kein Maßstab, und auch die Anzahl der Bauch- und Unterschwanzschilde ist, wie wir erfahren haben, kein sicheres Kriterium. Auch geschlechtsspezifische Farbmerkmale oder Körperanhänge – alles sekundäre Geschlechtsmerkmale – besitzen diese Schlangen nicht. Äußere primäre Geschlechtsmerkmale wie Penis und Hoden sind nicht vorhanden. Was bleibt also dem Terrarianer, wenn er das Geschlecht seiner Pfleglinge wissen und die Vermehrung nicht dem Zufall überlassen will?

Nun gibt es doch ein, wenn auch unsicheres und nur von Schlangenspezialisten zu erkennendes Merkmal zu Geschlechtsdiagnose. Da in ihrer Ruhephase die Hemipenes in den Schwanz des Männchens zurückgezogen sind, erscheint der Schwanzansatz relativ dicker als beim Weibchen. Das heißt, der Übergang vom dickeren Körper zum dünneren Schwanz ist beim Männchen gleichmäßig, während beim Weibchen sich der Schwanz ab der Kloake relativ schnell verjüngt. Eine sichere Geschlechtsdiagnose ist aber nur mit dem direkten Nachweis von Geschlechtsorganen oder deren Aktivitäten möglich. Das Ausstülpen eines oder beider Hemipenes durch massiven Fingerdruck auf die Unterseite des Schwanzansatzes ist wegen Verletzungsgefahr nicht ohne Risiko, es ermöglicht aber bei ausreichender Erfahrung und Übung des Terraria-

Männliche Nattern (oben) besitzen einen relativ längeren Schwanz als weibliche Tiere, der sich nur allmählich verjüngt. Der Schwanzansatz eines Weibchens (unten) wird dagegen schwanzwärts rasch schmaler.

Foto: D. Schmidt

Vermehrung von Korn- und Erdnattern

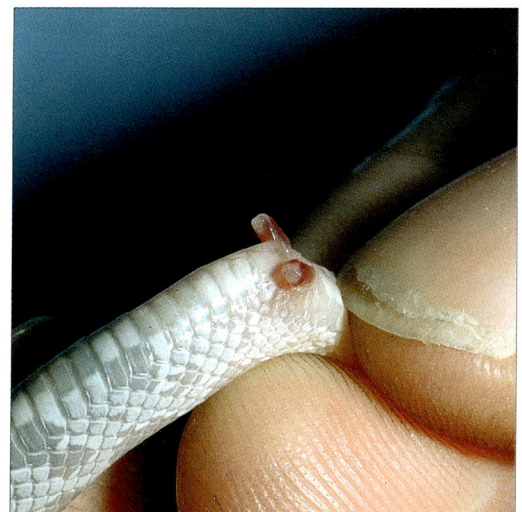

Mit vorsichtigem Druck auf die Schwanzunterseite kann der erfahrene Terrarianer die Hemipenes bei einem Schlüpfling – hier eine „Snow corn" – zum Ausstülpen bringen.
Foto: B. Love/Blue Chameleon Ventures

ners eine sehr schnelle Diagnose. Allerdings kann ein erschrockenes Schlangenmännchen beim Ergreifen auch einmal einen Hemipenis freiwillig ausstülpen. Nun gibt es zwar eine Reihe moderner Diagnoseverfahren, die meist sehr aufwendig sind und einer speziellen Labortechnik bedürfen, so daß sie zur Routinebestimmung bei Terrarientieren kaum in Frage kommen. Erwähnt seien röntgenologische und sonographische Methoden zur Darstellung verknöcherter Hemipenishäkchen, verkalkter Eischalen oder des Skeletts von Jungtieren, endoskopische Untersuchungen der inneren Geschlechtsorgane, verschiedene Blut- und Hormonanalysen und schließlich gar der Nachweis von Geschlechtschromosomen.

Für den Tierarzt und den geübten Terrarianer ist jedoch der Nachweis der Hemipenisschläuche eine weitgehend sichere Diagnosemethode. Eine in der Medizin gebräuchliche Knopfsonde, die auch in einem Zoofachgeschäft mit dem entsprechenden Sortiment in verschiedenen Größen erhältlich ist, kann von der Kloakenspalte aus in Schwanzrichtung vorsichtig in jeweils einen der Hemipenes eingeführt werden. Eine kleinere Schlange wird dazu mit einer Hand in der hinteren Körperpartie in Rückenlage gehalten. Bei der Sondierung größerer Schlangen ist eine Hilfsperson erforderlich, die die sich vor dem Festhalten sträubende Schlange in der entsprechende Lage hält. Dann wird die saubere, zuvor mit Wasser angefeuchtete Sonde sehr vorsichtig in eine der in den Kloakenwinkeln rechts und links erkennbaren Öffnungen schwanzwärts in den Innenraum eines Hemipenis geschoben. Die Sonde gleitet bei einem größeren Männchen über mehrere Zentimeter tief in den Innenraum hinein – bei einem kleinen Exemplar entsprechend weniger. Beim Weibchen kann die Sonde minimal in einen der ebenfalls eingezogenen Äste der Klitoris eindringen. BÖHME (1995) beschreibt die weiblichen Kopulationsorgane bei Waranen und nennt die ausstülpbaren, den Hemipenes entsprechenden Organe der weiblichen Schuppenkriechtiere Hemiclitores (eigentlich Hemiclitorides). Eine zusätzliche Fehlermöglichkeit ist gegeben, wenn die Sonde in einen der allerdings sekretgefüllten Analdrüsensäcke eindringt. Auch können Muskelkontraktionen das Eindringen der Sonde in einen Hemipenisschlauch erschweren. Aus diesen Gründen und wegen einer möglichen Verletzungsgefahr ist die Sondiermethode zur Unterscheidung des Geschlechts bei Echsen und Schlangen nicht unumstritten. Sie ist aber – um Irrtümer auszuschließen, wiederholt ausgeführt – für den Terrarianer die Methode der Wahl. Wenn die Sonde ohne Schwierigkeiten tief eindringen kann, haben wir mit Sicherheit ein Männchen vor uns. Aus hygienischen Gründen ist eine Desinfektion der Sonde vor und nach jeder Untersuchung empfehlenswert. Bei ganz jungen Nattern wollen wir auf das Sondieren lieber verzichten. Unter Umständen ist bei ihnen die Zurückziehung der fetal ausgestülpten Hemipenes noch nicht vollständig, und die Hohlräume sind nicht nachweisbar. Außerdem steigt

Vermehrung von Korn- und Erdnattern

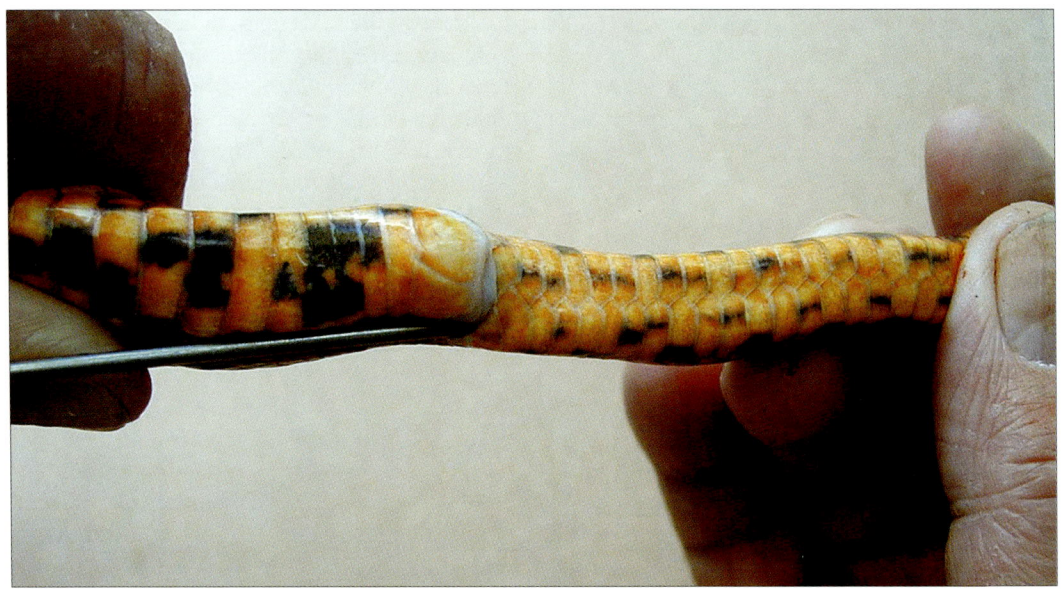

Die Sonde dringt bei dieser Kornnatter problemlos etwa zehn Unterschwanzschilde tief in einen der zurückgezogenen Hemipenes ein. Die Geschlechtsdiagnose ist eindeutig: Es handelt sich um ein Männchen.

Foto: D. Schmidt

die Verletzungsgefahr bei Verwendung einer für Jungtiere entsprechend dünnen Sonde.

Fortpflanzungsalter

Den Terrarianer, der seine Schlangen als Jungtiere erworben hat, wird natürlich die Frage brennend interessieren, wann eine Kornnatter oder eine Erdnatter erstmalig zur Verpaarung zugelassen wird. Diese Frage ist vor allem dann wichtig, wenn männliche und weibliche Jungtiere gemeinsam in einem Terrarium aufgezogen werden. Die Geschlechtsreife ist grundsätzlich dann erreicht, wenn befruchtungsfähige Keimzellen, also Spermien und Eizellen, abgegeben werden können, die Geschlechtsorgane damit funktionsfähig sind. Leider kann der Terrarianer den Beginn der Geschlechtsreife nicht erkennen. Sexuelle Verhaltensweisen müssen nicht synchron laufen, sind aber wichtige Anhaltspunkte.

Viel wichtiger für die Gesundheit der Schlange, insbesondere des Weibchens, und für den Fortpflanzungserfolg ist neben der Geschlechtsreife aber die Zuchtreife. Dabei ist unter Zuchtreife die individuelle Körperentwicklung zu verstehen, in der das geschlechtsreife Tier zur Vermehrung herangezogen werden kann. Der Eintritt der Zuchtreife liegt unter Terrarienbedingungen in der Regel später als der der Geschlechtsreife. Das hat sicher damit zu tun, daß durch intensive Fütterung bei übermäßigen mittleren Temperaturen Terrarientiere rascher an Körperlänge und -masse zunehmen als Wildtiere und hinsichtlich der Fortpflanzung gewisse Domestikationserscheinungen erkennen lassen. Die Geschlechtsreife tritt früher ein, und die Vermehrungsraten können größer sein als unter natürlichen Bedingungen. Damit sind das Alter und der Eintritt der Geschlechtsreife keine eindeutigen Kriterien für den Zeitpunkt der ersten Zuchtbenutzung. Repräsentative Ermittlungen des Eintrittszeitpunktes der „Zuchtreife" von Korn- und Erdnattern liegen verständlicherweise nicht vor. Für uns ist es wichtig zu wissen, daß das jeweilige Lebensalter unserer Terrarienschlangen nur eine zweitrangige Rolle einnimmt. Ausschlaggebend ist die durch Körperlänge und Körpermasse zum Ausdruck kommende Gesamtentwicklung der Schlange. „Großgehungerte" Exemplare können zwar lang genug, alt genug und auch geschlechtsreif sein, sie bereiten dennoch Probleme bei der Reproduktion. Die Folgen sind geringere Gelegegröße, entwicklungsschwache Keime, Schlupfschwierigkeiten und schließlich Aufzuchtprobleme. Dazu kommt, daß das Weibchen nach der Eiablage so geschwächt ist, daß es nicht wieder zu Kräften kommt und verendet. Andererseits darf uns der Hinweis auf eine entsprechende Körpermasseentwicklung nicht zum „Mästen" der Schlange während der Aufzucht verleiten. Eine zu intensive Ernährung führt zu extremem Wachstum und zu Verfettungen. Funktionelle Störungen der Fortpflanzungsorgane sind die Folge. Wie Erhebungen von KÜHNEMANN (1985) an Kornnattern von Mitgliedern der ZAG Schlangen der DDR ergaben, war das jüngste Kornnatterweibchen gerade neun Monate alt, als es fünf befruchtete Eier ablegte. Das älteste Weibchen war bereits acht Jahre alt bei seiner ersten Eiablage. Eine Geschlechtsreife im Alter von einem Jahr – vermutlich, wenn den Jungtieren keine winterliche Ruheperiode eingeräumt worden war – war nicht selten. Die Tiere waren dann erst 70 bis 80 cm lang. Eine frühe Trächtigkeit verminderte zudem die späteren Wachstumsraten der Weibchen erheblich. Aus diesen Erkenntnissen heraus wird deshalb für weibliche Kornnattern bei der ersten Paarung eine Mindestlänge von 100 cm empfohlen. LOVE & LOVE (2000) berichten aus der kommerziellen Massenzucht von Kornnattern davon, daß weibliche Tiere erst mit mindestens 200 g, besser noch mit mindestens 250 g Körpermasse zur Anpaarung herangezogen werden sollten. Bei männlichen Tieren unterscheidet sich das Stadium der Zuchtreife nicht von dem der Geschlechtsreife. Ihr „Einsatz" bei der Paarung ist im Vergleich zu dem der Weibchen gering und ohne Bedeutung für

Tab. 4 – Beispiel der Vermehrung einer nördlichen Präriekornnatter über 10 Jahre.
Elaphe guttata emoryi; geschlüpft: 14.08.1988; mindestens dritte Terrariengeneration.

Jahr	Ende der Winterruhe (Beginn der Erwärmung)	Eiablage	Abstand (Tage)	Eier (Anzahl inkl. unbefruchtete)	Schlupf des ersten Jungtiers	Inkubationsdauer (Tage)	Jungtiere (Anzahl)
1990	20. Februar	15. Juli	145	6	13. September	60	3
1991	03. März	02. Juli	121	6	15. September	75	6
1992	28. Februar	10. Juli	133	13	03. Oktober	85	10
1993	15. Februar	20. Juni	125	12	10. September	82	11
1994	14. Februar	17. Juni	123	13	08. August	52	10
1995	12. Februar	08. Juni	116	16	02. August	55	11
1996	04. Februar	27. Juni	134	13	12. September	76	11
1997	18. Februar	27. Juni	129	14	05. September	70	14
1998	13. Februar	03. Juli	140	15	25. September	84	12
1999	08. Februar	30. Juni	142	12	09. September	70	12
			Mittelwert: 131 etwa 4 Monate	Summe: 120		Mittelwert: 71 etwa 10 Wochen	Summe: 100 Schlupfrate: 83 %

ihre weitere Entwicklung. Die hier für Kornnattern gemachten Erfahrungen treffen im Prinzip auch für die Erdnattern zu.

Ich habe in meinem Tierbestand keine schlechten Erfahrungen gesammelt, wenn alle Unterarten sowohl der Kornnattern als auch der Erdnattern – mit oder ohne Winterruhe im ersten Winter und mit Winterruhe im zweiten Winter – im Alter von knapp zwei Jahren sich erstmalig paarten. Ist man sich nicht über die ausreichende Konstitution seiner Jungschlangen sicher, sollte man besser noch ein Jahr warten. Das setzt natürlich die nach Geschlechtern getrennte Haltung der Tiere voraus.

Über das Höchstalter fortpflanzungsfähiger Korn- und Erdnattern sind aus der Literatur keine umfassenden Daten bekannt. Sicher sind diese Schlangen bei entsprechender Gesundheit und guter Kondition noch im Alter von mehr als 20 Jahren fruchtbar. Über das Fortpflanzungsgeschehen einer weiblichen Nördlichen Präriekornnatter (*E. g. emoryi*) als Beispiel gibt die Tab. 4 (S. 119) Auskunft.

Reproduktionsrhythmus

Da unsere Nattern in den gemäßigten Breiten mit ihrer Jahreszeitenrhythmik leben, ist der richtige Zeitpunkt im Jahr für das Fortpflanzungsgeschehen eine der wichtigsten Überlebensstrategien. Die Tiere sind an die saisonalen Temperaturveränderungen und an die täglichen Hell-Dunkel-Perioden bestens angepaßt. Die Nichtbeachtung der natürlichen Rhythmen im Terrarium ist vielfach ein entscheidender Hinderungsgrund bei der Fortpflanzung der Schlangen. Für den Terrarianer problematisch ist, daß er nur das Fortpflanzungsverhalten seiner Tiere beobachten kann; die tatsächlichen zyklischen Veränderungen in der Morphologie, Histologie und Physiologie der Geschlechtsorgane bleiben ihm verborgen. Dazu kommt, daß die Fortpflanzungsperiodizität der männlichen und weiblichen Schlangen unterschiedlich verläuft. Für viele europäische und nordamerikanische Nattern wurde eine Jahresrhythmik freilebender männlicher Tiere festgestellt, bei der die Spermienreifung im April beginnt und etwa im November endet. Im Herbst verläuft sie am intensivsten. Die Spermien werden bis zum nächsten Frühjahr in den Nebenhoden gelagert. Im Winter bilden sich die Hoden zurück. Mit den im Frühjahr einsetzenden Paarungen wandern die Spermien durch die Samenleiter und werden zum Teil ejakuliert. Bei einer Herbstpaarung werden die in den Samenleitern verbliebenen, ein Jahr alten Spermien eingesetzt. Die Ovulation der Eizellen kann je nach Witterungsverhältnissen im Verbreitungsgebiet von April bis Mitte Juni erfolgen. Bei Kornnattern im Terrarium wurde beobachtet, daß auch allein die Verlängerung der Tageslichtdauer im Frühjahr die Paarungsaktivität stimulierte, was jedoch die Bedeutung der Temperaturabsenkung während der Winterruhe nicht schmälern soll. Korn- und Erdnattern gehören zu den Schlangenarten, für die eine jährliche Reproduktion typisch ist. In

Amelanistische Kornnattern bei der Paarung in einer Kunststoffbox
Foto: B. Love/Blue Chameleon Ventures

meinem Schlangenbestand mit relativ kurzer Winterruhe und „Frühlingsbeginn" bereits Mitte Februar beginnt das Paarungsverhalten recht zeitig im Jahr. Bei einer derartigen Jahresrhythmik ist es nicht auszuschließen, daß nach der Eiablage eine zweite Paarungsperiode eintritt, die sogar noch zur Ablage eines zweiten Geleges in demselben Jahr führen kann. Unter den klimatischen Verhältnissen in Florida setzen bei LOVE & LOVE (2000) über 80 % der Kornnattern in drei aufeinanderfolgenden Jahren ein Zweitgelege und in seltenen Einzelfällen sogar ein drittes Gelege ab.

Man sollte trotz der zu erwartenden höheren Nachkommenzahl – auch wenn die Zweitgelege kleiner als die Erstgelege ausfallen – jedoch darauf achten, daß vor allem junge Weibchen durch diese doppelte Eiablage nicht körperlich überbeansprucht werden. In der Natur dürften Zweitgelege die Ausnahme sein, zumal mit fortschreitendem Herbst die Brut- und Schlupfbedingungen sowie die Überlebenschancen der Schlüpflinge im bevorstehenden Winter schlechter werden.

Paarung

Während in der Natur den ersten Phasen des Fortpflanzungsverhaltens, wie Geschlechtererkennung (Bestimmung von Art, Geschlecht, Alter, Paarungsbereitschaft des Partners), Geschlechteranlockung (Überwindung der Individualdistanz) und Gleichschaltung der physiologischen Abläufe und Handlungen bis zur Paarung, besondere Bedeutung zukommt, sind sie bei der gemeinsamen Haltung der Nattern im Terrarium weniger maßgebend. Trotz aller Bemühungen des Terrarianers passiert es immer wieder, daß sich ein Schlangenpärchen, aus welchen Gründen auch immer, nicht paaren will. Ich habe das bei meinen Korn- und Erdnattern zwar nur selten erlebt, es ist jedoch immer von Vorteil, wenn mehrere zuchtreife Exemplare, beispielsweise zwei Männchen und drei Weibchen, gemeinsam in einem genügend großen Terrarium gepflegt werden. Grundsätzlich reicht

Kornnatterpärchen bei der Paarung im Terrarium
Foto: F. Golder

natürlich ein in der körperlichen Entwicklung zueinander passendes Paar. Es kann dann auch nicht durch andere Tiere in seinem Fortpflanzungsverhalten gestört werden.

Obwohl ich meine Zuchttiere immer in kleinen Gruppen halte, konnte ich ein Kommentverhalten der männlichen Schlangen, wie es für verschiedene *Elaphe*-Arten, beispielsweise für die europäische Äskulapnatter (*E. longissima*), häufig beschrieben wurde, bei einigen Unterarten

Texaskükennattern (*E. o. lindheimeri*) bei der Paarung in ihrem geräumigen Terrarium Foto: D. Schmidt

Vermehrung von Korn- und Erdnattern

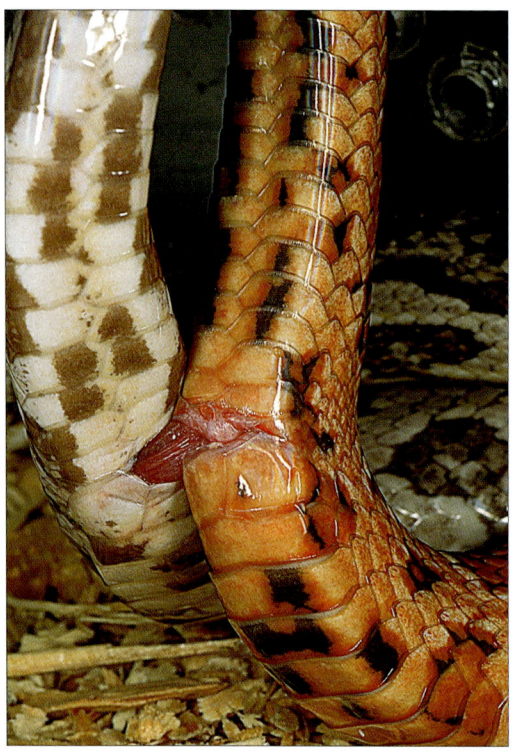

Kornnattern unterschiedlicher Farbvarianten in Kopulation   Foto: B. Love/Blue Chameleon Ventures

Haben sich paarungswillige Partner gefunden, folgt ein Verhalten, das für die betreffende Art charakteristisch ist. Am Beispiel eines Erdnatterpärchens sei ein typische Paarungsspiel beschrieben: Das Männchen nähert sich dem Weibchen mit heftigem Züngeln, es sucht Maulkontakt und drückt beim Überkriechen des Weibchens mit dem Kopf auf den Rücken des Weibchens, das langsam mit ruckenden Bewegungen vorwärts gleitet. Rutscht das Männchen ab, verfolgt es das Weibchen und kriecht mit wellenförmigen Bewegungen erneut über den weiblichen Rücken. Das Weibchen verhält sich schließlich passiv; das Männchen versucht, parallel zum Weibchen zu gelangen, und sucht mit seiner Schwanzpartie den Schwanz des Weibchens. Schließlich hat das Weibchen seine Kloake geöffnet, und das Männchen führt einen ausgestülpten, erigierten Hemipenis in die weibliche Kloake ein und vollzieht die Kopulation. Beide Tiere verharren nun 10 Minuten bis über eine Stunde in dieser Stellung. Langsame Schwanzbewegungen deuten auf die sexuelle Aktivität hin. Obwohl bei verschiedenen Schlangenarten, beispielsweise bei *Coluber*-, *Lampropeltis*- und auch *Elaphe*-Arten, Paarungsbisse zum Fortpflanzungsritual gehören, habe ich derartiges bei meinen Tieren nie beobachten. Ohne das Weibchen ernsthaft zu verletzen, beißt das brünstige Männchen anfangs wahllos, später gezielt in die Nackengegend des Weibchens. Der Nackenbiß mag dem Festhalten des sich anfangs noch sträubenden Weibchens dienen, wirkt sicher aber auch sexuell anregend.

Die Verankerung des Hemipenis in der Kloake ist so intensiv, daß bei Störungen der kräftigere Partner den schwächeren mit sich fortzieht. Störungen sollten während der Kopulation weitgehend vermieden werden. Sie können allerdings auch von anderen Schlangen im Becken, insbesondere artgleichen und gleichfalls sexuell interessierten Männchen, ausgehen.

Bei der Ejakulation wird das Sperma durch die Kloake im äußeren Teil des weiblichen Geschlechtsapparates abgesetzt und durch intensi-

der Erdnatter nur andeutungsweise beobachten. Kommentkämpfe werden von Schlangenmännchen untereinander ausgetragen, ohne sich zu verletzen. Die Gründe dafür sind nicht eindeutig klar, da eine Revierbildung für diese Schlangen kaum in Betracht kommt. Am einleuchtendsten wäre die Erklärung, daß um die Gunst eines Weibchens geworben wird. SCHULZ (1996) erwähnt jedoch, daß *E. bairdi*, *E. obsoleta* und die nahe verwandte Fuchsnatter (*E. vulpina*) sehr deutliche Kommentkämpfe austragen würden. Das schwächere Männchen wird vom dominanten durch Überkriechen sowie Umschlingen und gleichzeitiges Pressen gegen den Boden oder zur Seite gedrückt. Dabei heben die Tiere den S-förmig gebogenen Vorderkörper an und pendeln damit hin und her. Für Kornnattern sind mir keine Kommentkämpfe bekannt geworden.

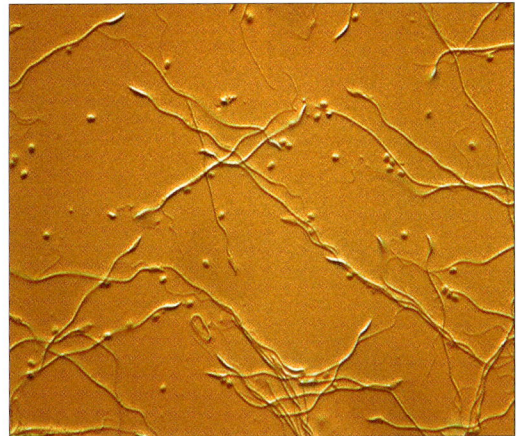

Spermien einer Kornnatter unterm Mikroskop
Foto: D. Schmidt

ve Kontraktionen rasch in die Eileiter transportiert. Gelegentlich ist zu beobachten, daß bei längeren Paarungen das Männchen den eingeführten Hemipenis wechselt. Ob dadurch die Befruchtungschancen steigen, ist unklar. Auf alle Fälle werden bei nur „einseitiger" Paarung trotzdem in beiden Eileitern Eizellen befruchtet. Da viele Schlangenarten erst einige Tage nach der Paarung ovulieren, werden die Spermien für längere Zeit im Lumen oder in den Falten des Eileiters gelagert. Es ist nicht auszuschließen, daß die Spermien im weiblichen Geschlechtstrakt noch eine Nachreifung (Kapazitation) durchmachen müssen, um befruchtungsfähig zu werden. Die Möglichkeiten des langzeitigen Spermienüberlebens in den weiblichen Geschlechtsorganen und einer verzögerten Keimentwicklung versetzen das Schlangenweibchen in die Lage, die Eier unabhängig vom Geschlechtszyklus des Männchens zu einem optimalen Zeitpunkt abzulegen. So können Herbstpaarungen im kommenden Frühjahr zu befruchteten Eiern führen, und es sind Fälle bekannt, in denen Schlangenweibchen ohne erneute Paarung wiederholt befruchtete Eier ablegten. Der Fachmann nennt diese verzögerte geschlechtliche Fortpflanzung Amphigonia retardata.

Trächtigkeit

Die Trächtigkeit stellt für das Schlangenweibchen einen wichtigen Abschnitt im Verlauf seiner alljährlichen Aktivitätsperiode dar. Da der Verlauf der Trächtigkeit wie bei allen Reptilien temperaturabhängig ist, gibt es keine festen Angaben über ihre Dauer. Bei unseren eierlegenden Nattern muß zwischen der eigentlichen Trächtigkeitsdauer, der Entwicklung des Keimlings im mütterlichen Genitaltrakt und der Inkubationsdauer, dem Zeitraum von der Eiablage bis zum Schlupf der Jungtiere, unterschieden werden. Bei den eilebendgebärenden (vivioviparen) Schlangen umfaßt die Trächtigkeitsdauer den Gesamtzeitraum von der Befruchtung bis zum Absetzen der fertig entwickelten Jungschlangen. Im allgemeinen geht der Terrarianer davon aus, daß die Trächtigkeit vom Zeitpunkt der beobachteten Paarung bis zur Eiablage dauerte. Wir wissen jedoch nicht, ob bei der Paarung tatsächlich eine Ejakulation erfolgte, wann die Befruchtung der Eizellen stattfand, ob sich die befruchteten Eizellen kontinuierlich entwickelten und ob schließlich die ablagereifen Eier auch zügig abgesetzt wurden. Die verzögerte Eiablage (Eiretention) tritt vor allem dann auf, wenn kein günstig erscheinender Ablageplatz vorhanden ist. Erste Anzeichen einer erfolgreichen Paarung sind in Verhaltensänderungen der Tiere zu erkennen. Die häufig noch brünstigen und um das Weibchen werbenden Männchen werden durch deutliche Abwehrreaktionen oder Flucht abgewiesen. Eine Einstellung der Nahrungsaufnahme ist bei fortschreitendem Trächtigkeitsstadium zwar ein Kriterium, nicht in ausreichender Zuchtkondition befindliche Weibchen können aber bis kurz vor der Eiablage noch fressen – vor allem, wenn es sich um tote oder wehrlose Beute handelt. Wenn aber trotz Nahrungsverweigerung die Körperfülle des Weibchens zunimmt, kann das als fast sicheres Zeichen für die Trächtigkeit gewertet werden. Etwa ab dem zweiten Drittel der Trächtigkeit können eine Betrachtung und das Abtasten des Weibchens die Eier erkennen lassen. Bei Trächtigkeit ist schließlich eine

Das Gelege zeichnet sich bei dieser hochträchtigen Kornnatter deutlich ab. Foto: B. Love/Blue Chameleon Ventures

Umfangsvermehrung bis vor die Kloake zu sehen und zu fühlen. Eine Trächtigkeitsdiagnose mittels Röntgenstrahlen oder Ultraschall bleibt dem Tierarzt vorbehalten. Man kann davon ausgehen, daß – in Abhängigkeit von der Terrarientemperatur – die Trächtigkeitsdauer bei Korn- und Erdnattern etwa 30 bis 50 Tage beträgt.

Grundsätzlich entwickeln sich bei fast allen Schlangen die Keimlinge im Ei; sie sind also ovipar. Der Keimling ernährt sich vom Eidotter, das einen großen Teil des Eis einnimmt. Neben dem Dottersack bilden sich im Ei die Schafhaut (Amnion), die den Keimling umschließt, die Eihaut (Chorion), die Dottersack und Schafhaut umfaßt und an der Eischale und deren Häuten anliegt, sowie der Harnsack (Allantois), der die Abprodukte des fetalen Stoffwechsels aufnimmt. Die Bildung der fasrig aufgebauten Eischale erfolgt erst in einem relativ späten Stadium der Trächtigkeit. Zu diesen eierlegenden Schlangen gehören auch die Korn- und Erdnattern. Nun gibt es aber eine Reihe von Schlangen, bei denen die sich entwickelnden Jungtiere in den Eihüllen ohne Bildung einer festen Eischale bis zum Absetzen verbleiben. Erst kurz vor oder während des Absetzens befreien sie sich aus ihren Eihüllen. Damit bleibt ein begrenzter Stoffaustausch mit dem sie umgebenden mütterlichen Organismus möglich; sie ernähren sich aber trotzdem vorwiegend vom Eidotter. Diese Schlangen werden viviovipar (eilebendgebärend) genannt. Bei einigen Schlangenarten sind – mit gleitenden Übergängen – plazentaähnliche Strukturen bekannt, über die eine Ernährung durch das Muttertier möglich wird. Nur diese Arten sind korrekterweise als lebendgebärend (vivipar) zu bezeichnen.

Während die meisten Organe einer werdenden Schlange schon in sehr frühen Stadien angelegt werden – Herz und Augen sind schon beim winzigen Keimling zur Zeit der Eiablage mit bloßem Auge erkennbar –, werden die Schuppen erst sehr spät gebildet. Auch der auf der Schnauzenspitze sitzende, nach vorn gerichtete und zum Aufschneiden der Eischale dienende kleine Eizahn tritt erst kurz vor dem Schlupf der Jungschlange aus dem Zahnfleisch heraus.

Angaben zur exakten Trächtigkeitsdauer sind, wie wir erkennen mußten, nicht eindeutig. Nach Literaturangaben bei SCHULZ (1996) werden für die Dauer der Trächtigkeit unserer Arten folgende Schwankungsbreiten zitiert:

Elaphe guttata	29 bis 70 Tage
Elaphe obsoleta	37 bis 70 Tage
Elaphe bairdi	35 bis 44 Tage

Eiablage

Mit dem Absetzen der Eier an einem Ort, der ihnen optimale Inkubationsbedingungen für die weitere Entwicklung ihrer Nachkommen zu bieten scheint, endet für die Weibchen der meisten eierlegenden Schlangenarten die Verantwortung für die Erhaltung der Art. Dieses Brutvorsorgeverhalten ist bei der Vermehrung von Schlangen im Terrarium zu nutzen, indem Ablagemöglichkeiten angeboten werden, die bevorzugt angenommen werden und ein Verlegen der Eier vermeiden helfen. Das Fehlen eines Eiablageplatzes kann dazu führen, daß die Eier im Terrarium verstreut, vielleicht sogar im Wasserbecken abgelegt werden und nach kurzer Zeit verdorben sind. Im schlimmsten Fall kann der fehlende Ablageplatz sogar zur Legenot und – wenn nicht rechtzeitig behandelt wird – zum Tod des Weibchens führen. Wie Freilandfunde an Korn- und Erdnattergelegen zeigen, werden die Eier an den unterschiedlichsten Plätzen versteckt. Günstig erscheinende Orte werden dann sogar von mehreren Weibchen genutzt. Eier wurden gefunden in Baumhöhlen, in Erdlöchern an Flußböschungen, unter umgestürzten Baumstämmen, unter Moospolstern, in Sägemehlhaufen, in Nagerbauten – um nur einige Beispiele zu nennen. Über einen eigentlichen Nestbau als Brutfürsorge ist bei *Elaphe*-Arten praktisch nichts bekannt. Unter Terrarienbedingungen ist jedoch zu beobachten, daß Weibchen mitunter unmittelbar vor der Eiablage durch drehende Bewegungen im lockeren Untergrund flache Gruben ausheben, in die die Gelege abgesetzt werden. Mehr oder weniger von selbst fällt dann auch loses Material über das Gelege und bedeckt es.

Die Schaffung eines für die Eiablage und die spätere Inkubation (Bebrütung, Zeitigung) geeigneten Bodengrundes im Terrarium mit Verstecken unter Wurzeln oder flachen Steinen wäre die der Natur entsprechende Methode. Für unsere Nattern müßte dann aber schon ein wenigstens 15 cm hoher Bodengrund aus Torfmull, Gartenerde und Sand mit entsprechender Feuchtigkeit im Terrarium liegen. Das ist nur umständlich realisierbar, und das Gelege könnte übersehen werden. Es ist daher zweckmäßig, dem ablagebereiten Schlangenweibchen einen geeigneten Behälter mit Substrat zur Verfügung zu stellen. Bei relativ trockener Haltung im Terrarium wird das hochträchtige Weibchen zunächst vergeblich nach einem geeigneten Eiablageplatz suchen, unter Umständen tagelang im Terrarium herumstreifen und – entgegen seinen bisherigen Gewohnheiten – in Winkeln und Verstecken bohren. Nun ist der Eiablagebehälter ins Terrarium zu stellen. Dazu kann ein Kasten aus Kunststoff oder Metall in den Boden eingelassen werden. Ich selbst habe die besten Erfahrungen mit Steinguttöpfen mit etwa 20 cm oberem Durchmesser gemacht, die mehr als zur Hälfte mit feuchtem, keinesfalls tropfnassem Torfmull ohne Zusätze gefüllt sind. Über diesem Ablagesubstrat liegt bis zum Topfrand eine Schicht lockeres und mäßig feuchtes Moos. Steht ein solcher Topf im Terrarium, vergehen oft nur wenige Minuten, bis das suchende Weibchen darin verschwunden ist. Mit drehenden Bewegungen drückt es eine Vertiefung in den Torfmull. Die Moosschicht gibt ihm ein Gefühl von Sicherheit. War der richtige Zeitpunkt gekommen, ist die Eiablage in der Regel am nächsten Tag vollzogen. Die Gesamtdauer der Eiablage hängt von verschiedenen äußeren und inneren Einflüssen, nicht zuletzt auch von Störungen, ab. Während das einzelne Ei kaum mehr als fünf Minuten, mitunter auch bis zu einer Stunde, zum Austritt aus der Kloake benötigt, dauern die Zeitintervalle zwischen den Eiern 10 bis 20 Minuten. Nach der Eiablage hat das Natternweibchen das Gelege meist schon nach kurzer Zeit von selbst verlassen, oder es ist, je nach Temperament ohne

Normalfarbene Kornnatter mit ihrem frisch abgesetztem Gelege in der geöffneten Ablagebox
Foto: B. Love/Blue Chameleon Ventures

Vermehrung von Korn- und Erdnattern

Eine „Snow"-Kornnatter hat gerade gelegt. Links liegen zwei unbefruchtete Eier.
Foto: B. Love/Blue Chameleon Ventures

Im Vergleich mit den Eiern anderer nordamerikanischer Nattern (links: Kiefernatter [*Pituophis melanoleucus*], Mitte: Kettennatter [*Lampropeltis getula*]) ist das Kornnatterei (*E. g. guttata*) rechts relativ klein.
Foto: B. Love/Blue Chameleon Ventures

Mühe oder nur nach heftigen Abwehrreaktionen, aus dem Eiablagebehälter herauszunehmen. So können die Eier vorsichtig aus dem Torfmull, von dem sie inzwischen mehr oder weniger bedeckt sind, herausgesammelt werden. Die Eier liegen einzeln oder können, vor allem, wenn sie schon mehrere Stunden im Ablagebehälter lagen, verklebt sein. Zu Klumpen zusammengebackene Eier werden wegen der Gefahr, die Eischale zu beschädigen, nicht getrennt. Eine Inkubation im Ablagebehälter ist nicht zu empfehlen, aber grundsätzlich möglich. Die Kontrolle der richtigen Feuchtigkeit des Brutsubstrates und des Zustandes der Eier während der Inkubation ist so nicht möglich. Eier, die schon einige Zeit im Ablagebehälter liegen, sollten beim Umsetzen in den Inkubator nicht mehr gedreht werden.

Tab. 5 – Beispiele für Größe und Masse befruchteter Eier

Art / Unterart	Länge des Weibchens cm	Eier		
		Länge cm	Durchmesser cm	mittlere Masse g
Elaphe guttata guttata	102	2,5 bis 2,9	1,7 bis 1,8	5
Elaphe guttata guttata	114	3,7 bis 3,9	1,9 bis 2,0	8,3
Elaphe obsoleta obsoleta	185	4,6 bis 5,3	2,6 bis 2,8	18,1
Elaphe obsoleta quadrivittata	141	3,5 bis 3,9	2,2 bis 2,3	13,2
Elaphe obsoleta spiloides	146	4,5 bis 5,2	2,3 bis 2,4	16,8

Die Eier der Korn- und Erdnattern sind walzenförmig, rein weiß und besitzen eine glatte Oberfläche. Deutliche Form- und Strukturänderungen zeigen unbefruchtete Eier. Sie sind meist erheblich kleiner als die übrigen Eier des Geleges, mitunter mit spitzen Enden oder kugelförmig. Ihre Schale verfestigt sich nach der Ablage nicht oder nur wenig und kann auch durchscheinend sein. Unbefruchtete Eier sind oft gelblich bis bernsteinfarben. Die Größe der Eier hängt stark von der Größe des Weibchens und von ihrer Anzahl ab. Angaben zur Länge von Eiern, gemessen über die Pole, zu deren Breite (Durchmesser) sowie zur mittleren Eimasse seien von GOLDER (1996) herangezogen (s. Tab. 5).

Das Erstgelege einer recht jungen amelanistischen Kornnatter umfaßt nur sieben, dafür relativ große Eier.
Foto: B. Love/Blue Chameleon Ventures

Tab. 6 – Gelegegrößen von Korn- und Erdnattern aus dem Bestand des Autors (1975 bis 1999)

Art / Unterart	Anzahl Weibchen	Erstgelege			Zweitgelege		
		Anzahl	mittlere Eizahl	Schwankungsbreite	Anzahl	mittlere Eizahl	Schwankungsbreite
Elaphe guttata guttata	9	25	11,2	4 bis 20	3	8,3	8 bis 9
Elaphe guttata emoryi	3	16	11,6	6 bis 16	0		
Elaphe obsoleta obsoleta	1	4	8,5	3 bis 13	0		
Elaphe obsoleta lindheimeri	3	12	9,9	4 bis 15	3	7,7	7 bis 8
Elaphe obsoleta quadrivittata	3	19	12	5 bis 22	0		
Elaphe obsoleta rossalleni	3	20	15,3	4 bis 28	0		
Elaphe obsoleta spiloides	3	26	13,5	5 bis 26	3	9	7 bis 13

LOVE & LOVE (2000) maßen bei Kornnattereiern Längen zwischen 1,9 und 3,8 cm. Daten zur mittleren Gelegegröße sowie zu den Schwankungsbreiten der Eizahlen aus dem 25jährigen Nachzuchtgeschehen bei insgesamt sieben Unterarten der Korn- und Erdnattern gibt die Tabelle 6 wieder.

Nach Literaturangaben hat KÖHLER (1997) folgende Schwankungsbreiten der Gelegegrößen zusammengestellt:

Elaphe guttata guttata	3 bis 32 Eier / Gelege
Elaphe guttata emoryi	6 bis 16 Eier / Gelege
Elaphe obsoleta obsoleta	5 bis 44 Eier / Gelege
Elaphe obsoleta lindheimeri	3 bis 30 Eier / Gelege
Elaphe obsoleta quadrivittata	3 bis 22 Eier / Gelege
Elaphe obsoleta rossalleni	6 bis 21 Eier / Gelege
Elaphe obsoleta spiloides	6 bis 21 Eier / Gelege
Elaphe bairdi	4 bis 15 Eier / Gelege

Die Angaben zu den Gelegegrößen wie auch zu den Eimaßen lassen keine direkten Vergleiche zwischen Freiland- und Terrariengelegen zu. Es ist zu vermuten, daß eine reichlichere Ernährung im Terrarium zu größeren und schwereren Eiern, vielleicht sogar zu höheren Eizahlen führen könnte.

Inkubation des Geleges
Die richtige Inkubation eines Geleges seiner Schlangen ist für den Terrarianer für etliche Wochen eine wichtige Aufgabe, bei der oft simple Fehler den Nachzuchterfolg vereiteln können. Die Inkubationszeit ist der Zeitraum von der Eiablage bis zum Schlupf der Jungen, daß heißt bei unseren oviparen Nattern, die Dauer der Keimentwicklung außerhalb des mütterlichen Genitaltraktes. Die Inkubationszeit wird von den äußeren Faktoren Temperatur und Feuchtigkeit sowie von inneren Faktoren wie Artzugehörigkeit, Eiretention und mitunter auch Entwicklungsruhen des Keimlings bestimmt.

Die Inkubationstemperatur ist ein Hauptfaktor für den Bruterfolg. Zu hohe wie zu niedrige Temperaturen lassen den Keimling im Ei absterben. Außerdem werden rasche Änderungen, vor allem Temperaturabsenkungen, für unterschiedliche Anomalien wie Abweichungen von der normalen Beschilderung und für Mißbildungen verantwortlich gemacht. Allmähliche Temperaturveränderungen, insbesondere nächtliche Abkühlungen, beeinflussen zwar die Dauer der Inkubation, verschlechtern aber nicht das Schlupfergebnis. Im Gegenteil, aus den Gelegen von Schlangen aus gemäßigten Breiten, deren Inkubation auch in der Natur Tag-Nacht-Schwankungen ausgesetzt sind, schlüpften stets lebenskräftigere Jungtiere als nach konstanter Temperatur und verkürzter Inkubationsdauer. Nächtliche Temperaturabsenkungen um 5 bis 10 K, auch über mehrere Tage, beeinträchtigten die Jungtiere nicht negativ. Bei gleichmäßigen Temperaturen, vor allem über 30 °C, wird die Keimentwicklung unnatürlich beschleunigt. Bei einer mittleren Tagestemperatur um 28 °C und Nachttemperaturen von 18 bis 23 °C zeigten bei mir alle Korn- und Erdnattergelege gute Schlupfergebnisse und kräftige Jungtiere.

Neben der Temperatur spielt die Feuchtigkeit bei der Inkubation eine wesentliche Rolle. In der Natur wird der Wasserhaushalt des Geleges vorwiegend vom Feuchtigkeitshaltevermögen des Substrates, das die Eier umgibt, bestimmt. Da das natürliche Brutsubstrat unterschiedlicher Herkunft und Beschaffenheit ist, spielt sein Wasserhaltevermögen eine wichtige Rolle. In Höhlungen und ähnlichem abgelegte, freiliegende Gelege sind mehr noch auf die sie umgebende Luftfeuchtigkeit angewiesen. Bei der Einrichtung eines Inkubators ist der Terrarianer zumeist bei der Einstellung der Substratfeuchte auf ein gewisses Fingerspitzengefühl angewiesen. Nun kann der Wassergehalt eines Substrates in der absoluten Wassermenge je Masse- oder Volumeneinheit Substrat gemessen und festgelegt werden. Entscheidend für das Verständnis der Feuchtigkeitsverhältnisse und -bedürfnisse der Eier während der Inkubation ist die Wassermenge im Substrat, die dem einzelnen Ei auch tatsächlich zur Verfügung steht. KÖHLER (1997) hat sich mit diesen Problemen bei der Inkubation von Reptilieneiern eingehend beschäftigt. Ausgehend von der Tatsache, daß das Wasserpotential eines Reptilieneies etwa –800 kPa (Kilopascal) beträgt, muß bei der Inkubation darauf geachtet werden, daß das Wasserpotential im Substrat etwas höher ist als dieser Wert – also feuchter –, so daß dem Ei kein Wasser entzogen wird. Da die Eier während der Inkubation Wasser aufnehmen, führt eine zu große Anzahl von Eiern im Verhältnis zur vorhandenen Wassermenge im Substrat rasch zum Austrocknen des Substrates. KÖHLER (1997) gibt als Faustregel an, daß nur so viele Eier in ein Gefäß gegeben werden sollen, daß die Gesamtmasse aller Eier der Hälfte der Masse des zugegebenen Wassers nicht übersteigt, und empfiehlt für dünnschalige

Vor dem Umsetzen in den Inkubator leicht eingetrocknete Eier – wie das Ei rechts vorn bei diesem Kornnattergelege – können durch Wasseraufnahme wieder prall werden und sich normal entwickeln.
Foto: B. Love/Blue Chameleon Ventures

Eier eine Substratfeuchtigkeit zwischen –200 und –600 kPa. Die Substratfeuchte ist mit Hilfe eines Tensiometers zu messen. Je nach verwendetem Brutsubstrat kann an Hand von Diagrammen die für ein bestimmtes Wasserpotential im jeweiligen Brutsubstrat erforderliche Wassermenge abgelesen werden. So ist beispielsweise bei Verwendung von einem Liter des häufig benutzten Substrates Vermiculit (Körnung 4 bis 7 mm, 1 l = 98 g) zum Erreichen von –550 kPa eine Wassermenge von knapp 50 ml erforderlich. Der gewünschte Wert der Substratfeuchte dürfte, empirisch ermittelt, erreicht werden, wenn das leicht angefeuchtete Substrat durch Pressen von überflüssigem Wasser befreit wird. Je nach Konstruktion des verwendeten Inkubators wird die optimale Feuchte gewöhnlich über die gesamte Brutdauer durch ein geschlossenes Wassersystem aufrechterhalten. Auch die im Inkubator vorhandene Luftfeuchtigkeit, die für unsere Nattereier bei etwa 95 % liegen sollte, sowie die Tiefe der Einbettung der Eier in das Brutsubstrat beeinflussen den Wasserhaushalt. Ich habe die besten Erfahrungen gemacht, wenn die Eier zu etwa einem Drittel tief in flachen

Eindellungen des Substrates liegen und sich an den Innenseiten des Gefäßes Wassertröpfchen niederschlagen. Vor dem Auftropfen des Kondenswassers auf Reptilieneier wird vielfach gewarnt; ich konnte bei den Nattereiern keinen negativen Einfluß beobachten, wenn gelegentlich ein paar Tropfen auf das Gelege fielen.

Da die Jungschlangen während ihrer Entwicklung im Ei für ihren Stoffwechsel auch Sauerstoff benötigen und Kohlendioxid abgeben, muß der über die Eischale erfolgende Gasaustausch möglich sein. Ist beim verwendeten Inkubator nicht ohnehin eine ausreichende Belüftung vorgesehen, sollte aller paar Tage durch kurzfristiges Öffnen des Inkubators ein ausreichender Luftwechsel gewährleistet werden.

Nun sind alle diese Grundlagen der Inkubation sehr theoretisch, und der Terrarianer steht vor der Frage, welches System der Inkubation er einsetzen soll. Jeder erfolgreiche Schlangenzüchter glaubt, seine Methode und der von ihm verwendete Brutbehälter seien optimal. Wichtig sind im Prinzip aber nur der richtige Temperaturbereich,

Einfacher Inkubator mit Erdnattereiern auf Schaumstoffschnitzeln   Foto: D. Schmidt

Kornnattergelege können beispielsweise in Torfmoos (links) oder in Vermiculit gezeitigt werden.
Foto: B. Love/Blue Chameleon Ventures

die günstigste Feuchtigkeit und eine ausreichende Belüftung des Geleges. Das ist technisch auf vielfältige Art und Weise zu erreichen. Dabei können einfachste Konstruktionen und auch technisch ausgeklügelte Inkubatoren gleichermaßen erfolgreich eingesetzt werden. Im Grundprinzip stellt ein Inkubator ein weitgehend geschlossenes System dar, das beheizt wird und ein geeignetes, an Mikroorganismen armes Substrat mit ausreichendem Feuchtigkeitshaltevermögen und geringer Eignung als Nährboden für Mikroorganismen und Pilze enthält. Wenn das Bodensubstrat diese Forderungen erfüllt, ist seine Art von untergeordneter Bedeutung. Erfolgreich verwendet werden Erde, Torfmull, Moos – insbesondere Sphagnum -, Lavaerde, Blähton, mineralische Substanzen wie Vermiculit und Perlit sowie Schaumstoff in Platten oder Schnitzeln. Sphagnum (Torfmoos) wird von manchen Terrarianern als Brutsubstrat bevorzugt, da es Tanninsäure enthält, die zwar die Eischalen gelblich verfärbt, aber wegen einer pH-Wert-Erniedrigung das Wachstum von Mikroorganismen hemmt. In den letzten Jahren hat sich vor allem Vermiculit als Inkubationssubstrat durchgesetzt. Dabei handelt es sich um eine Kieselsäureverbindung, die als Dämmaterial in der Bauwirtschaft und als Bodenlockerungszusatz im Gartenbau verwendet wird. Es darf jedoch nur Vermiculit ohne Zusätze, wie es auch im gut sortierten Zoofachhandel erhältlich ist, als Brutsubstrat verwendet werden. Es ist in unterschiedlicher Partikelgröße zu haben und kann große Mengen Wasser speichern. Vermiculit kann wiederverwendet werden; es sollte dazu ausgewaschen und danach hitzesterilisiert werden. Ich selbst habe über Jahrzehnte beste Erfahrungen mit zerschnittenem Schaumstoff in Würfeln von etwa 1 bis 2 cm Kantenlänge gemacht. Die Schaumstoffflocken werden vor Verwendung gut gewaschen und leicht ausgedrückt. Ein Desinfektionsmittel sollte nicht verwendet werden.

Der wesentliche technische Aufwand für einen Inkubator besteht in seiner Beheizung. Diese ist auf verschiedene Art und Weise zu erzielen (SCHMIDT 1994):

Tab. 7 – Beheizung von Inkubatoren für Schlangeneier

Art der Temperierung	Wärmequelle	Bemerkungen
äußere Wärmequelle	Wärmeplatte, Wärmematte	Überhitzungsgefahr, wenn ohne Thermostat
	Beleuchtungskasten des Terrariums	Überhitzungsgefahr; Tag-Nacht-Rhythmus gegeben
	beheiztes leeres Terrarium	Tag-Nacht-Rhythmus; Vorteil bei Betrieb mehrerer Inkubatoren
eigene Wärmequelle	Aquarienheizer, Heizkabel	preiswert, aber Überhitzungsgefahr
	Heizer mit Thermostat	teurer, vor allem bei Betrieb mehrerer Inkubatoren gleichzeitig; konstante Temperatur gewährleistet
	Heizer mit Thermostat und Schaltuhr	teuer; Schaltuhr kann für mehrere Inkubatoren genutzt werden; Vorteil des Tag-Nacht-Rhythmus
	Spezialbrutkasten	sehr teuer; Tag-Nacht-Rhythmus und das Einsetzen mehrerer Gefäße für verschiedene Gelege müssen möglich sein

Vermehrung von Korn- und Erdnattern

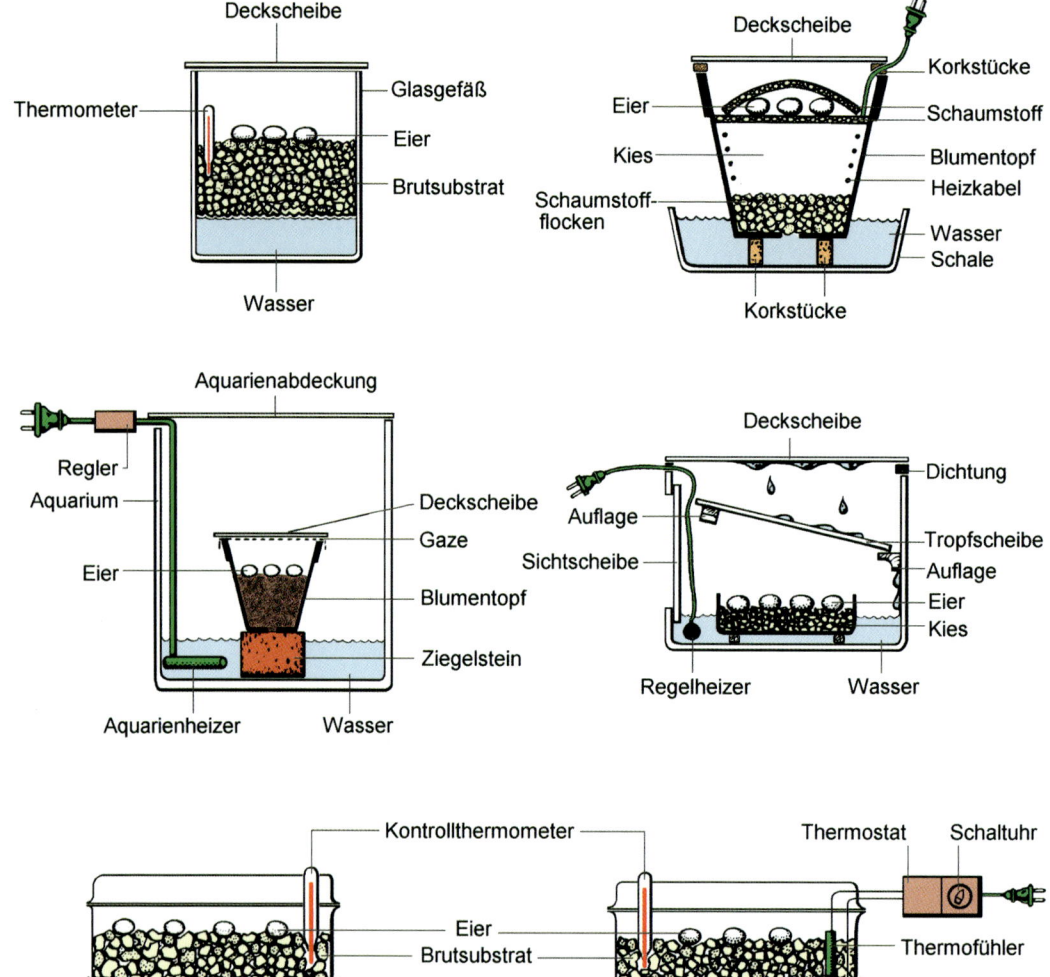

Beispiele für einfache Inkubatortypen

Die Abbildung zeigt schematisiert einige Inkubatortypen für den Eigenbau. Meine Nachzuchterfolge bei Korn- und Erdnattern wie auch bei vielen anderen Schlangenarten habe ich mit dem einfachsten Inkubatortyp erzielt: Das Unterteil einer dreiteiligen Kühlschrankbox wird mit temperiertem Wasser von etwa 25 °C gefüllt. Das mit zahlreichen Löchern im Boden versehene Mittelteil enthält angefeuchtete Schaumstoffflocken oder Vermiculit, während der Deckel lediglich mit einer Bohrung für ein Kontrollthermometer versehen ist. Die Wasserfüllung

Tab. 8 – Zunahme von Größe und Masse von Schlangeneiern im Lauf ihrer Zeitigung

Art / Unterart	Eimasse			Eigröße	
	bei Ablage g	nach Wochen	g	Zunahme %	bei Ablage cm	vor Schlupf cm
Elaphe guttata guttata	5	7	7,6	52	2,8 x 1,7	3,0 x 2,4
Elaphe guttata guttata	8,3	7	15,8	90	3,8 x 1,9	4,0 x 2,6
Elaphe obsoleta obsoleta	18,1	9	25,9	43	5,0 x 2,7	5,3 x 3,6
Elaphe obsoleta quadrivittata	13,2	7	19,1	45	3,7 x 2,2	3,9 x 2,8
Elaphe obsoleta spiloides	16,8	8	24,4	45	4,9 x 2,4	5,3 x 3,4

reicht für die gesamte Inkubationsdauer. Zur Belüftung genügt ein Anheben des Deckels bei den alle drei bis fünf Tage vorgenommenen Kontrollen des Geleges. Die Eier werden einzeln in flache Mulden oder im Klumpen auf das Brutsubstrat gelegt. Dann wird der Inkubator, erforderlichenfalls etwas abgedunkelt, in ein leeres Terrarium mit dem üblichen Temperaturregime aufgestellt. Für jedes Gelege ist ein eigener Behälter zu verwenden. Die Jungschlangen verschiedener Gelege schlüpfen nicht zum gleichen Termin. Bereits geschlüpfte Tiere durchwühlen das Substrat und bringen die übrigen Eier durcheinander. Geschlüpfte Exemplare sind deshalb generell so schnell wie möglich aus dem Inkubator zu entfernen. Wird ein Ei umgedreht, versucht das schlupfbereite Jungtier nach wie vor die Eischale nach oben aufzuschneiden. Jetzt liegt aber der Dottersack oben und verhindert das Durchstoßen. Die Schlange bekommt Schlupfprobleme und kann im Ei verenden. Da sich Jungtiere vieler Unterarten der Erdnattern nur schwer voneinander unterscheiden lassen, sollte auch deshalb jedes Gelege getrennt inkubiert werden.

Frisch abgelegte Natterneier sind klebrig, glänzend und werden erst nach einiger Zeit fest. Ihr Umsetzen aus dem Ablagebehälter in den Inkubator eilt nicht, nur dürfen sie nicht eintrocknen. Leicht eingefallene Schlangeneier werden im Inkubator durch Wasseraufnahme wieder prall. Verklebte Eier trennen wir nicht, auch wenn sich ein offensichtlich unbefruchtetes Ei darunter befindet. Ich habe wiederholt beobachtet, daß unbefruchtete oder später abgestorbene und schimmelnde Eier in der Regel die gesunden Eier nicht nachteilig beeinflußten. Schimmelbildung kann durch Bepudern der Eier mit Holzkohlenstaub und Entfernen des oberflächlichen Schimmelbelages mit einem Pinsel vermindert werden. Eier, deren Keimlinge sich offensichtlich normal entwickeln, können dennoch fleckig werden und leichte Dellen bekommen. Solange sie aber nicht unangenehm riechen, sind sie weiter zu inkubieren.

Während der Inkubation der Natterneier ist eine Zunahme ihrer Größe und ihrer Masse festzustellen. GOLDER (1996) hat für Kornnattern und einige Erdnattern folgende Werte ermittelt (s. Tab. 8).

Die Eier dieses Kornnattergeleges kleben zusammen und werden gemeinsam in eine Kunststoffbox mit Torfmoos umgesetzt.

Foto: B. Love/Blue Chameleon Ventures

Tab. 9 – Schwankungsbreiten der Inkubationsdauer

Art / Unterart	Inkubationstemperatur °C	Dauer Tage
Elaphe guttata guttata	25 bis 29	55 bis 86
Elaphe guttata emoryi	26 bis 29	52 bis 85
Elaphe obsoleta obsoleta	25 bis 29	50 bis 109
Elaphe obsoleta lindheimeri	26 bis 29	60 bis 77
Elaphe obsoleta quadrivittata	26 bis 29	49 bis 74
Elaphe obsoleta rossalleni	25 bis 29	50 bis 81
Elaphe obsoleta spiloides	25 bis 29	61 bis 96
Elaphe bairdi	25 bis 29	52 bis 83

Danach haben diese Eier während der Inkubation um etwa 50 % an Masse und vor allem beim Durchmesser, weniger in ihrer Länge, zugenommen.

Die Angaben zur Zeitigungsdauer aus den von KÖHLER (1997) zusammengetragenen Literaturquellen gehen weit auseinander, wie oben stehende Tab. 9 zeigt.

Danach können Eier mancher Gelege eine mehr als doppelt so lange Inkubationszeit erfordern als die anderer. Die Schwankungsbreite der Inkubationszeiten aus meinem Bestand an Korn- und Erdnattern liegt mit 50 bis 86 Tagen bis zum Schlupf des ersten Jungtieres im gleichen Bereich. Bei einer Temperatur von 29,5 °C schlüpften bei LOVE & LOVE (2000) junge Kornnattern nach etwa neun Wochen; bei Schwankungen der Inkubationstemperatur zwischen 21 und 32 °C dauert es dagegen 69 bis 80 Tage – im Mittel 73 Tage – bis zum Schlupf. Da der Schlupf der Jungtiere eines Geleges in den meisten Fällen innerhalb von ein bis vier Tagen erfolgt, und Einzeltiere ausnahmsweise auch wesentlich vor oder nach dem Schlupftermin der Mehrzahl ihrer Geschwister schlüpfen, sollten Angaben zur Inkubationsdauer immer den Schlupf des ersten und des letzten Jungtieres erkennen lassen.

Schlupf

Sind seit Beginn der Inkubation knapp zwei Monate vergangen, sollte eine tägliche Kontrolle des Geleges unserer Nattern erfolgen. Meist deutet sich der bevorstehende Schlupf einige Tage zuvor an, wenn die Eier Wasser verlieren und Dellen und Längsfalten bekommen. Schließlich sind die ersten Längsschnitte, mitunter auch V-förmig, auf der Oberseite einiger Eier zu erkennen. Mit seinem Eizahn versucht das schlupfbereite Jungtier eine Öffnung zu schaffen, durch die es die schützende Eischale verlassen kann. Es treten einige Tropfen klarer Eiflüssigkeit aus, und die Schnauzenspitze erscheint. Schon die

Mehrere amelanistische Kornnatternschlüpflinge haben ihre Eischalen aufgeschnitten und atmen zum ersten Mal atmosphärische Luft.
Foto: B. Love/Blue Chameleon Ventures

Rechts oben: In diesem Stadium kann die junge Kornnatter etliche Stunden ausharren, immer bereit, sich sofort wieder in die schützende Eischale zurückzuziehen.
Rechts unten: Dieser normalfarbene Kornnatter-Schlüpfling verläßt in Kürze sein Ei.
Fotos: B. Love/Blue Chameleon Ventures

Vermehrung von Korn- und Erdnattern

Vermehrung von Korn- und Erdnattern

Kornnatter beim Schlupf　　　　　　　　　　　　　　Foto: B. Love/Blue Chameleon Ventures

ersten Atemzüge der jungen Schlange verursachen um den Schnitt kleine Schaumbläschen. Dann schiebt das Jungtier Kopf und Hals aus dem Ei – immer bereit, sich bei der geringsten Störung wieder zurückzuziehen. Dieses Stadium des Schlupfes dauert gewöhnlich ein bis zwei Tage. Und dann ist doch binnen weniger Minuten der Schlupf vollzogen. Die Reste des Dottersackes reißen ab und bleiben in der Eischale zurück. Teile der Nabelschnur, manchmal aber auch Stücke des Dottersackes können mit dem Schlüpfling verbunden bleiben. Sie gehen beim ersten Umherkriechen verloren oder trocknen ein und fallen ab.

Nicht immer gelingt allen vollentwickelten Jungschlangen der Schlupf. Ursachen dafür sind

Temperaturstürze oder zu hohe Feuchtigkeit während der Inkubation, mangelhafte Vitamin- und Mineralstoffversorgung des Muttertieres vor und während der Trächtigkeit, Mißbildungen des Jungtieres oder auch nur ein Drehen des Eis um seine horizontale Achse kurze Zeit vor dem Schlupf. Eine Schlupfhilfe gilt als letzte Chance. Sie sollte nur bei solchen Nattereiern vorgenommen werden, die nach mehr als drei Tagen nach dem letztgeschlüpften Geschwistertier noch kein Anzeichen für einen bevorstehenden Schlupf zeigen. Nur in solchen Fällen schneide ich mit einer feinen Schere vorsichtig entlang einer Längsfalte die Eischale über wenige Millimeter an. Tritt dabei eine trübe Flüssigkeit aus, kommt jede Hilfe bereits zu spät – die Jungschlange ist tot. Beim Austritt klarer Eiflüssigkeit bestehen Aussichten, daß das Jungtier noch lebt. Der mit dem Anschnitt verbundene Druckabfall im Ei veranlaßt möglicherweise das Jungtier, mit intensiven Schlupfbemühungen zu beginnen. Passiert immer noch nichts, kann am folgenden Tag ein Längsschnitt dem Jungtier vielleicht zum Schlupf und damit zum Überleben verhelfen. Das Risiko dieser Prozedur besteht darin, daß gerade dieser Fetus sich aus welchen Gründen auch immer nicht im gleichen Entwicklungsstadium wie seine Gelegegeschwister befindet. Er ist noch nicht vollständig entwickelt, sein Eidotter ist noch sehr groß. Er hat kaum eine Überlebenschance. Wird Eiinhalt von fester Konsistenz vorgefunden, ist der Fetus schon seit längerer Zeit abgestorben. Wenn ein offensichtlich lebenskräftiger Schlüpfling bereits mit vielen Längsschnitten seine Eischale durchtrennte und trotzdem Probleme hat, das Ei zu verlassen, können wir ohne Schwierigkeiten nachhelfen, indem wir durch ein oder zwei Querschnitte mehrere Längsschnitte verbinden und so eine große Öffnung für den Schlupf schaffen.

Die Schlupfrate, das heißt, der Anzahl geschlüpfter Exemplare im Verhältnis zur Anzahl der in den Inkubator eingelegten Eier, kann sich verständlicherweise zwischen 100 % und 0 % bewegen. Nicht als unbefruchtet erkannte Eier sowie Keimlinge, die in den unterschiedlichsten Entwicklungsstadien abgestorben sind, und schließlich Jungschlangen, denen der rechtzeitige Schlupf mißlang, schmälern das Nachzuchtresultat. Mit einer Schlupfrate um 80 % können wir aber schon zufrieden sein. Die Schlupfergebnisse in der Natur sind insgesamt weit schlechter. Hier kommen vor allem extreme Witterungsbedingungen während der Inkubation und unzählige Eiräuber hinzu, die die Vermehrungsraten unserer Schlangen von vornherein mindern. Der Anteil an Mißbildungen ist bei optimalen Inkubationsbedingungen sehr gering. Inwieweit hier genetische Defekte, eventuell durch Inzestzucht über mehrere Generationen, dafür verantwortlich sind, ist in der Regel kaum zu klären. Bei vielen Hunderten nachgezogener Korn- und Erdnattern habe ich lediglich einmal bei der Grauen Pilotnatter eine Mißbildung beobachtet: Einem selbständig geschlüpften Jungtier fehlte die hintere Körperhälfte. Noch vor der Kloake endete der Körper, teilweise verwachsen. Das Tier war aktiv, hätte natürlich nie überleben können und wurde eingeschläfert.

Größe und Masse der Jungschlangen hängen von der Art und der Größe der Eier ab. Unterschiede zwischen den einzelnen Individuen eines Gele-

Frischgeschlüpfte, mißgebildete Graue Pilotnatter (*E. o. spiloides*) mit fehlender hinterer Körperpartie; das Tier ist nicht überlebensfähig.   Foto: D. Schmidt

Frischgeschlüpfte Nördliche Präriekornnatter (*E. g. emoryi*) im Inkubator zwischen mehreren bereits angeschnittenen Eiern. Foto: D. Schmidt

nahme und beim weiteren Wachstum Schwierigkeiten. Sie sollten im Interesse einer gesunden Vermehrung ebenso wie Jungschlangen mit Mißbildungen selektiert und schmerzlos getötet werden.

Die normalen Längen frischgeschlüpfter Kornnattern liegen zwischen 20 und 33 cm; junge Präriekornnattern sind meist etwas länger. GOLDER (1996) gibt für die Nominatform Mittelwerte von 26,5 und 30,5 cm an. Erdnatterschlüpflinge liegen im ähnlichen Größenbereich. GOLDER (1996) errechnete eine mittlere Länge der Jungtiere bei *E. o. obsoleta* von 34,5 cm, *E. o. quadrivittata* von 32,5 cm und *E. o. spiloides* von 33,0 cm. Für *E. bairdi* gibt SCHULZ (1996) Längen von 30 bis 35 cm an. Daß einzelne Exemplare stark vom Mittelwert, insbesondere nach unten, abweichen, ist nicht selten. Sie können, wenn sie selbständig fressen, ihren anfänglichen Rückstand gegenüber ihren Geschwistern

ges sind meist geringer als zwischen denen verschiedener Gelege. Gelegentlich schlüpfen einzelne Kümmerer. Sie bereiten bei der Futterauf-

Ein normalfarbener und ein „Hypo corn"-Schlüpfling Foto: B. Love/Blue Chameleon Ventures

Dieses Gewusel an Kornnatter-Schlüpflingen zeigt neben normalfarbenen Tieren auch amelanistische, anerythristische und „Snow"-Kornnattern.
Foto: B. Love/Blue Chameleon Ventures, mit Dank an „The Gourmet Rodent"

später meist aufholen. Sehr selten kommt es auch einmal zum Schlupf von Zwillingen, die eine wesentlich geringere Körperlänge aufweisen als normale Schlüpflinge.

Repräsentative Daten über die Nachzuchtergebnisse von Kornnattern unterschiedlicher genetischer Konfiguration in einer kommerziellen amerikanischen Massenzuchtanlage in Florida publizierten LOVE & LOVE (2000). Insgesamt wurden in drei Jahren (1997 bis 1999) von 981 zuchtreifen Weibchen 17485 Eier (= 17,8 Eier / Gelege) abgesetzt, von denen zum Zeitpunkt der Eiablage 87,8 % entwicklungsfähig erschienen (= 15,6 Eier / Gelege) und aus denen 13894 Jungschlangen (= 14,2 Jungtiere / Gelege) schlüpften. Die Schlupfrate betrug danach

Schlüpfling einer „Bloodred"-Kornnatter
Foto: B. Love/Blue Chameleon Ventures

Die Schlüpflinge normalfarbener Kornnattern (*E. g. guttata*) gleichen keineswegs ihren farbenprächtigen Eltern.
Foto: L. Trutnau

79,5 %. Als „zuchtreif" wurden 1997 die Weibchen eingestuft, die eine Mindestkörpermasse von 200 g aufwiesen; 1998/99 wurde dieses Kriterium auf 250 g heraufgesetzt.

Bemerkenswerterweise wurden unter den Bedingungen in Florida von 84,2 % der Weibchen (n = 826) Zweitgelege mit insgesamt 9842 Eiern (= 11,9 Eier / Gelege) produziert. Von diesen Eiern wurden jedoch lediglich 59,2 % als entwicklungsfähig eingestuft (= 7,0 Eier / Gelege). Mit einer Schlupfrate von nur 49,9 % krochen im Mittel 5,9 Jungschlangen aus ihren Eiern. 1997 legten drei Weibchen sogar zum dritten Mal Eier (14 Eier / Gelege), von denen sich nur insgesamt zwei entwickelten. Die Autoren betonen, daß das Management dieser Anlage speziell für den genannten Zeitraum intensiv auf ein Maximum an Nachkommen ausgerichtet worden war.

Aufzucht

Es ist prinzipiell möglich, in den ersten Wochen und Monaten alle Jungtiere eines Geleges gemeinsam aufzuziehen. Dazu reicht ein relativ kleines Terrarium – es besitzt sogar den Vorteil, daß die Jungtiere besser ans erste Futter gehen. Die Einrichtung eines Aufzuchtterrariums für frischgeschlüpfte Korn- und Erdnattern sollte unter Berücksichtigung seiner geringeren Abmessungen der ihrer Eltern gleichen. Ich habe gute Erfahrungen damit gemacht, in den ersten Tagen nach dem Schlupf sowohl die Temperatur als auch

Rechts oben: Jungtier einer „Ghost corn"
Rechts unten: Schlüpfling einer leuzistischen Texaskükennatter (*E. o. lindheimeri*) mit blau-grauen Augen
Fotos: B. Love/Blue Chameleon Ventures

Vermehrung von Korn- und Erdnattern

Vermehrung von Korn- und Erdnattern

Links oben: Jungtier einer „Okeetee"-Kornnatter
Links unten: Jungtier einer „Blood corn"
Fotos: B. Love/Blue Chameleon Ventures

die relative Luftfeuchtigkeit etwas höher zu halten als bei den Alttieren. Damit verläuft nicht nur der Übergang von der warm-feuchten Inkubation allmählicher, auch die nach vier bis 12 Tagen erfolgende erste Häutung geht glatter vonstatten. Die vollständige Häutung der Jungschlangen ist genau zu kontrollieren, um spätere Häutungs- und Entwicklungsschwierigkeiten zu vermeiden. Hautreste sind notfalls nach einem zehnminütigen Bad bei knapp 30 °C einzuweichen und sehr vorsichtig abzustreifen.

Zumeist findet die erste Futteraufnahme erst nach der ersten Häutung statt. Lediglich bei sehr kräftigen Erdnattern konnte ich wiederholt schon vorher das Fressen nestjunger Mäuse beobachten. Zur natürlichen Nahrung junger Korn- und Erdnattern gehören in erster Linie junge Echsen und Frösche – ein Futter, das wir ihnen nicht bieten können oder aus Artenschutzgründen nicht bieten dürfen. Eine Zucht von Echsen und Fröschen als Futtertiere ist viel zu aufwendig, zumal die Jungschlangen – mitunter allerdings erst nach einigen Anfangsschwierigkeiten – auch nestjunge, nackte Mäuse als Erstfutter akzeptie-

Im Alter von einigen Monaten erbeuten die Nattern – hier eine gestreifte Zuchtform der Kornnatter (*E. g. guttata*) – problemlos nestjunge Mäuse und Ratten, die sie ohne vorheriges Würgen sofort verschlingen.
Foto: K.D. Schulz

Die junge Kornnatter wird gereizt, in eine nestjunge Futtermaus zu beißen.
Foto: B. Love/Blue Chameleon Ventures

ren. An diese Beutetiere dürften sie in der Natur nur selten gelangen. Die Jungschlangen werden vermutlich auch geeignete Wirbellose fangen. Anfängliche Versuche, die futterverweigernden Jungschlangen mit Grillen, Heuschrecken, Spinnen und Regenwürmern zum Fressen zu animieren, scheiterten, so daß ich auf derartige Versuche später verzichtete.

Zur besseren Kontrolle der Futteraufnahme bei einer größeren Anzahl von Jungschlangen hat sich bei mir der Einsatz von jeweils zwei kleinen Terrarien bewährt. Tiere, die gefressen haben, werden in den anderen Behälter umgesetzt. So ist bald zu erkennen, ob ein Jungtier nicht selbständig fressen will. Während Futterverweigerer bei den verschiedenen Erdnattern und auch bei der Präriekornnatter eigentlich nie vorkamen, war das bei meinen Kornnattern der Nominatform gelegentlich der Fall. Ob die Futterverweigerer auch in der Natur keine Beute machen würden, muß offen bleiben. Hilfreich sind auf alle Fälle absolute Freiheit von Störungen und ein kleines Terrarium. Eine häufige Begegnung mit dem angebotenen Futtertier wirkt sehr anregend auf den Fangreflex. Sogar das Zusammensperren einer futterverweigernden Jungschlange mit einer nestjungen Maus in einer Schachtel kann zum Erfolg führen. Auf keinen Fall sollte man zu früh mit einer Zwangsfütterung beginnen. Es ist auch möglich, kräftige Jungschlangen, die noch nicht gefressen haben, kühl einzuwintern. Sie werden im Frühjahr um so eher ans Futter gehen. Im allgemeinen ist aber empfehlenswert, die jungen Nattern im ersten Winter warm zu halten und weiter zu füttern – bis zum nächsten Jahr sind die Tiere dann schon gut gewachsen und weniger problematisch.

Bei gierigen Fressern kommt es mitunter zu gegenseitigen Beißereien und Würgereien. Gebissene oder verletzte Tiere werden verschüchtert und verweigern möglicherweise dann die Futteraufnahme. Ein Trick, eine Jungschlange, die vielleicht sogar vor einer heftig strampelnden nestjungen Maus zurückweicht, zum Fressen zu bringen besteht darin, der frisch abgetöteten Maus das Schädeldach zu öffnen. Vermutlich besitzt der Geruch von Blut und Hirn eine unwiderstehliche Anziehungskraft – oft wird dann ein derartiges Erstfutter angenommen. Auch das Verwittern der Beute durch Abreiben mit einem Stückchen Echsenhaut kann zum Erfolg führen. Ein weiterer Trick besteht darin, eine futterverweigernde Jungschlange mit einer per Pinzette vorgehaltenen nestjungen Maus zu „ärgern", ihr immer wieder mit der Maus auf die Schnauze zu tippen – bis sie zubeißt und die Maus verschlingt. Helfen alle Versuche nichts, und die junge Schlange verweigert hartnäckig jeden Beutefang, sollte nach frühestens vier bis sechs Wochen eine Zwangsfütterung erfolgen.

Das Stopfen mit einer „Pinkie Pump" erfordert schon einen gewissen Kraftaufwand und ist sehr vorsichtig vorzunehmen. Foto: D. Schmidt

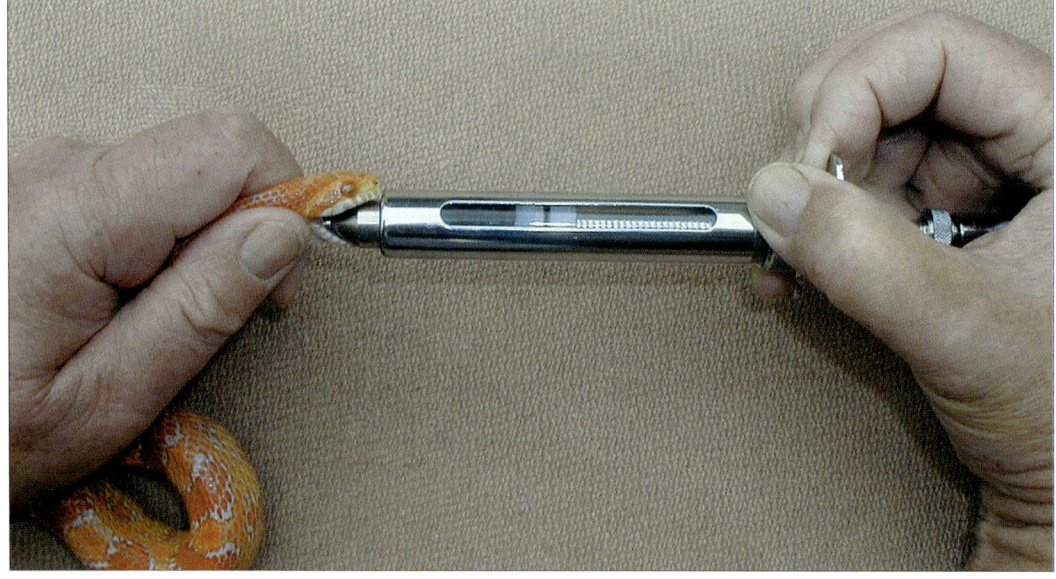

Vielfach reißt die sanft mit Daumen und Zeigefinger seitlich hinter dem Kopf gehaltene Natter das Maul auf und beißt in die ihr vorgehaltene nestjunge Maus. Vielleicht beginnt sie auch nach einigen Versuchen mit kauenden Schluckbewegungen. Im wiederholten Verweigerungsfall wird die zuvor in temperiertes Wasser getauchte Maus vorsichtig in den Schlund geschoben, und die Jungschlange wird ruhig abgelegt. Setzt dann immer noch kein Schluckreflex ein und wird die Nahrung wieder ausgespieen, ist der Futterbrocken maximal über das erste Drittel der Körperlänge hinaus bis etwa zum Magen zu massieren. Sollte die Schlange versuchen, das Futter wieder auszuwürgen, legt man sie ins Wasserbecken – sie muß schwimmen und unterläßt das Würgen. Junge Korn- und Erdnattern öffnen bei Berührung ihr Maul von allein, so daß das Hineinschieben der Maus kaum Schwierigkeiten bereitet. Notfalls ist das Maul mit einem geeigneten Gegenstand vorsichtig durch seitliches Einschieben zu öffnen.

Bei sehr kleinen Jungschlangen hat sich auch die Verwendung einer 1-ml-Einwegspritze aus Kunststoff bewährt, deren Konus erweitert wurde, um Futterbrei ins Maul schieben zu können. Mit einer im Zoofachhandel erhältlichen sogenannten „Pinkie Pump" kann man an die futterverweigernde Natter nestjunge Mäuse verabreichen. Dazu werden vorher selbstverständlich abgetötete nackte Mäuse in den Glaszylinder der Metallspritze geschoben – am besten schon etwas zerkleinert – und der Spritzenkolben wieder aufgesetzt. Durch vorsichtiges Einschieben des Stempels wird zunächst die im Zylinder vorhandene Luft entfernt. Dann ist durch kräftiges Drücken der erste Futterbrocken durch die gelochte Zerkleinerungsscheibe bis in die Kanüle zu pressen. Die abgerundete Kanülenspitze wird sehr vorsichtig etwa zwei bis drei Zentimeter tief in den Schlund der Jungschlange geschoben und die zerkleinerte Masse etwa einer nestjungen Maus ausgedrückt. Dieser Futterbrei kann dann noch etwas weiter massiert werden. Bei guter Vorbereitung und einiger Übung ist diese Art der Zwangsfütterung einer Jungnatter in wenigen Sekunden abgeschlossen. Das Jungtier wird weniger gestreßt, als beim Einführen einer unzerkleinerten nestjungen Maus. Nach Gebrauch ist die „Pinkie Pump" auseinanderzunehmen und sehr sorgfältig zu reinigen und zu trocknen.

Oft genügt es, wenn die futterverweigernde Schlange ein- bis dreimal zwangsgefüttert wird. Dann frißt sie meist von selbst nackte, nestjunge Mäuse. In seltenen Einzelfällen mußte ich junge Kornnattern über mehrere Monate stopfen. Ich konnte feststellen, daß sie dann ohne Probleme fraßen, wenn sie bereits so groß geworden waren, um eine schon leicht behaarte nestjunge Maus verschlingen zu können.

Die Entwicklung einer Jungschlange in den ersten Wochen und Monaten ihres Lebens ist sehr wichtig für ihr weiteres Wachstum. Die jungen Nattern sollten so häufig gefüttert werden, wie sie Beute annehmen – also etwa alle fünf bis sieben Tage. Allerdings ist darauf zu achten, daß nicht zu viele nestjunge Mäuse auf einmal verschlungen werden – das kann zu Verdauungsproblemen führen, und alle Beutetiere werden halbverdaut wieder ausgebrochen. Je älter die Jungschlangen werden, um so verhaltener ist zu füttern. Auf die Probleme, die verfettete Schlangen bereiten, wurde schon verwiesen.

Dokumentation

Eine wichtige Voraussetzung für die regelmäßige Vermehrung von Terrarientieren ist das Festhalten aller Daten, die zu einer gelungenen oder auch mißlungenen Fortpflanzung geführt haben. Daneben wird der interessierte Terrarianer alle Ereignisse im Leben seiner Tiere registrieren wollen. Derartige Datensammlungen können eines Tages zur Weitergabe von Erfahrungen und neuen Erkenntnissen von unschätzbarem Wert sein. Ob dabei ein Protokollbuch, eine Kartei oder die Datenbank eines Computers genutzt wird, ist im Prinzip egal – wichtig ist nur, daß die Dokumentation gewissenhaft, termingerecht, vollständig und aktuell geführt wird. Sie sollten neben Herkunft, Abstammung, Alter, Geschlecht, Haltungsbedingungen (Winterruhe u. ä.), Futteraufnahme, Körperentwicklung und Fortpflanzungsereignissen auch Angaben zum Gesundheitszustand und von Behandlungen erfassen.

Voraussetzung für eine einwandfreie Dokumentation über die Haltung und Vermehrung der Schlangen ist die genaue Identifizierung des Einzeltieres während seines gesamten Lebens. Der Terrarianer, der nur wenige Schlangen sein eigen nennt, wird sie individuell kennen und ihnen möglicherweise sogar Namen geben. Zur Identifikation des Einzeltieres in einem größeren Bestand oder der Jungtiere eines Geleges genügt nicht mehr das Erkennen durch den Pfleger. Bereits seine Abwesenheit macht es einer Hilfskraft unmöglich, wesentliche Vorkommnisse zu protokollieren. Statt eines Namens haben alle Schlangen meines Bestandes eine eindeutige Code-Bezeichnung erhalten. So bedeutet beispielsweise Ege / 94 – B, daß es sich um eine *Elaphe guttata emoryi*, geboren oder erworben 1994 handelt, und daß sie das zweite (B-) Tier des Jahrgangs ist.

Mit mehr oder weniger Erfolg sind bei Schlangen die verschiedensten Kennzeichnungsmöglichkeiten, vor allem für Feldbeobachtungen, erprobt worden. Für registrierte, gesetzlichen Auflagen unterliegende Terrarientiere – dazu gehören unsere Nattern aber nicht – wird die Implantation eines Mikrochips diskutiert. Dabei wird ein sogenannter Transponder ins Muskelgewebe injiziert, dessen Code mit einem Lesegerät sichtbar gemacht wird. Aus praktischen und tierschützerischen Gründen ist diese Kennzeichnungsmethode bei uns sehr umstritten und wird von vielen Tierärzten und Terrarianern abgelehnt.

Optimal dürfte das Fotografieren jeder Schlange, am besten des Kopfes von oben und von der Seite, des Mittelteils sowie der Kloakenregion und des Schwanzes sein. Dabei erweist sich die Wiedererkennung von Individuen im Alter einfarbiger Arten wie *E. o. obsoleta* oder *E. o. rossalleni* als problematisch. Vielfach genügt eine Skizze der für fast jedes Exemplar typischen Zeichnung im Kopf-Hals-Bereich. Die Verteilung dieser Flecken ist bei den auch im Alter gemusterten Korn- und Erdnattern individuell unterschiedlich und verändert sich nicht. Die Zeichnung des Fleckenmusters erübrigt sich sogar, wenn das bei der Häutung abgestreifte Natternhemd hinter dem Hals abgeschnitten, unterseits längs aufgetrennt und seitenrichtig aufgeklebt wird. Oberseits einfarbige Schlangen haben mitunter gemusterte Bauchschilde – auch derartige Flecken können skizziert werden. Schließlich lassen sich individuelle Eigenheiten wie Narben, beschädigte Nasenschilde, eine fehlende Schwanzspitze und ähnliches zur Erkennung einer bestimmten Schlange heranziehen.

Nur durch eine möglichst vollständige Dokumentation wichtiger Daten im Leben einer Schlange können bestimmte Gesetzmäßigkeiten erkannt sowie Erfahrungen und Erkenntnisse belegt werden. Unzählige Erfahrungen erfolgreicher Schlangenpfleger und -züchter sind verlorengegangen, weil keine Aufzeichnungen gemacht wurden. Und eine gewissenhafte Dokumentation der Abstammung einer Schlange und ihrer Fortpflanzungsereignisse ist die wichtigste Voraussetzung für eine erfolgreiche Züchtung der Schlangen auf Farb- und Zeichnungsvarianten.

Deutliche Streifen vereinfachen die Identifikation eines Einzeltieres (*E. o. rossalleni* in Südflorida).
Foto: B. Love/Blue Chameleon Ventures

Zuchtformen

Im Gegensatz zu den Haltern und Züchtern von landwirtschaftlichen Nutztieren, Haustieren und auch den meisten Heimtieren waren Terrarianer seit den Anfängen der Terraristik stets bemüht, Reptilien und Amphibien ursprünglich und ohne züchterische Beeinflussung zu halten und zu vermehren. Die in früheren Jahrzehnten nur bei wenigen Arten und oft nur sporadisch erfolgreiche Vermehrung dieser Tiere im Terrarium mag aber wohl der Grund dafür sein, daß nicht schon früher eine Farb- oder gar Formenzucht eingesetzt hat. Frühe Ausnahmen bestätigen das: So werden beispielsweise die aus dem mexikanischen Hochland stammenden Axolotl (*Ambystoma mexicanum*), im Larvenstadium verharrende und sich so fortpflanzende Molche, schon seit vielen Jahrzehnten regelmäßig und in großen Stückzahlen vermehrt, mit der Folge, daß auch eine Albinozucht üblich ist. In zahlreichen Arten werden Terrarientiere jedoch erst in jüngerer Zeit regelmäßig vermehrt. Das trifft besonders auf viele Schlangenarten, aber auch zahlreiche Echsen zu. So verwundert es nicht, daß sich seit dem Auftauchen der ersten Farbvarianten von Kornnattern in den fünfziger Jahren des vorigen Jahrhunderts ausgehend von den Vereinigten Staaten von Amerika die Farb- und Zeichnungszüchtung bei Reptilien zu einem speziellen Zweig der Terraristik entwickelt hat. Daß dabei nicht nur in den Anfangsjahren kommerzielle Interessen eine wichtige Rolle bei der „Produktion" immer neuer Zuchtformen spielten, zeigt die noch heute ungebrochene Tendenz, immer neue Farb- und Zeichnungsvarianten auf den Markt zu werfen. Neben Kornnattern haben mittlerweile auch verschiedene Erdnattern, *Lampropeltis*-Arten, Riesenschlangen und unter den Echsen vor allem Leopardgeckos (*Eublepharis macularius*) und Grüne Leguane (*Iguana iguana*) einen festen Platz in der Züchtung von Reptilien. Darüber hinaus erregen Farbmutationen, insbesondere Albinos, auch bei anderen Schlangen und Echsen, in geringerem Umfang auch bei Schildkröten und Panzerechsen das Interesse bei den Sammlern von Reptilienmutationen.

Man kann sicher sehr unterschiedliche Ansichten über die Züchtung und Verbreitung dieser vom normalen Erscheinungsbild abweichenden (aberranten) Tiere, deren „Schönheit" und das inzwischen bei vielen Arten bestehende „genetische Chaos" haben. Es bleibt uns heute nichts weiter übrig, als diese Bestrebungen als eine Spezialrichtung der Terraristik zu betrachten und wenigstens zu versuchen, eine Trennung zum herkömmlichen Grundprinzip der Vermehrung von Reptilien und Amphibien im Terrarium – schon im Interesse der Arterhaltung – durch Reinzucht zur Konservierung der typischen Merkmale der betreffenden Art, Unterart oder gar Population zu wahren. Vielleicht ist es bei vielen Terrarientieren dafür leider schon zu spät.

Genetische Grundlagen

Da die wenigsten Terrarianer und Anhänger der Züchtung auf Farb- und Zeichnungsvarianten tiefergehende Vorstellungen von der Vererbungslehre (Genetik) besitzen, sollen, ausgehend von der Definierung wichtiger Fachbegriffe, einige Grundlagen der Vererbung und Züchtung erläutert werden.

Genetik ist ein Wissenschaftsbereich der Biologie, der sich mit der Konstanz und Veränderlichkeit von Erbanlagen und Merkmalen bei Lebewesen beschäftigt. Als experimenteller Zweig der Naturwissenschaft hat sich nach der entscheidenden Entdeckung der konstanten Zahlenverhältnisse bei der Vererbung durch MENDEL im Jahre 1865 die Vererbungslehre erst um die Wende des 19. zum 20. Jahrhundert entwickelt. Damals wurden die sogenannten Mendel-Regeln wiederentdeckt, in ihrer Bedeutung erkannt so-

Wissenschaftliche Publikationen über Farbvarianten bei Kornnattern (links) und Erdnattern (rechts)(J. Heredity 80 [1989] 272 – 276 bzw. 76 [1985] 7 – 11)

wie mit der Chromosomentheorie der Vererbung belegt.

Beim Umgang mit Terrarientieren haben wir als ein wichtiges Ziel die Erzeugung von Nachkommen (= Fortpflanzung) und die Erhöhung der Individuenzahl (= Vermehrung) herausgestellt. Vielfach werden dafür die Begriffe „Zucht" oder „Züchtung" verwendet, wenn Paarung, Trächtigkeit, Eizeitigung und Schlupf unter menschlicher Obhut im Terrarium erfolgen. Der Produzent landwirtschaftlicher Nutztiere, der Hundezüchter oder der Aquarianer, der sich mit Zuchtformen seiner Fische beschäftigt, versteht jedoch unter Züchtung (Zucht) die gelenkte, planmäßige Paarung seiner Tiere, die auf ein vorgegebenes Zuchtziel ausgerichtet ist und der Veränderung der Eigenschaften und Leistungen dient. Bei der Vermehrung von Terrarientieren streben wir in erster Linie die Erhaltung ihrer typischen Eigenschaften an, auch wenn eine gewisse, ungewollte Beeinflussung durch den Menschen und die von ihm geschaffene, künstliche Umwelt nicht ausgeschlossen werden kann. Wenn dabei eine Merzung von Kümmerern und etwaigen Mißbildungen vorgenommen wird, entspricht das etwa der natürlichen Auslese. Diese selektiert ohnehin wesentlich schärfer, und nur die lebenstüchtigsten Individuen können sich einmal selbst fortpflanzen.

Vererbung ist die Übertragung artspezifischer und individueller Merkmalsanlagen auf die Nachkommenschaft. Voraussetzung dafür ist das Vorhandensein von Erbanlagen, ihre identische Verdopplung und Neuverteilung auf die Nachkommen. Andererseits ermöglicht eine gewisse Veränderlichkeit der Erbanlagen die Evolution. Der relativen Konstanz des Gehaltes und der Übertragung von Erbinformationen stehen also Vorgänge wie Mutationen (Erbänderungen) und Rekombinationen (Neuordnungen von Genen) gegenüber, die eine genetische Veränderung der Organismen ermöglichen. Während die Vererbung eine relative Ähnlichkeit der Eltern mit ihren Nachkommen zur Folge hat, steht die Erbsubstanz mit der Umwelt in Wechselbeziehung und unterliegt der Entwicklung und Veränderung. So wird unter Terrarienbedingungen die Erhaltung der typischen Eigenschaften einer Art erschwert, wenn nicht sogar bei Vermehrung über viele Generationen ohne Genauffrischung, das heißt, die Zufuhr neuer Allele (Zustandsform eines Gens), unmöglich gemacht.

Träger der Erbinformation ist die Desoxyribonukleinsäure (DNS). Diese organische Verbindung ist vorwiegend in den Chromosomen im Zellkern lokalisiert und ermöglicht als genetischer Informationsspeicher die identische Weitergabe der genetischen Nachrichten über das Lebewesen von Generation zu Generation. Bei den meisten Tieren befinden sich in jeder Körperzelle zwei Chromosomensätze (Diploidie). In den Geschlechtszellen ist jeweils nur ein Chromosomensatz (Haploidie) enthalten, der sich bei der Verschmelzung von Spermium und Eizelle wieder ergänzt und damit eine Kombination väterlicher und mütterlicher Erbinformationen ermöglicht. Schlangen haben neben großen geraden und V-förmigen sogenannten Makrochromosomen häufig zahlreiche punktförmige Mikrochromosomen. In ihrer Gesamtheit machen die Chromosomen nach ihrer Anzahl – bei Korn- und Erdnattern beispielsweise im doppelten Satz (2n) 36 – und Form den artspezifischen Karyotyp aus. Neben den bei beiden Geschlechtern nach Form und Größe übereinstimmenden, paarig vorhandenen Chromosomen besitzen alle bisher dahingehend untersuchten Schlangenarten zwei Geschlechtschromosomen, die sich morphologisch erkennen lassen. Sie sind beim Schlangenmännchen gleichartig (Isogametie), beim Weibchen jedoch von verschiedener Gestalt (Heterogametie). Durch Kombination der Spermien, die also alle das gleiche Geschlechtschromosom aufweisen, mit den Eizellen – hier sind zwei Sorten von Geschlechtschromosomen zu gleichen Teilen vorhanden – wird bei den Nachkommen ein Geschlechterverhältnis von 50 : 50 erzielt. Das Geschlechterverhältnis kann sich zwar durch bestimmte Einflüsse, wie unterschiedliche embryonale Sterblichkeit eines Geschlechtes, verschieben, wird aber grundsätzlich nicht durch äußere Faktoren beeinflußt. Zufallsbedingt wird das erwähnte Geschlechterverhältnis bei einem oder wenigen Gelegen so selten zutreffen; bei größeren Nachkommenzahlen wird aber wieder annähernd die gleiche Anzahl Männchen wie Weibchen erreicht.

Der Gesamtbestand an Erbanlagen einer Schlange wird als Genotyp bezeichnet, der nur im Ergebnis seines Zusammenwirkens mit der Umwelt in den äußerlich feststellbaren Eigenschaften, Merkmalen und Leistungen, dem Phänotyp, erkennbar wird. Eine unter natürlichen Bedingungen entstandene Fortpflanzungsgemeinschaft mit unbeschränktem Austausch von genetischen Informationen ist eine Art (Spezies); die wesentlichen Körpermerkmale ihrer Mitglieder stimmen miteinander und mit ihren Nachkommen überein. Die Art setzt sich aus Popula-

Unterartkreuzungen wie hier von *E. o. lindheimeri* und *E. o. quadrivittata* können sich ohne Schwierigkeiten fortpflanzen.
Foto: D. Schmidt

tionen – nicht aus beziehungslosen Einzellebewesen – zusammen, die durch eine Fortpflanzungsisolation zu anderen Arten ihre Eigenheiten bewahren. Dabei treten allerdings im Verlauf der Evolution Veränderungen auf. Eine Unterart (Subspezies) stellt die untergeordnete systematische Kategorie dar für eine Gruppe von Populationen, die sich in bestimmten, oft morphologischen Merkmalen oder gar nur Färbungen und Zeichnungen unterscheiden, in der Natur getrennt voneinander leben und uneingeschränkt innerhalb ihrer Art fortpflanzungsfähig sind. Im Interesse der Erhaltung der ursprünglichen und typischen Eigenheiten der Tiere einer Unterart – denken wir nur an die unterschiedlichen Unterarten der Korn- und Erdnattern – besteht bei gemeinsamer Haltung in einem Terrarium die Gefahr ihrer Vermischung.

Im Zusammenhang mit der Reinzucht sei noch auf ein Problem verwiesen, das bei der Haltung und Vermehrung von Schlangen im Terrarium Anlaß zu Diskussionen gibt: die Inzucht. Unter dem tierzüchterischen Begriff Inzucht versteht man die Paarung von Tieren, die untereinander näher verwandt sind als das Mittel aller Tiere einer Population. Mitunter gehen alle in den

Zuchtformen

Ungeflecktes Kreuzungstier zwischen *E. o. quadrivittata* und *E. o. rossalleni*
Foto: B. Love/Blue Chameleon Ventures

Gestreifter amelanistischer Bastard (*E. o. rossalleni* × *E. o. obsoleta*)
Foto: B. Love/Blue Chameleon Ventures

Amelanistisches Kreuzungstier zwischen *E. o. obsoleta* und *E. o. rossalleni* („Bubblegum")
Foto: B. Love/Blue Chameleon Ventures

Terrarien lebenden Exemplare einer Reptilienart auf wenige Individuen, auf ein einzelnes Paar oder gar ein tragend in der Natur gefangenes Weibchen zurück. Wenn auch eine enge Inzucht oder gar Inzestzucht (Verpaarung verwandter Tiere ersten Grades) genetisch gesunder Geschlechtspartner in der ersten Folgegeneratione meist ohne nachteilige Folgen bleibt, besteht doch immer die Möglichkeit, daß die Ausgangstiere verdeckte (rezessive) Erbfehler trugen. Bei Paarung wenig oder nicht verwandter Tiere sind die Chancen, daß solche Faktoren bei der Befruchtung der Eizellen zusammentreffen, recht gering. Sie werden zwar mit vererbt, aber von dem entsprechenden, jedoch vorherrschenden (dominanten) Gen des Partners überdeckt. Bei Paarung eng verwandter Tiere können diese negativen Faktoren doppelt aufeinandertreffen und werden im Phänotyp wirksam. Dann kommen Mißbildungen, lebensschwache Nachkommen oder Totgeburten vor. In Versuchen mit Inzestpaarungen wurden bei Schlangen derartige Inzuchtdepressionen provoziert. Der einfachste und sicherste Weg, Inzuchtschäden zu vermeiden und eine kräftige, lebenstüchtige Nachkommenschaft zu erzeugen, ist der Einsatz nicht verwandter Tiere. Bestehen keine Aussichten, solche Tiere zu erhalten, sollte wenigstens versucht werden, nach einigen Generationen enger bis engster Inzucht aus Linien, die sich zu Beginn ihrer Terrarienhaltung abgespalten hatten und in sich selbst weiter vermehrt worden waren (Linienzucht), ein Tier zu erwerben und anzupaaren.

Wenn der „konservative" Terrarianer bei der Vermehrung seiner Schlangen Grundkenntnisse zu deren Fortpflanzungsbiologie besitzen muß, setzt eine sinnvolle Farb- und Zeichnungszüchtung doch einiges zusätzliches Wissen zur Genetik voraus. Sicher haben die meisten Terrarianer nur minimale Kenntnisse zur Vererbungslehre, und selbst Herpetologen sind genetische Eigenheiten der unzähligen Farb- und Zeichnungsvarianten weitgehend unbekannt. Viele der heute existierenden Mutationen stammen von Wildfängen, manche sind zufällig beim Experimentieren aufgetaucht und die Entstehung wieder anderer ist vielleicht bekannt und wird vom erfolgreichen Züchter als strenges und geldbringendes Geheimnis gewahrt. Und mancher blauäugige Käufer einer ausgefallenen Rarität wundert sich, wenn bei der Nachzucht seiner kostbaren Schlangen neben wildfarbenen Jungtieren bestenfalls ein undefinierbares Farb- und Zeichnungsgewirr zu beobachten ist. Wie ist das möglich?

Dazu muß man wissen, daß die in den Chromosomen zunächst paarig vorhandenen Gene, nach der Reifeteilung in den Spermien und Eizellen einfach lokalisiert, gleiche oder unterschiedliche Anlagen besitzen. Bei Gleich- oder Reinerbigkeit (Homozygotie) verfügt die Schlange über gleiche Allele (AA oder aa). Bei Misch- oder Ungleicherbigkeit (Heterozygotie) besitzt sie ungleiche Allele (Aa). In der Tierzüchtung unterscheidet man zwischen der Vererbung qualitativer und quantitativer Eigenschaften. Erstere werden fast ausschließlich durch Allele eines oder weniger Genwerte bedingt, so daß ein Umwelteinfluß sehr gering ist. Zu den qualitativen Eigenschaften zählen neben Färbung und Zeichnung der Haut die normale Ausbildung und Funktion der Organe, das Geschlecht der Tiere sowie Letalfaktoren. Quantitative Eigenschaften wie Wachstum, Körpermasse oder Fruchtbarkeit werden dagegen durch Allele vieler Genwerte bestimmt, sind deshalb von der Umwelt stark beeinflußbar und züchterisch weit schwieriger zu manipulieren. Bewirken mehrere Gene die Ausprägung eines Merkmals oder haben sie den gleichen Effekt, spricht man von additiver Genwirkung. Diese additive Genwirkung verursacht eine intermediäre (dazwischenliegende) Wirkung der Erbanlagen, wie sie beispielsweise bei der Kreuzung verschiedener Unterarten einer Schlange in den Grenzzonen aufeinandertreffender Verbreitungsgebiete auftreten kann. Die nichtadditive Genwirkung, sie beruht auf Dominanz (intraallele Genwirkung) oder Epistasie (interallele Genwirkung), weicht vom intermediären Erbgang ab.

Schematischer Erbgang mit einem Merkmal bei Kornnattern (Beispiel 1)
Mutter: reinerbig wildfarben; Vater: mischerbig wildfarben (rezessiv amelanistisch)
Nachkommen (4):
Genotyp –   2 Tiere reinerbig wildfarben
            2 Tiere mischerbig
Phänotyp – 4 Tiere wildfarben

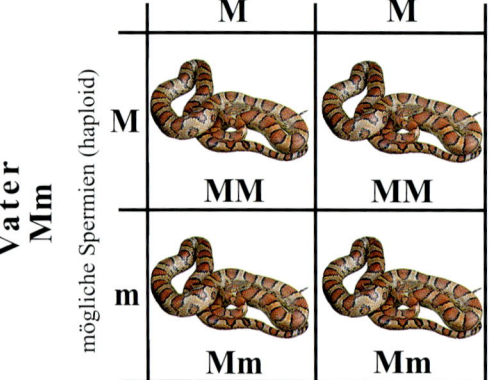

Pigmente (Melanin) bildet. Die Schlange kann nicht in der Lage sein, Tyrosin zu synthetisieren, oder aber sie ist nicht fähig, aus vorhandenem Tyrosin Melanin zu bilden. Unterschiedliches Erbverhalten dieser Defekte bereitet dann die Überraschung bei der Nachzucht.

Nach MENDEL werden drei Vererbungsregeln unterschieden: die Uniformitätsregel, die Spaltungsregel sowie die Unabhängigkeitsregel. Die Uniformitätsregel besagt: Werden zwei reinerbige (homozygote), in bezug auf ein oder mehrere Merkmale unterschiedliche Organismen miteinander gekreuzt, so sind ihre Nachkommen (Bastarde) in der ersten Nachkommengeneration (F_1) alle gleich (uniform) – vorausgesetzt, daß die gleichen äußeren Bedingungen vorliegen.

Voraussetzung für eine erfolgreiche Farb- und Zeichnungszüchtung sind Mutationen; das sind sprunghaft auftretende, erbliche Veränderungen bestimmter Merkmale und Eigenschaften. Sie dürfen nicht mit Modifikationen verwechselt werden, da diese phänotypischen Veränderungen der Merkmale nicht auf die Nachkommen übertragen werden. Eine derartige nichterbliche Veränderung ist bei verschiedenen Schlangenarten und auch bei amelanistischen Kornnattern bekannt. Hier kann es vorkommen, daß nach Verpaarung zweier amelanistischer Tiere, die eigentlich homozygot für diese rezessive Eigenschaft sein müßten, wildfarbene Nachkommen schlüpfen. Grund dafür sind unterschiedliche Ursachen der Melaninstörung, für die Tyrosin verantwortlich ist, eine Aminosäure, die unter anderem die Ausgangssubstanz für die dunklen

Schematischer Erbgang mit einem Merkmal bei Kornnattern (Beispiel 2)
Mutter: mischerbig wildfarben; Vater: mischerbig wildfarben (beide rezessiv amelanistisch)
Nachkommen (4):
Genotyp –   1 Tier reinerbig wildfarben
            2 Tiere mischerbig wildfarben
            1 Tier reinerbig amelanistisch
Phänotyp – 3 Tiere wildfarben
            1 Tier amelanistisch

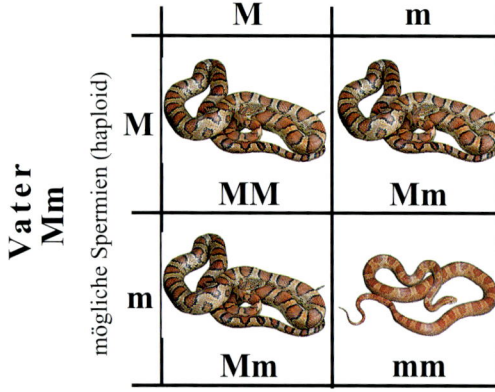

Zuchtformen

Schematischer Erbgang mit einem Merkmal bei Kornnattern (Beispiel 3)
Mutter: reinerbig amelanistisch; Vater: reinerbig wildfarben
Nachkommen (4):
Genotyp – 4 Tiere mischerbig wildfarben
Phänotyp – 4 Tiere wildfarben

Werden die entsprechenden Merkmale der Elterntiere gleich stark vererbt, dann ist das äußere Erscheinungsbild (Phänotyp) intermediär. Überdeckt dagegen das dominante Merkmal des einen Elternteils das Merkmal des anderen, dann entspricht der Phänotyp aller Nachkommen der F_1-Generation dem eines Elternteils. Die unterdrückte Anlage wird als rezessiv bezeichnet. Wie beim intermediären Erbgang sind auch beim dominanten alle F_1-Nachkommen gleich. Da viele der Farb- und Zeichnungsvarianten der Schlangen gegenüber denen der Wildform rezessiv sind, bekommen wir in der ersten Nachzuchtgeneration wildfarbene Tiere. Daß sie Träger einer Mutation sind, ist nicht zu erkennen. Rezessiv wird beispielsweise auch die Längsstreifung bei Kornnattern vererbt. Das schließt aber nicht aus, daß bei anderen Schlangenarten die Mutation „Längsstreifung" auch dominant sein kann.

Werden F_1-Tiere nun miteinander verpaart, treten neben mischerbigen auch reinerbige Tiere auf, die den Ausgangsformen der Elterngeneration entsprechen. Diese F_2-Generation spaltet in einem bestimmten Zahlenverhältnis auf (Spaltungsregel). Dieses Zahlenverhältnis beträgt im Genotyp 1 : 2 : 1, im Phänotyp bei intermediärer Vererbung ebenfalls 1 : 2 : 1, bei dominanter Vererbung allerdings 3 : 1. Von den beim dominanten Erbgang äußerlich drei gleichen Varianten, beispielsweise wildfarbenen Kornnattern, sind jedoch zwei mischerbig, was nicht erkennbar ist. Eine Selektion ist deshalb nicht möglich.
Die dritte Mendel-Regel, die Unabhängigkeitsregel, besagt nun, daß jedes Merkmal sich unabhängig von den anderen nach den Gesetzmä-

Schematischer Erbgang mit einem Merkmal bei Kornnattern (Beispiel 4)
Mutter: reinerbig amelanistisch; Vater: mischerbig wildfarben
Nachkommen (4):
Genotyp – 2 Tiere mischerbig wildfarben
2 Tiere reinerbig amelanistisch
Phänotyp – 2 Tiere wildfarben
2 Tiere amelanistisch

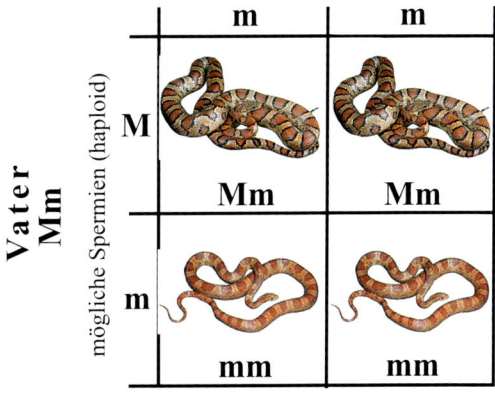

153

Schematischer Erbgang mit zwei Merkmalen bei Kornnattern

M = melanistisch (dominant); m = amelanistisch (rezessiv); F = gefleckt (dominant); r = gestreift (rezessiv); re = reinerbig; me = mischerbig

Mutter : mischerbig (wildfarben, gefleckt) Vater: mischerbig (wildfarben, gefleckt)

Nachkommen (16):

Genotyp – 1 Tier wildfarben (re), gefleckt (re)
2 Tiere wildfarben (re), gefleckt (me)
2 Tiere wildfarben (me), gefleckt (re)
1 Tier wildfarben (re), gestreift (re)
4 Tiere wildfarben (me), gefleckt (me)
2 Tiere wildfarben (me), gestreift (re)
1 Tier amelanistisch (re), gefleckt (re)
2 Tiere amelanistisch (re), gefleckt (me)
1 Tier amelanistisch (re), gestreift (re)

Phänotyp – 9 Tiere wildfarben, gefleckt
3 Tiere wildfarben, gestreift
3 Tiere amelanistisch, gefleckt
1 Tier amelanistisch, gestreift

Mutter
MmFf
mögliche Eizellen (haploid)

Vater MmFf mögliche Spermien (haploid)

	MF	Mf	mF	mf
MF	MMFF	MMFf	MmFF	MmFf
Mf	MMFf	MMff	MmFf	Mmff
mF	MmFF	MmFf	mmFF	mmFf
mf	MmFf	Mmff	mmFf	mmff

ßigkeiten der Spaltungsregel vererbt, wobei in der F_2-Generation neue Genkombinationen auftreten können. Wenn beispielsweise eine wildfarbene gefleckte Kornnatter mit einem amelanistischen gestreiften Partner verpaart wird, werden theoretisch neben neun im Phänotyp wildfarben gefleckte, drei wildfarben gestreifte, drei amelanistisch gefleckte Jungtiere sowie ein amelanistisch gestreiftes Jungtier schlüpfen. Die wildfarben gestreiften und die amelanistisch gefleckten Jungschlangen stellen also neue Kombinationen dar. Die Kombinationsmöglichkeiten von Genen bei der Züchtung von Schlangen sind an Beispielen grafisch dargestellt.

Grundlagen der Züchtung

Die züchterische Einwirkung auf eine Art, etwa eine im Terrarium gepflegte Zuchtgruppe von Korn- oder Erdnattern, und deren Variabilität kann einerseits erfolgen über die Anwendung der Züchtungsverfahren oder Paarungssysteme Reinzucht oder Kreuzung, andererseits über die Selektion und die darauf begründeten Zuchtmethoden Auslesezüchtung, Kombinationszüchtung und Mutationszüchtung. Obwohl alle Paarungen innerhalb einer Art oder Unterart als Reinzucht bezeichnet werden, unterscheidet der Tierzüchter dabei folgende Unterverfahren:

> Blutlinienzucht <

Eine Blutlinie umfaßt die von einem „Stammvater“ sich ableitende, männliche Nachkommenschaft. Diese Form der Züchtung dürfte bei Terrarientieren eine untergeordnete Rolle spielen.

> Familienzucht <

Hier ist der Ausgangspunkt eine „Stammutter“, von der aus dann die weibliche Nachkommenschaft verfolgt wird. Die Hinwendung zur weiblichen Linie könnte für den Züchter von Terrarientieren eine wichtige Rolle spielen, da in der Terraristik wohl meist das Muttertier mit seinen Nachkommen die größere Rolle spielt.

> Typenzucht <
Bestimmte Untergruppen innerhalb einer Unterart/Art, die sich durch besonders charakteristische Merkmale von anderen Vertretern derselben Unterart oder Art unterscheiden, können als Typen bezeichnet werden, die als Ausgangspunkt für weitere Züchtungsmaßnahmen dienen.

> Eigenschaftskombination <
Beim Auftreten besonderer Merkmale innerhalb bestimmter Typen ist deren Kombination auch mit dem Verfahren der Reinzucht denkbar.

> Blutauffrischung <
Zur Vermeidung einer engen Verwandtschaftszucht erweist es sich als zweckmäßig, nach mehreren Generationen Tiere derselben Art / Unterart aus genetisch fremden Beständen in der eigenen Zucht zu verwenden. Dabei sollen vor allem Mängel und Schwächen in der Konstitution beseitigt sowie Anzeichen einer Degeneration vermieden werden. Eine Blutauffrischung kann durch den Einsatz von Wildfängen, aber auch von Tieren aus anderen Terrarienzuchten erfolgen. Am effektivsten ist die Blutauffrischung durch den Einsatz von männlichen Tieren. Während der Einsatz von Wildfängen auf Artenschutzprobleme und uneinsichtige Behörden stoßen kann, ist der gelenkte Einsatz von Zuchttieren nur bei Nachkommen bekannter Abstammung, am besten bei exakter Zuchtbuchführung, möglich.

> Kreuzung <
Unter Kreuzung versteht man normalerweise die Paarung von Tieren verschiedener Unterarten oder Rassen. Die Verpaarung von Arten ist zweifellos auch eine Kreuzung, es muß jedoch zunächst offen bleiben, inwieweit die seltenen Artbastarde bei Reptilien als Ausgangsmaterial für die Züchtung neuer Formen dienen können. Bei Großtieren, wie bei Pferd und Esel, durchgeführte Artkreuzungen werden nicht zu den Zuchtmethoden gezählt, da die Bastarde nicht oder nur bedingt fruchtbar sind und nur Gebrauchszwecken dienen. In der Terraristik wird vorrangig die Kreuzung von Unterarten in Frage kommen.

Daß es Artkreuzungen auch bei Schlangen gibt, wurde in der Fachliteratur vielfach beschrieben. Freilandkreuzungen sind oft fragwürdig; eine belegbare Kreuzung wird erst bei Terrarienhaltung möglich. An einem konkreten Beispiel sei bewiesen, daß Artbastarde zwischen Evergladeskükennattern (*E. o. rossalleni*) und Kornnattern (*E. g. guttata*) auch fortpflanzungsfähig sind. Über derartige Bastarde aus der Paarung einer männlichen Kornnatter und einem Weibchen der Evergladeskükennatter hatten bereits 1960 BECHTEL und MOUNTAIN aus den USA berichtet. Aus 19 Mitte Juni abgelegten Eiern begann nach 80 Tagen der Schlupf von 14 Jungtieren. Alle Jungen waren einander sehr ähnlich, einzelne zeigten gewisse Übereinstimmungen in Farbe und Muster mit ihren Eltern.

Doch zu den eigenen Erfahrungen: Jungtiere von Kornnattern und Evergladeskükennattern, die bereits mehrere Generationen von mir im Terrarium vermehrt worden waren, wurden von einem anderen Terrarianer aufgezogen und gemeinsam gepflegt. Im Frühjahr 1987 hatte sich ein Männchen von *E. o. rossalleni* mit einer weiblichen *E. g. guttata* gepaart, die am 15.5.1987 insgesamt 11 Eier legte. Neun Eier waren bei Auffinden vertrocknet – vielleicht waren sie unbefruchtet –, aus den verbliebenen zwei Eiern schlüpften nach 78 Tagen ein männlicher und ein weiblicher Bastard. Beide Kreuzungstiere wurden gemeinsam aufgezogen, paarten sich, und das Weibchen legte am 10.6.1990 zehn Eier. Aus diesem Gelege schlüpften nach 66 Tagen fünf Jungtiere. Zwei dieser Jungtiere fraßen selbständig und konnten aufgezogen werden. Die beiden adulten Tiere der ersten Kreuzungsgeneration zeigen hellbraune, sich nur wenig vom gelblichen Untergrund absetzende, gelbbraune Rückenflecken und eine einfarbig schmutziggelbe Bauchseite. Einzelne Rückenschuppen haben einen weißen Rand. Schwarz und Orange fehlen völlig. Eine ähnliche Färbung wie seine Eltern besitzt das Männchen der zwei-

Zuchtformen

Männlicher Artbastard zwischen *E. g. guttata* und *E. o. rossalleni* (F_1)
Foto: D. Schmidt

Weiblicher Artbastard zwischen *E. g. guttata* und *E. o. rossalleni* (F_1); das Tier paarte sich mit dem zuvor gezeigten Männchen und legte befruchtete Eier.
Foto: D. Schmidt

Zuchtformen

F_2-Männchen der Artkreuzung *E. g. guttata* × *E. o. rossalleni*
Foto: D. Schmidt

Das weibliche F_2-Tier zeigt eine kontrastreichere Zeichnung als sein Bruder. Foto: D. Schmidt

ten Kreuzungsgeneration. Das weibliche Geschwistertier weist dagegen hellbraune Flecke auf hellem, graubraunem Untergrund auf. Auch hier ist ein Teil der Rückenschuppen weiß gerandet. Schwarz und Orange fehlen.

Als weitere Artbastarde zitiert SCHULZ (1996) unbeabsichtigte erfolgreiche Paarungen von *Elaphe g. guttata* × *E. o. obsoleta*, *E. g. guttata* × *E. obsoleta quadrivittata* sowie *E. g. emoryi* × *E. o. lindheimeri*. Kreuzungen zwischen *E. g. emoryi* mit *E. o. lindheimeri* wurden erfolgreich bis zur vierten Generation weitergeführt. Ausfälle traten erst in der dritten Nachzuchtgeneration auf. Kunstprodukte sind auch die Gattungskreuzungen zwischen amelanistischen Kornnattern (*Elaphe g. guttata*) und albinotischen Sinaloa-Dreiecksnattern (*Lampropeltis triangulum sinaloe*). Interessant ist das Ergebnis der Paarung einer männlichen Amurnatter (*Elaphe schrencki schrencki*) aus dem Fernen Osten Asiens mit einem Weibchen von *E. obsoleta quadrivittata*, also von Kletternatterarten verschiedener Kontinente, die sich in der Natur nie begegnen würden. Von neun abgelegten Eiern war ein Ei befruchtet. Es wurde nach acht Wochen Inkubation geöffnet und enthielt ein grauschwarzes Jungtier mit völlig mißgebildeter Wirbelsäule, das nach zwölf Stunden verendete.

Sehr selten sind Gattungskreuzungen zwischen der Kornnatter und der Kalifornischen Kettennatter (*Lampropeltis getula californiae*), genannt „Jungle corn", sowie der Kiefernnatter (*Pituophis melanoleucus*), sogenannte „Gopher corn", die auch von MCEACHERN (1991) im Bild vorgestellt werden und die intermediäre (dazwischenliegende) Färbungen aufweisen.

Je nach dem zu verfolgenden Zweck werden besondere Verfahren der Kreuzung unterschieden:

> Verdrängungskreuzung <

Dieses Kreuzungsverfahren bietet sich an, wenn für vorhandene Tiere trotz aller Bemühungen kein Geschlechtspartner zu erhalten ist. So ging es mir vor Jahrzehnten mit zwei Männchen der Texaskükennatter (*E. o. lindheimeri*), die jahrelang dazu verdammt waren, ohne unterartgleiche Weibchen auszukommen. Schließlich verpaarte sich eines der Männchen mit einer weiblichen Kükennatter (*E. o. quadrivittata*). Da alle heranwachsenden Nachkommen mit ihrer braunen Fleckung auf gelbbraunem Untergrund weit mehr dem Vater als der gestreiften Mutter glichen (s. Abb. S. 104 und S. 149), wurden zunächst einige weibliche Nachkommen mit den männlichen Texaskükennattern rückgekreuzt und schließlich ab der dritten Generation in sich weitergezüchtet. Diese Maßnahme ermöglichte es mir, daß noch heute typisch gefärbte „Texaskükennattern" in meinen Terrarien leben. Damit aber keine Mißverständnisse auftreten: Eine derartige Zuchtmaßnahme sollte die Ausnahme darstellen.

> Veredlungskreuzung <

Dabei können eine einmalige Einkreuzung (Bluteinmischung) oder wiederholte Einkreuzungen (Meliorationskreuzung) gezielt bestimmte Merkmale einer anderen Rasse zum Tragen bringen. In der Zucht von Terrarientieren wird diese Form der Kreuzung keine wichtige Rolle spielen.

> Kombinationskreuzung <

Sie hat zum Ziel, aus der Paarung von Tieren verschiedener Unterarten oder Arten unter starker Selektion und Paarung der Nachkommen untereinander eine neue Form zu züchten. Bei diesem Verfahren werden Neukombinationen und Aufspaltungen auftreten. Deshalb ist die Kombinationskreuzung die schwierigste Zuchtmethode und bei Schlangen wohl auch erst selten ange-

---

Oben: Auch Gattungskreuzungen kommen unter Terrarienbedingungen vor: eine „Jungle corn" aus der Verpaarung einer Kornnatter (*E. guttata*) mit einer Kettennatter (*Lampropeltis getula*). (Dank an M. und K. BELL)
Unten: Gattungskreuzung einer Bullennatter (*Pituophis catenifer sayi*) mit einer Kükennatter (*E. o. quadrivittata*) Fotos: B. Love/Blue Chameleon Ventures

Zuchtformen

wendet. Es ist möglich, daß durch die Kreuzung mehrerer Unterarten sich Zeichnungs- und / oder Färbungsvarianten schaffen lassen, die es bisher nicht gegeben hat. Eine Kombinationskreuzung ist dann besonders erfolgversprechend, wenn nur ein oder zwei qualitative Eigenschaften, die durch ein Gen oder nur wenige Gene bedingt sind und die einem geringen Umwelteinfluß unterliegen, einbezogen werden. Zu diesen qualitativen Eigenschaften gehören die Farbe und die Farbverteilung. Quantitative Eigenschaften, wie Größenwachstum oder Fruchtbarkeit, sind dagegen in der Regel durch mehrere Gene bedingt. Da eine konsequente Merzung aller nicht gewünschten Abweichungen erforderlich wäre, wird ein derartiges Verfahren in der Terraristik vielfach auf Ablehnung stoßen.

Der erste Schritt zu einer Züchtung auf neue Eigenschaften ist die Selektion (Auswahl) oder Zuchtwahl von Tieren aus einer vorhandenen Gruppe (Auslesezüchtung). Im Gegensatz zur natürlichen Selektion läßt sich diese künstliche Selektion auf bestimmte Merkmale durchführen. Diese Merkmale können auch sprunghaft auftretende erbliche Veränderungen (Mutationen) sein (Mutationszüchtung). Mutationen treten in der Natur mit einer bestimmten Häufigkeit (Spontanmutationsrate) auf und können auch experimentell induziert werden – allerdings nur völlig zufallsmäßig. Sie betreffen entweder nur die Körperzellen – man spricht dann von einer nichterblichen Änderung oder „Modifikation" – oder auch die Keimzellen, sie werden dann vererbt.

Natürliche Farb- und Zeichnungsvarianten

Wie auch bei anderen Kletternatterarten ist bei Korn- und Erdnattern selbst in der gleichen Unterart auch in der Natur eine große Variationsbreite hinsichtlich Färbung und Zeichnung zu beobachten. Dabei können für manche Populationen bestimmte Farb- und Zeichnungsvarianten charakteristisch sein, was das gemeinsame Vorkommen verschiedener Varianten in einem Gebiet jedoch nicht ausschließt. Während schwarze, sogenannte melanistische Exemplare bei *Elaphe*-Arten relativ selten sind, trifft das für teilmelanistische Individuen nicht zu. So werden gelegentlich sehr dunkel gefärbte Kornnattern gefunden. Albinos – weiße Tiere, denen alle Farbstoffe fehlen – dürften in der Natur selten große Überlebenschancen haben, da sie von ihren Feinden leicht entdeckt werden können. Bei der Inselnatter (*Elaphe climacophora*) aus Japan gibt es allerdings eine natürliche Population, die ausnahmslos albinotische Tiere umfaßt. Die Vertreter der Kletternattern (*Elaphe*) neigen relativ häufig auch zu Abweichungen in der Zeichnung. So sind bei gefleckten Arten gestreifte Exemplare nicht selten, was schon zu unberechtigten Unterartbeschreibungen geführt hat. Auch Zeichnungsverluste kommen vor. Bei der Nominatform der Kornnatter (*E. g. guttata*) werden natürlich vorkommende Farbvarianten nach ihrer Herkunft unterschieden:

„Miami"-Variante – grau mit schwarz umrandeten rot-orangen Flecken
 (Vorkommen: um Miami/Florida)
„Okeetee"-Variante – vorwiegend orange mit schwarz umrandeten roten Flecken
 (Vorkommen: besonders South Carolina).

Neben diesen „normalen" Farbvarianten der Kornnattern sind in Südflorida sowie in Georgia einzelne Tiere gefunden worden, die bei graubrauner oder grauer Grundfarbe dunkelbraune, schwarz gesäumte Flecken aufwiesen – ihnen fehlte der rote Farbstoff.

Auch bei Erdnattern (*E. obsoleta*) wurden in der Wildnis Albinos und Tiere mit abweichenden Zeichnungen beobachtet. BECHTEL (1995), der sich intensiv mit Farb-, Musterungs- und Schuppenanomalien insbesondere bei Schlangen beschäftigt, erwähnt eine gelbbraune *E. o. obsoleta*

Oben: Diese Kornnatter (*E. g. guttata*) ist eine „Miami"-Variante.
Unten: Variante des „Okeetee"-Typs der Kornnatter (*E. g. guttata*)
Fotos: B. Love/Blue Chameleon Ventures

Zuchtformen

aus Arkansas mit orangefarbenen Partien auf der Haut zwischen den Schuppen. Eine gelbbraune oder graue Variante der Nominatform mit rotbraunen Flecken aus Georgia wird in den USA als „Brindle"-Mutation beschrieben. Von *E. o. lindheimeri* sind amelanistische und leuzistische Exemplare bekannt. Von *E. o. quadrivittata* wurden neben Albinos auf verschiedenen Inseln Varianten entdeckt, die von der normalen Färbung und Zeichnung einer Kükennatter abweichen und denen als *E. o. deckerti* oder *E. o. parallela* früher sogar ein eigener Unterartstatus zugesprochen wurde.

Auch Bairds Kletternatter (*E. bairdi*) bildet im Gewirr der Farb- und Zeichnungsvarianten keine Ausnahme. Auf die Unterschiede texanischer und mexikanischer Populationen wurde bereits verwiesen. Wie bei den anderen Taxa existieren auch bei dieser Art Albinos.

Die Verwirrung um Farb- und Zeichnungsvarianten wird noch größer, wenn man die natürlichen Kreuzungen (Intergrades) aus Bereichen, in denen die Verbreitungsgebiete verschiedener Unterarten aufeinanderstoßen, mit in die Betrachtungen einbezieht. Hier existieren neben den verschiedensten Übergangsformen auch Exemplare, die sich nur schwer einordnen lassen. Wahrscheinlich ist die umstrittene und von vielen Herpetologen abgelehnte Unterart *E. o. williamsi* diesen Ursprungs.

Neue Farb- und Zeichnungsvarianten

Die in den letzten Jahren stark zunehmende Züchtung von Schlangen und anderen Reptilien auf „unnatürliche" Aberrationen, mehr noch ein offensichtliches Forschungsdefizit hinsichtlich der Ursachen und genetischen Regeln der Vererbung bestimmter Varianten haben bislang dazu geführt, daß Schlangenzüchter, Herpetologen und Tierhändler oft nur deshalb aneinander vorbeireden, weil die Definitionen bestimmter Fachbegriffe unterschiedlich sind. So ist beispielsweise Albinismus ein angeborener totaler oder partieller Pigmentmangel in der Haut und in der Regenbogenhaut der Augen infolge Fehlens oder Fehlfunktion bestimmter Enzyme. Derartige Tiere sind weiß und haben rote Augen. Reptilien besitzen nun unterschiedliche Chromatophoren (Farbzellen). Das sind spezielle Körperzellen – besonders in der Lederhaut (Corium), in der Regenbogenhaut (Iris) sowie im Epithelgewebe verschiedener Organe, die mit ihren Pigmenten die Färbung des Tieres bestimmen. Der häufigste Typ dieser Farbzellen sind die stark verzweigten Melanophoren. Diese enthalten braune bis schwärzliche Farbstoffe (Melanine). Chromatophoren, die fett- und alkohollösliche Karotinoide oder Lipochrome enthalten, werden meist in Erythrophoren und Xanthophoren unterschieden. Xanthophoren enthalten rote und gelbe Pigmente (Karotinoide, Pteridin). Chromatophoren, in denen rotes Pigment dominiert, werden Erythrophoren genannt. Außerdem gibt es noch

Natürliche Bastarde von *E. o. quadrivittata* und *E. o. spiloides* sind dort zu finden, wo die Verbreitungsgebiete beider Unterarten aufeinanderstoßen.
Foto: B. Love/Blue Chameleon Ventures

Rechts oben: Leuzistische Erdnattern, hier eine Texaskükennatter (*E. o. lindheimeri*), können auch in der Natur auftreten. Sie dürften ähnliche Überlebensprobleme wie echte Albinos haben.
Rechts unten: Echter Albino einer Schwarzen Pilotnatter (*E. o. obsoleta*)
Fotos: B. Love/Blue Chameleon Ventures

Zuchtformen

Zuchtformen

Dieser amelanistischen Kornnatter fehlt das dunkle Pigment. Foto: B. Love/Blue Chameleon Ventures

Iridophoren (Guanophoren), die mit farblosen Kristallen – vornehmlich aus Guanin – die Reflexion und Streuung einfallenden Lichtes bewirken. Wenn nun ein Typ dieser Farbzellen versagt, die in ihm eingelagerten Farbstoffe fehlen, treten im Erscheinungsbild der Schlangen Farbabweichungen auf, die verwirrenderweise vielfach generell als Albinos bezeichnet werden; es kann dann von weißen, roten oder schwarzen Albinos die Rede sein. Auch BECHTEL (1995) definiert einen Albino als einen Organismus, dem es an Melanin mangelt. Andererseits gibt er bei den Grundtypen des jeweiligen Farbstoffmangels auch die fehlende Farbe an. Ich befürworte die letztgenannte Nomenklatur mit folgenden Grundvarianten:
• Anerythrismus
Es fehlen rote Pigmente; die Tiere sind grau, schwarz, dunkelbraun und weiß gezeichnet. („Black Albino")

• Amelanismus
Es fehlt der schwarzbraune Farbstoff; die Tiere zeigen rote, gelbe sowie weiße Zeichnungen. („Red Albino")
• Axanthismus
Es fehlen alle gelben Farben.
• Melanismus
Es handelt sich eigentlich um anerythristische Exemplare, die jedoch einfarbig schwarz sind (Melanos, Nigrinos oder Schwärzlinge).
• Albinismus
Als albinotisch sollten nur Tiere bezeichnet werden, denen alle Farbstoffe der Haut und der Iris fehlen.
Als Übergangsformen unterschiedlicher Pigmentierung sind außerdem folgende Termini gebräuchlich:
• Hypopigmentierung
Alle Farbstoffe sind in verminderter Menge vorhanden.

Zuchtformen

- Hypomelanismus

Es mangelt an schwarzem und braunem Melanin.

Als spezielle natürliche Farbabweichungen sind fernerhin bekannt:

- Leuzismus

Die Haut der Tiere ist weiß, die Iris ist jedoch pigmentiert, es können einzelne oder Gruppen von farbigen Schuppen vorhanden sein. Auch eine Scheckung (partieller Leuzismus) ist möglich.

- Xanthismus

Dieses seltene Erscheinungsbild entspricht dem Leuzismus, nur daß die Grundfarbe gelb ist.

- Piebaldismus

Bei dieser Aberration handelt es sich um Tiere, die fleckenweise ungefärbt sind (piebald [engl.] = gescheckt, buntscheckig).

Anerythristische Kornnattern sollen nach Angaben von McEachern (1991) in Floridas Wildpopulationen immerhin bis zu 10 % des Bestandes ausmachen. Sie werden auch in Georgia und South Carolina gefunden.

Bei der immer intensiveren Beschäftigung mit der Zucht von Korn- und Erdnattern treten häufig neue Varianten auf, für die US-amerikanische Schlangenzüchter spezielle Bezeichnungen prägen. Mit den Zuchtformen der Kornnatter haben sich Love & Love (2000) intensiv beschäftigt. Unter den amelanistischen Kornnattern ist nach ihrer Ansicht die heute als „Sunglow" („Sonnenglut") bezeichnete Zuchtlinie am populärsten. Diese Tiere zeigen rot-orange Flecke auf rein orangefarbenem Untergrund mit mehr oder geringerer weißer Sprenkelung. Gelbliche Tiere dieser Farbvariante werden „Creamsicle"-

Das Ziel der Züchtung der amelanistischen „Sunglow corns" ist es, alle weißen Flecke zu eliminieren – es verbleiben lediglich Rot und Orange. Foto: B. Love/Blue Chameleon Ventures

Zuchtformen

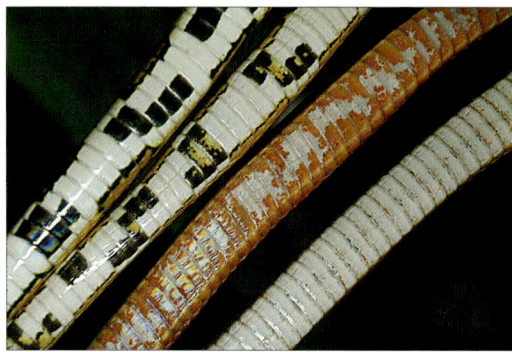

„Typ A"-anerythristischen Kornnattern fehlt das rote Pigment; sie können aber gelbliche Restfärbungen aufweisen. Foto: B. Love/Blue Chameleon Ventures

Auch die Bauchzeichnung kann züchterisch bedingte Unterschiede aufweisen: links – schwarze Rechtecke auf weißem Untergrund bei einer „Okeetee"-Kornnatter; Mitte links – unterschiedliche Fleckung bei einer typischen Kornnatter; Mitte rechts – rote Einlagerungen bei völliger Abwesenheit von Schwarz bei einer „Bloodred"-Kornnatter; rechts außen – nahezu weiße Bauchseite einer „Striped"-Kornnatter. Foto: B. Love/Blue Chameleon Ventures

Als hypomelanistisch werden Exemplare bezeichnet, die einen verminderten Schwarzanteil aufweisen. Foto: B. Love/Blue Chameleon Ventures

Zuchtformen

„Creamsicle corns" entstanden zuerst aus Unterartkreuzungen amelanistischer Kornnattern (*E. g. guttata*) mit Nördlichen Präriekornnattern (*E. g. emoryi*).   Foto: B. Love/Blue Chameleon Ventures

Vergleich verschiedener Rückenzeichnungen bei Kornnatterzuchtformen: links – „Yellow-blotched snow"; Mitte – „Pink-blotched snow"; rechts – „Blizzard"
Foto: B. Love/Blue Chameleon Ventures

„Blizzardcorns" stammen von „Typ-B"-anerythristischen Kornnattern ab.
Foto: B. Love/Blue Chameleon Ventures

„Albino-Okeetees" sind sehr eindrucksvoll gefärbte Kornnattern. Foto: B. Love/Blue Chameleon Ventures

und „Butter-corns" genannt. Sie werden mit dem Ziel gezüchtet, Tiere mit tiefroten Flecken auf leuchtend gelbem Untergrund zu erzielen. Amelanistische Exemplare der „Okeetee"-Variante, bei denen die normalerweise schwarze Färbung um die roten Rückenflecke aufgrund fehlenden Melanins weiß ist, hießen zunächst „Reverse [=umgekehrte] Okeetee" und werden heute als „Albino-Okeetee" geführt.

Durch Kreuzung amelanistischer Kornnattern mit Nördlichen Präriekornnattern (*E. g. emoryi*) erhofften sich die amerikanischen Züchter eine goldgelbe, orangefarbene Variation. Als Ergebnis entstanden goldgelbe Tiere, meist jedoch mit sehr verschiedenen Orangefärbungen, denen das Fehlen einen reinen Rots gemeinsam ist. Wegen des Genanteils der kräftigeren Unterart *E. g. emoryi* sind die Gelege dieser Unterartkreuzungen zwar kleiner, die Jungtiere aber oft größer und robuster. Sie nahmen als Erstfutter problemlos die angebotenen nestjungen Mäuse. Ihr Name „Creamsicle" („Creme-Lutscher") wurde nach der Ähnlichkeit ihrer pastell-orangefarbenen Zeichnung mit einem populären Eis am Stiel geprägt. Ein anderer Weg zur Erreichung dieser Farbvarianten ist die Einkreuzung der Nominatform mit amelanistischen Präriekornnattern, die erstmalig in den späten 1990er Jahren nachgezogen wurden.

Eine weitere amelanistische Zuchtform der Kornnatter sind die „Candycanes" („Stielbonbons") – weißliche Tiere mit hellen orangeroten Flecken. Ähnliche Farbvarianten stützen sich auf amelanistische Kornnattern der „Miami-Variante". „Flourescent Orange"-Tiere („fluoreszierend orangefarbene") schlüpften erstmalig 1987.

Zuchtformen

Einer amelanistischen „Okkeetee"-Kornnatter fehlen weitgehend auch gelbe Pigmente („Hi-White").
Foto: B. Love/Blue Chameleon Ventures

„Candycane" wird diese amelanistische Kornnatterzuchtform genannt.
Foto: B. Love/Blue Chameleon Ventures

Der hellgelben Zuchtform gab man den Namen „Butter corn". Foto: B. Love/Blue Chameleon Ventures

Eine „Candycane corn" mit gelbumrandeten Rückenflecken Foto: B. Love/Blue Chameleon Ventures

Das amelanistische Muttertier zeigte eine Andeutung von Piebaldismus – eine Variante, auf die später noch eingegangen wird.

Neben den amelanistischen Schlangen gibt es Tiere, deren Farbmutation auf einem anderen rezessiven Gendefekt basiert, auf Anerythrismus. Anerythristischen Tieren fehlen rote und meist auch gelbe Pigmente. Diese Farbvariante wird von den amerikanischen Züchtern verwirrenderweise auch als „Melanistic" oder „Black Albinos" bezeichnet. Bei ansonsten normaler Musterung dominieren die Farben Grau, Braun, Schwarz und Weiß. Spuren von Gelb an Kehle, Kinn und im Lippenbereich könnten auf eine Anreicherung von Karotinoiden – roten und gelben Farbstoffen aus der natürlichen Nahrung – zurückzuführen sein. Aber auch andere Möglichkeiten werden diskutiert. (LOVE & LOVE 2000) Die „Type A Anerythrism" genannte Mutation der Kornnatter wurde im Südwesten der Halbinsel Florida gefunden. Sie wird von den Einheimischen mitunter als Graue Pilotnatter (*E.*

Sehr helle „Creamsicle corn" Foto: B. Love/Blue Chameleon Ventures

Zuchtformen

Anerythristische Kornnattern (*E. g. guttata*) vom „Typ A" werden mitunter mit der Grauen Pilotnatter (*E. o. spiloides*) verwechselt. Foto: B. Love/Blue Chameleon Ventures

obsoleta spiloides) angesehen, die in diesem Gebiet jedoch nicht zu Hause ist. Diese Mutation half bei der Züchtung anderer Varianten, denen Rot und Gelb fehlen – einschließlich der „Snow-" und „Ghost-corns". Im Verlauf der Züchtung der „Type A Anerythrism" tauchte mit „Type B Anerythrism" eine ähnliche Version auf, die zunächst „Muted" („verändert") genannt wurde, später den Trivialnamen „Charcoal" („Holzkohle") erhielt. Diese auch „Black-muted" („schwarz verändert") genannten Exemplare sind sowohl anerythristisch als auch axanthistisch: Eine bei anerythristischen Tieren mitunter vorhandene gelbliche Kopffärbung fehlt den ansonsten schwarzweißen Tieren. Eine andere anerythristische Variante erhielt ihre Bezeichnung nach den auf „verwittert" getrimmten Jeans: „Stonewashed".

Theoretisch könnte es auch völlig melanistische Kornnattern geben, bei denen der schwarze Farbstoff ganz dominiert. Vor einigen Jahren wurde in Kansas eine weitgehend melanistische Nördliche Präriekornnatter (*E. g. emoryi*) gefunden, die „Chocolate emoryi" getauft wurde.

Neben Farbmutationen mit eindeutigem Vorhandensein oder Fehlen einer Farbe treten auch sogenannte hypomelanistische Varianten auf: Tiere mit verminderter Dichte schwarzer Pigmente, die mit zunehmendem Alter dunkler werden können. Auch weisen diese Kornnattern hellere Augen als normalfarbene Tiere auf. Ihre Augen sind jedoch dunkler als die hellroten amelanistischer Exemplare. Je nach Reduzierung des Melaninanteils existieren auch Tiere mit Bezeichnungen wie „Ultra hypos" und „Rosy". Hypomelanistische Kornnattern der „Miami-

Zuchtformen

Zuchtformen

Verschiedene Zuchtformen bei Kornnattern:

1 Bei hypomelanistischen Tieren variiert der verminderte Schwarzanteil.
2 „Bubblegum"-Kornnattern können auch andeutungsweise gestreift sein.
3 „Frosted corns" variieren sehr in ihrer Zeichnung.
4 Rote Augen zeigt diese „Ruby freckled corn" – eine Schlange, bei der Piebaldismus stark ausgeprägt ist.
5 Tiere mit unregelmäßigen Rückenfleckungen werden „Motley corns" genannt.
6 „Amber" heißt diese bernsteinfarbene Variante.

Fotos: B. Love/Blue Chameleon Ventures

Zuchtformen

Hypomelanistische Kornnattern wie dieses Exemplar sind auch in der Natur anzutreffen.
Foto: B. Love/Blue Chameleon Ventures

Variante" nennt man „Hypo Miami". Eine Reduzierung gelber Farbstoffe (Hypoxanthismus), bei der normales Rot und / oder Gelb stark vermindert ist, ist auch bei den „Charcoal"-Tieren zu vermuten.

Ein in einer Zootierhandlung an der Südwestküste Floridas angebotener Kornnatter-Wildfang zeigte eine strohgelbe Umrandung der rotbraunen Rückenzeichnung. Er wurde von einem Schlangenzüchter zunächst mit einer „Snow"-Kornnatter verpaart. Unter den Jungtieren der nächsten Generation existierten anerythristische Individuen, deren Schwarz jedoch zu Braun tendierte und bei denen gelbe Farbtöne dominierten. Diese Kornnattern werden „Caramel-corns" genannt. Die Bezeichnung „Lavender" („Lavendel") wurde für eine eigenartig gefärbte Kornnattermutation – 1985 erstmalig geschlüpft – geprägt, die ein rosa-purpur-graues Muster auf bleichem grauweißen Untergrund besitzt. Einige dieser Mutanten besitzen unheimlich wirkende rote Augen, die zu glühen scheinen („Rubyeye", „Rubinauge") – ein Defekt, der auch bei „Ghost-corns" auftritt.

Eine anomale Pigmentierung, bei der unregelmäßige größere und kleinere weiße Stellen auf einem ansonsten normal gefärbten und gemusterten Tier auftreten und die bei unterschiedlichen Schlangenarten bekannt ist, ist Piebaldismus. Dieser Farbdefekt wurde bei Kornnattern erstmalig 1980 bei einem Weibchen beobachtet, das angeblich auf den Florida Keys gefangen worden war. Eine weitergezüchtete Linie dieser Mutation wird heute nach einem bedruckten Kattunstoff „Calico" genannt, um sie von einer neuen, 1998 aus der Verpaarung von

„bloodred"-farbenen und anerythristischen Eltern geschlüpften Kornnattern unterscheiden zu können, die vom Züchter „Piebald-corns" betitelt wurden. Bei einer Routinepaarung von Standard-„Snow-corns" schlüpften 1996 zwei männliche „Snow-corns", die kleine, wahllos über den Körper verstreute rote Flecken aufwiesen – wieder machte ein neuer Farbdefekt von sich reden: „Ruby freckled corn" („Rubin-Sommersprossen-Kornnatter"). Von Wildfängen der Nominatform der Erdnatter (*E. obsoleta*) ist ein „calico"-ähnliches Erscheinungsbild bekannt: die „Brindle"-Variante. Derartige Tiere sind gelblich braun oder grau und haben unklare rötliche Flecken. Vermutlich sind die Bezeichnungen nur Sammelbegriffe für ähnliche Varianten, denen jedoch unterschiedliche genetische Defekte zugrunde liegen dürften.

Während Schlangen in vielen Millionen Jahren im Verlauf der Evolution in Färbung und Zeichnung optimale Schutzanpassungen entwickelt haben, treten spontan immer wieder einmal Veränderungen auf, die nicht nur die Färbung, sondern auch die Verteilung der Farben auf der Haut betreffen. Diese Veränderungen sind besonders auffällig, wenn eine allgemein übliche Fleckenzeichnung zu einer Längsstreifung variiert. Schlangen mit Zeichnungsanomalien sind in der Natur durchaus überlebensfähig, wie das beispielsweise bei Populationen von Leopardnattern (*Elaphe situla*) oder Kalifornischen Kettennattern (*Lampropeltis getula californiae*)

„Lavendelfarbene" Kornnattermutation   Foto: B. Love/Blue Chameleon Ventures

Zuchtformen

Verschiedene Zuchtformen bei Kornnattern:

1 „Neon-snow corn" ist der Phantasiename dieser Kornnatternzuchtform.
2 Eine als „Bubblegum"-Kornnatter bezeichnete Variante
3 Diese Variante wird als „Frosted corn" bezeichnet; ihre genetische Konstruktion ist unklar.
4 Eine „Snow corn" mit stark gelber Pigmentierung
5 Die „Motley"-Rückenzeichnung kommt auch bei amelanistischen Kornnattern vor.
6 Eine „Zigzag snow corn", stellenweise sogar gestreift
     Foto: B. Love/Blue Chameleon Ventures

Zuchtformen

Zuchtformen

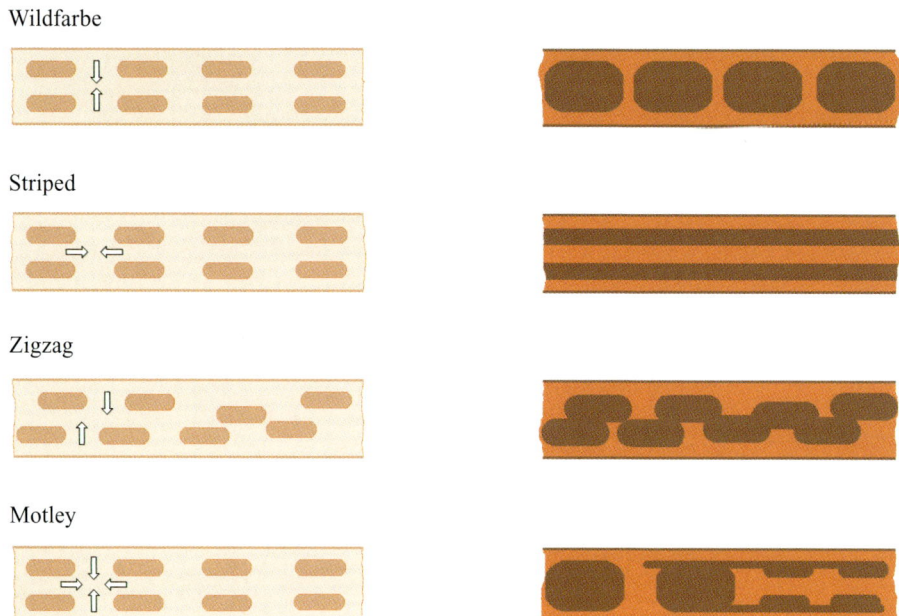

Wildfarbe

Striped

Zigzag

Motley

Mutmaßliche embryonale „Halbflecken"-Zeichnung   Ergebnisse unterschiedlicher Flecken-Fusionen

Modell für die Entstehung von Rückenzeichnungen bei Kornnattern   nach McEachern (1991)

der Fall ist. Sofern derartige Zeichnungsvarianten nicht durch äußere Einflüsse wie Temperaturschocks oder auch Pilzbefall verursacht wurden, sind sie erblich.

Die Musterung der Korn- und Erdnattern wird unabhängig von ihrer Färbung vererbt. Auch hier eröffnen sporadisch in der Natur oder im Terrarium auftretende genetische Defekte dem Schlangenzüchter Möglichkeiten, unterschiedliche Variationen zu erzielen und sie mit Färbungsmutationen zu kombinieren. In der Zeichnungszucht der Kornnatter unterscheidet man drei Grundtypen abweichender Musterung:
– „motley" („scheckig") und „striped" („gestreift")
– „zigzag" („zickzackförmig") und „zipper" („Reißverschluß")
– „plain belly" („einfarbiger Bauch")

Verlängerte und miteinander verschmolzene Rückenflecken ergeben die äußerst variable „Motley"-Zeichnung. Diese Mutation trat Anfang bis Mitte der 1980er Jahre in etlichen Beständen erstmalig auf. Ihren Ursprung dürfte sie in Wildfängen aus verschiedenen Populationen, vorwiegend entlang der südlichen Westküste Floridas, haben. Viel beachtet und möglicherweise auch die erste registrierte derartige „Motley"-Mutation war ein weiblicher Schlüpf-

Oben: Die vollständige gleichmäßige Verschmelzung der Rückenzeichnung führt zur „striped"- Kornnatter; hier in Kombination mit Amelanismus.
Unten: Bei dieser Zuchtform der Kornnatter spricht man von einer „Motley"-Zeichnung.
           Fotos: B. Love/Blue Chameleon Ventures

Zuchtformen

Zuchtformen

ling aus dem Jahre 1972. Durch Rückkreuzung gelang es, diese Mutation zu erhalten und zu vermehren.

Eine besondere Art der Verschmelzung von Rückenflecken ist die Streifung. Vollständig gestreifte Kornnattern sind selten, aber es gibt sie. Die erste bekannte „Striped-corn" schlüpfte Mitte der 1980er in England. Die Original-Eltern und einige gestreifte Jungtiere wurden bald in die USA gebracht und hier intensiv weiter züchterisch bearbeitet. Aus der Verpaarung von „Motley"- und „Striped"-Kornnattern ergaben sich sehr unterschiedlich gezeichnete Nachkommen, deren Musterungen von kaum länglich-gefleckt („Barely motley") bis vollständig gestreift reichen. Das deutet darauf hin, daß „Motley" und „Striped" lediglich Versionen derselben Gene (Allele) sind, die kodominant wirken, wenn sie bei einem Tier gemeinsam vorkommen. Spezielle Varianten dieses Zeichnungstyps sind bereits als „Cubed"- („gewürfelte") und „Hurrican"-Kornnattern („Wirbelsturm") im Handel. Während bei ersterer ein zentraler Rückenstreifen in Serien rechteckiger Flecke unterteilt ist, wird bei letzterer ein scheinbares Rückenband von separaten kleinen, schwarz umrandeten kreisrunden Stellen unterbrochen. Ausgehend von derartigen Zeichnungen wird eine Kornnatter-Zuchtform angestrebt, die eine klare Querbänderung über die gesamte Länge des Tieres aufweist. Für dieses Zuchtziel existiert bereits der Name „Saddleback" („Sattelrücken"). Bei entsprechender Färbung erhofft man sich Tiere, die einer Dreiecksnatter (*Lampropeltis triangulum*) (amerikanisch: Milk snake) ähneln, und nennt diese Variante bereits „Milk snake phase".

Eigentlich als Nebenprodukt von Inzuchtpaarungen bei Kornnattern entstand 1984 unbeabsichtigt eine Zeichnungsvariante, bei der eine alternierende Verschmelzung von Rückenflecken auftrat – die „Zigzag"-Kornnatter war geboren. Eine besondere Version dieser Musterung mit extrem asymmetrischen, linearen Unterbrechungen der Rückenzeichnung einiger „Zigzag-corns" wird „Aztec" genannt. Die reißverschlußartige Zeichnung wiederum anderer Exemplare wird als „Zipper" („Reißverschluß") bezeichnet.

Während die einzelnen Unterarten der Kornnatter eine mehr oder auch weniger deutliche Bauchzeichnung aufweisen, können beispielsweise bei „Bloodred-corns" deutlich rot eingefärbte oder bei „Striped-" und „Motley-corns"

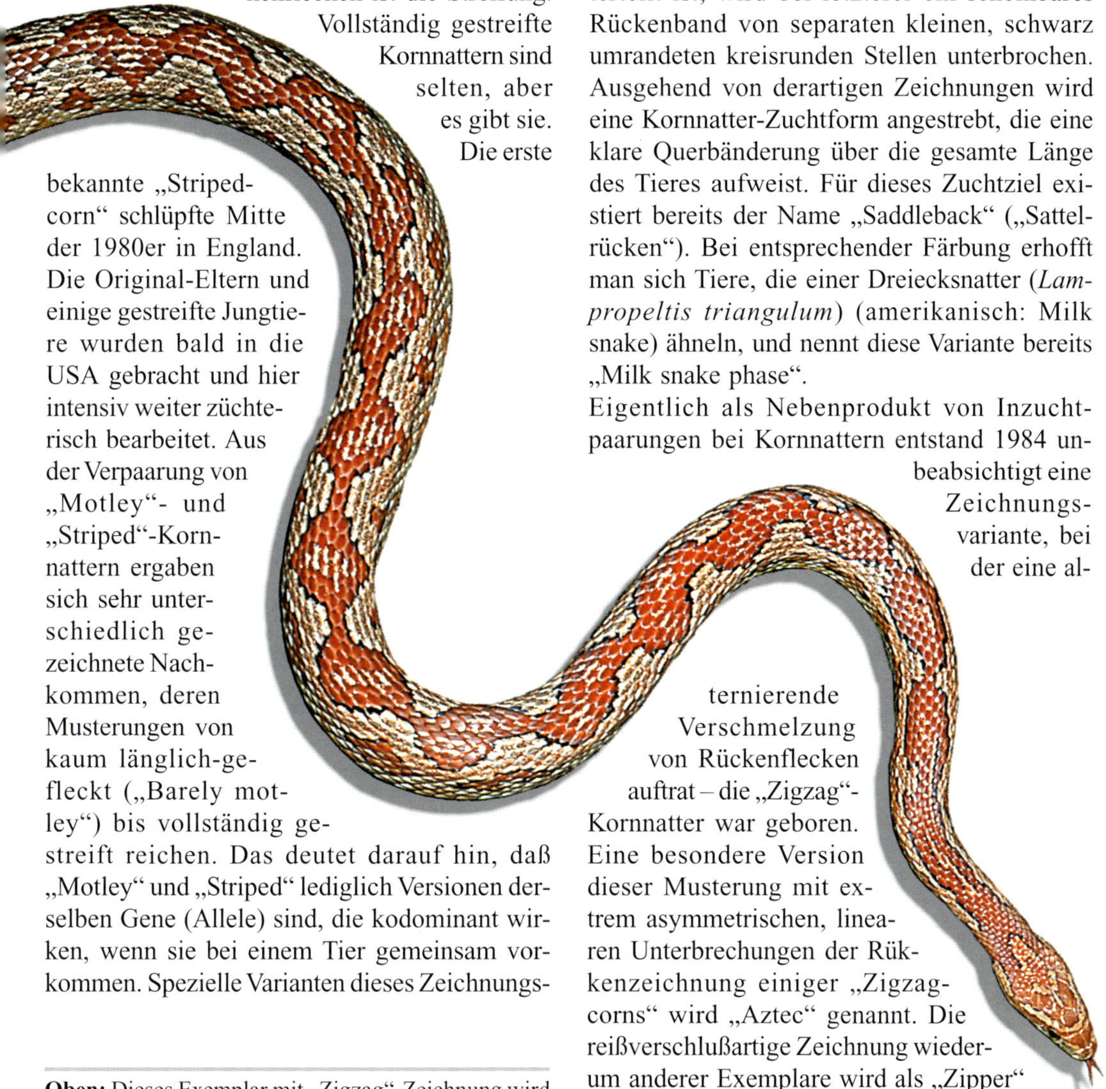

Oben: Dieses Exemplar mit „Zigzag"-Zeichnung wird als „Zipper corn" bezeichnet.
Links oben: Eine „Zigzag corn" mit weitgehend zickzackförmiger Rückenzeichnung
Links unten: „Zigzag"-Zeichnung bei einer Kornnatter in Verbindung mit Anerythrismus
Fotos: B. Love/Blue Chameleon Ventures

Weiße Zuchtformen, denen sowohl schwarze als auch rote Pigmente fehlen, sind die „Snow corns".
Foto: B. Love/Blue Chameleon Ventures

rein weiße Bauchseiten vorkommen. Vermutlich wird die zeichnungslose Bauchseite dieser Tiere durch einen gesonderten genetischen Defekt hervorgerufen.

Das Auftreten rezessiver Farb- und Zeichnungsmutationen veranlaßte insbesondere die Züchter der Kornnatter, doppelt rezessive Mutationen zu kreieren und damit Kombinationen der angeführten Abweichungen zu schaffen – immer in der Hoffnung, daß diese Neukombinationen auch weiter vererbt würden.

So waren „Snow"-Kornnattern („Schnee") die ersten weißen Schlangen, die gezielt im Terrarium gezüchtet wurden. Diesen Tieren fehlen sowohl schwarze als auch rote Pigmente, lediglich Iridophoren und wenig gelber Farbstoff sind vorhanden. Zwei US-amerikanische Schlangenzüchter schufen sie unabhängig voneinander Mitte der 1970er, indem sie zunächst amelanistische Kornnattern mit typ-A-anerythristischen Tieren paarten. Alle Jungtiere waren normalfarben. In sich weiter verpaart, brachten diese in der nächsten Generation normalfarbene, anerythristische, amelanistische und erstmalig weiße Junge. Interessanterweise zeigen "Snowcorns" unter einer relativ langwelligen, harmlosen UV-Beleuchtung (Schwarzlicht) auf der Kopfoberseite eine grünliche Fluoreszenz. Später entstanden weitere Mischformen – so mit gelbgrünen Rückenflecken versehene „Green-blotched snows" („Grüngefleckte Schnee-Kornnattern") und die „Bubblegum snow" („Kaugummi-Schnee-Kornnattern") mit rosafarbener Tönung auf weißem Untergrund. In England entstand parallel zur „Bubblegum snow" auf ähnlichem Weg die „Strawberry snow" („Erdbeer-Schnee-Kornnatter"). Im Gegensatz zu diesen von typ-A-anerythristischen Nattern abstammenden Zuchtformen basiert die „Blizzard corn" („Schneesturm-Kornnatter") auf typ-B-anery-

„Green-blotched snow corns" sind eine weitere Mischform.
Foto: B. Love/Blue Chameleon Ventures

Zuchtformen

Eine kontrastreiche Zeichnung weist diese „Bubblegum"-Kornnatter auf.
Foto: B. Love/Blue Chameleon Ventures

thristischen Exemplaren („Charcoals"). „Neon pink" wird eine „Snow"-Kornnatter genannt, die aus ungeklärter Ursache leuchtend rosafarben ist.

Abkömmlinge der „Lavender"-Kornnattern sind zwei weitere weiße Formen: „Pink snow" („Rosa Schnee") und „White snow" („Weißer Schnee"). Eine zusätzliche, mehr oder weniger rein weiße Linie sind die „Pearl corns" („Perlen-Kornnattern"). Bemerkenswert ist, daß bei Kornnattern neben echtem Melanismus leuzistische Exemplare bisher nicht bekannt wurden – und das im Unterschied zu der weit verbreiteten leuzistischen Texaskükennatter (*E. o. lindheimeri*).

Werden hellgelbe „Caramel"-Kornnattern mit hypomelanistischen Formen kombiniert, können bernsteinfarbene („Amber") bis grünlich-braune Varianten auftreten.

Eine imponierende Zuchtform sind „Bloodred (=Blutrote)-corns" – kurz „Blood corns" („Blut-Kornnattern") genannt. Es handelt sich dabei um leuchtend rote Individuen, denen die schwarze Umrandung der Rückenflecke fehlt oder denen jegliche Zeichnung abhanden gekommen ist. Ausgangspunkt für diese Farb- und Zeichnungsvariante waren hypererythristische Kornnattern aus dem nordöstlichen Florida, die – beginnend in den 1970er und 80er Jahren – teilweise mit Inzucht weiter gezüchtet wurden. Die Bildung roter Farbstoffe nimmt mit zunehmendem Alter der Tiere noch zu; Melanin fehlt oder ist stark reduziert. Es fehlt gewöhnlich auch die schwarze Bauchzeichnung. Adulte Tiere können so vollständig rot werden und sind sicher recht beeindruckend. Über die genauen genetischen Verhältnisse dieser Zuchtform herrscht Unklarheit. Leider weisen „Blood corns" starke Inzucht-

Zuchtformen

Links: Ein sehr intensiv gefärbtes Exemplar der „Blood corn"; man beachte die Bauchzeichnung
Foto: B. Love/Blue Chameleon Ventures

depressionen wie verminderte Fruchtbarkeit, langsames Wachstum und einige anatomische Anomalien auf. In sich weiter verpaart produzieren sie mitunter auch sehr große Gelege von 30 und mehr, allerdings kleinen Eiern, aus denen sehr kleine Jungtiere schlüpfen, die zunächst Schwierigkeiten bei der Futteraufnahme bereiten. Erst in den letzten Jahren hat man durch Einkreuzen von blutsfremden Tieren unproblematische Exemplare erhalten (BROGHAMMER 1998).

„Crimson corns" („Karmesinrote Kornnattern") mit ihren orangeroten Flecken auf silbergrauem Untergrund stammen von hypomelanistischen Tieren der „Miami"-Variante ab. Aus der Kombination hypomelanistischer und anerythristischer Zuchtformen entstand eine bleiche Schlange, deren blasse, schattenhaft lavendelfarbene, rosa und gelbe Zeichnung durch dunklere Ränderung etwas kräftiger wirkt: die „Ghostcorn" („Geister-Kornnatter"). Bei einigen dieser Kornnattern bildet sich die „Geisterfärbung" erst mit zunehmendem Alter heraus. Eine mittelgraue Kornnatter mit Rückenflecken, die mit zunehmendem Alter verblassen und verwischt erscheinen, ist das Ergebnis der Kombination von „Bloodred" und „Charcoal". Diese Variante wird allgemein als „Pewter" („Zinn") bezeichnet. Einige Exemplare wirken wie schwarz bestäubt; sie sind unter dem Namen „Pepper corns" („Pfeffer-Kornnattern") bekannt.

„Pewter"-Kornnattern zeigen Merkmale von „Charcoal"- und „Bloodred"-Zuchtvarianten.
Foto: B. Love/Blue Chameleon Ventures

Recht dubios ist die Abstammung einer Kornnattern-Variante, die als „Frosted" („glasiert, gefroren") angeführt wird: bei reduzierter Färbung erscheinen zumindest Teile des Körpers dieser Nattern wie bereift. Vermutlich spielen hier Hypermelanismus neben der Anpaarung von „Snow corns" und vielleicht sogar Unterarten von E. obsoleta eine Rolle.

Auch bei den Erdnattern sind unterschiedlichste Zuchtformen entstanden, wenngleich bei weitem nicht so viele wie bei den Kornnattern. Das liegt vermutlich daran, daß Erdnattern doch nicht so häufig gehalten und nachgezogen werden wie ihre Verwandten. Neben den schon erwähnten „Brindle"(„Calico")-Varianten sind bei den Erdnattern – ungeachtet der Unterarten – amelanistische, axanthische, hypomelanistische, gestreifte, gescheckte („Piebald") wie auch leuzistische Exemplare bekannt. Letztere werden in jüngerer Zeit immer häufiger angeboten, obwohl die Jungtiere wenig attraktiv sind. Bei ihnen setzt sich wegen der dünneren Haut die weiße Farbe noch nicht so deutlich durch wie bei den strahlend weißen Alttieren mit ihren blauschwarzen Augen.

Die Bemühungen, immer neue Zuchtformen auf den Markt zu bringen, führen dazu, daß vielfach neue Kreationen produziert werden, ohne daß deren genetischer Hintergrund bekannt oder berücksichtigt wird. Diese Tendenz hat vor allem in der USA dazu geführt, daß „neue" Farbformen benannt werden, die lediglich Varianten oder Kombinationen von rezessiven Merkmalen sind, die längst bekannt waren (LOVE 1999).

Amelanistische Erdnatterschlüpflinge: links – „Bubblegum"; rechts – ungefleckt
Foto: B. Love/Blue Chameleon Ventures

Zuchtformen

Ein Erdnatter-Bastard in der sogenannten
„Bubblegum"-Färbung
(vgl. Abb. S. 150 unten rechts)
Foto: B. Love/Blue Chameleon Ventures

Jungtier einer amelanistischen Kükennatter (*E. o. quadrivittata*)
Foto: B. Love/Blue Chameleon Ventures

Dieser Schlüpfling einer leuzistischen Texaskükennatter zeigt rote Augen. Ist er ein echter Albino?
Foto: B. Love/Blue Chameleon Ventures

Zuchtformen

Adulte amelanistische Schwarze Pilotnatter (*E. o. obsoleta*)
Foto: B. Love/Blue Chameleon Ventures

Jungtier einer amelanistischen Schwarzen Pilotnatter (*E. o. obsoleta*)
Foto: B. Love/Blue Chameleon Ventures

Besonderes Interesse erwecken natürlich immer wieder Mißbildungen wie doppelte Köpfe (Bicephalus). Auch bei den zu Hunderttausenden nachgezogenen Kornnattern kommen sie gelegentlich vor. BROGHAMMER (1998) zeigt die Abbildung einer doppelköpfigen amelanistischen Schwarzen Pilotnatter (*E. o. obsoleta*). Doppelkopfbildungen sind – glücklicherweise – sehr seltene Mißbildungen, die auf Entwicklungsstörungen während des Embryonalstadiums der Schlange im Ei beruhen und nicht erblich sind. Vielleicht würden sensationshungrige und geldgierige Züchter sonst hier Ansatzpunkte dafür sehen, neben der Farb- und Zeichnungszüchtung, die bei anderen Haus- und Heimtieren üblichen und oft schon erschreckende Ausmaße annehmenden Formenzüchtungen auch bei Schlangen zu etablieren. Hoffentlich werden die von BECHTEL (1995) gezeigten schuppenlosen Texaskükennattern (*E. o. lindheimeri*) nicht noch populär. 1987 waren drei F_1-Tiere von Wildfängen

Zuchtformen

Halbwüchsige doppelköpfige Texaskükennatter (*E. o. lindheimeri*)
Foto: B. Love/Blue Chameleon Ventures

Zweiköpfige Kornnatter (*E. g. guttata*). Derartige Tiere können durchaus alt werden, wie beispielsweise ein Exemplar im Zoo von San Diego (Kalifornien) zeigt.
Foto: B. Love/Blue Chameleon Ventures

dieser Unterart mit ihrem Vater verpaart worden. Aus ihren insgesamt 23 Eier umfassenden drei Gelegen schlüpften neben 14 Wildtypen neun schuppenlose Jungtiere. Auch weitere Gelege erbrachten schuppenlose Texaskükennattern. Alle diese Exemplare waren homozygot für diese rezessive Mutation, besaßen die „Augenbrille" und hatten oft Schwierigkeiten mit der Häutung. Da auch von anderen Schlangenarten wie Strumpfbandnattern (*Thamnophis s. sirtalis*) und Texasklapperschlangen (*Crotalus atrox*) schon schuppenlose Mutationen aufgetreten sind, steht zu befürchten, daß der Alptraum „Formenzucht" eines Tages auch bei Schlangen Wirklichkeit werden könnte.

Ein Problem, das nicht ohne weiteres vom Tisch gewischt werden kann, ist, ob Zuchtformen gesundheitliche Schwierigkeiten haben und ob der Terrarianer bei der Haltung und Pflege Besonderheiten dieser Tiere beachten muß. Sicher sind bei Terrarienhaltung die natürlichen Aufgaben der Färbung und Zeichnung bei der Tarnung wie auch bei der Thermoregulierung zu vernachlässigen.

Auch eine erhöhte Empfindlichkeit für UV-Licht spielt hier keine Rolle. Bedeutungsvoll ist allerdings die bei der Züchtung immer wieder, oft über Generationen eingesetzte Inzucht. Es werden ja nicht nur erwünschte Defekte, sondern auch unerwünschte Makel, beispielsweise verschiedene Wirbelsäulenverkrümmungen, vererbt. Über Letalfaktoren, die bei Schlangen Schädigungen in den unterschiedlichen Entwicklungsstadien hervorrufen, weiß man kaum etwas. Ob nun tatsächlich bei der heutigen Breite der Schlangenzüchtung insbesondere in den USA sehr negative Folgen bei bestimmten Zuchtformen auftreten, dürfte kaum allgemein bekannt werden. Vor allem, wenn wider jegliche Vernunft versucht wird, möglichst schnell homozygote und damit besonders gewinnbringende Varianten zu erzielen. Deshalb sollte der Genfonds jeder Terrarienpopulation, vor allem aber einer Zuchtform, durch Anpaarung genfremder Individuen möglichst groß gehalten werden.

Man kann zur Farb- und Zeichnungszucht bei Schlangen geteilter Meinung sein. Viele Terrarianer fragen sich, wozu die Züchter einen so hohen Aufwand betreiben, um das naturgegebene und faszinierende Aussehen der Wildtiere zu verändern und prächtige Färbungen und Zeichnungen zu vernichten. Die für neue Mutationen geforderten Preise erreichen zwar astronomische Werte – doch finden sich immer wieder Käufer, die sie bezahlen. Ungerechtfertigt finde ich beispielsweise aber hohe Preise für die heutzutage schon weit verbreiteten amelanistischen Kornnattern, deren Haltung und Nachzucht keine anderen Aufwendungen erfordern als wildfarbene Tiere. Oder sollten doch verminderte Fruchtbarkeit und geringere Vitalität der Schlüpflinge vorkommen? Ich hatte den Eindruck bei den wenigen Nachzuchten meiner Tiere – sie sind natürlich nicht repräsentativ.

Sehen wir abschließend zu diesem Thema aber auch dessen positive Seite, wie sie von BROGHAMMER (1998) richtig herausgestellt wird. Es ist nicht zu leugnen, daß mit der Farb- und Zeichnungszüchtung bei Reptilien das züchterische Wissen generell deutlich erweitert werden konnte. Arten- und tierschutzrechtliche Aspekte finden stärkere Berücksichtigung, wenn die zu hohen Preisen gehandelten Tiere entsprechend sorgfältig gepflegt werden. Und nicht zuletzt kann der Terrarianer sicher sein, im Terrarium geborene Exemplare und nicht zur Massenware degradierte, der Natur entnommene Billigimporte oder geschmuggelte Tiere zu erwerben. Betrachten wir die Züchtung von Reptilien als neuen, separaten Zweig der Terraristik, und bemühen wir uns um eine konsequente Trennung zur konventionellen Haltung und Vermehrung von Terrarientieren unter naturnahen und tiergerechten Bedingungen.

Sammelsurium verschiedener Zuchtvarianten von Erdnattern

Foto: B. Love/Blue Chameleon Ventures

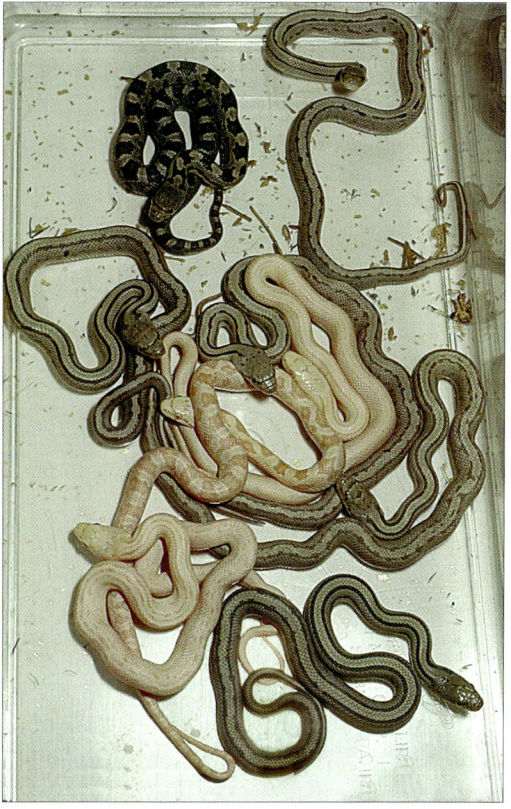

Glossar

aberrant: abweichend
adult: erwachsen, geschlechtsreif
Allel: auf ↑ Mutation beruhende alternative Zustandsform eines ↑ Gens
arboricol: auf Bäumen lebend.
Areal: Verbreitungsgebiet einer ↑ Art, d. h. die Summe aller einzelnen Fundorte
arid: trocken
Art (Species, sp.): grundlegende, objektiv definierte Einheit der Klassifikation (↑ Systematik), bei der die Individuen in allen wesentlichen morphologischen und physiologischen Merkmalen übereinstimmen; sie zeigen im wesentlichen das gleiche äußere Erscheinungsbild aller Individuen dieser Art, die unter natürlichen Bedingungen eine Fortpflanzungsgemeinschaft bilden, d. h. sich fruchtbar untereinander fortpflanzen.
Biotop: Lebensraum einer Lebensgemeinschaft von Pflanzen und Tieren (Biozönose)
Chresonym: benutzter Name für ein ↑ Taxon (kein echtes Synonym)
dorsal: zum Rücken gehörend
dominant: vorherrschend, überdeckend
Ecdysis (Häutung): Abstoßen der Hornschicht der Oberhaut (Epidermis) bei Amphibien und Reptilien
Embryo: Bezeichnung für den sich entwickelnden Keimling bis zur Anlage der Organe, danach ↑ Fetus; unkorrekterweise auch für den Keimling während der gesamten Entwicklungsperiode gebraucht
Exuvie: abgestreifte Hornschicht der Oberhaut.
Fetus (Frucht): Bezeichnung für den sich entwickelnden Keimling nach Anlage der Organe
Fortpflanzung (Reproduktion): Erzeugung von Nachkommen
Gattung (Genus): in der ↑ Systematik der ↑ Art übergeordnete Hauptkategorie, die die am nächsten verwandten Arten zusammenfaßt.
Gen: Erbanlage, Erbfaktor
Genetik: Wissenschaftsbereich der Biologie, der sich mit der Konstanz und Veränderlichkeit von Erbanlagen und Merkmalen bei Lebewesen beschäftigt.
genetisch: erblich bedingt
Genotyp (Erbtyp): Gesamtheit aller in den Chromosomen lokalisierten Erbanlagen und deren Wirkung (vgl. ↑ Phänotyp)
Geschlechtsbestimmung: Festlegung des Geschlechts eines Individuums bei der Befruchtung
Geschlechtsdiagnose: Erkennung des Geschlechts eines Individuums nach sekundären und primären Geschlechtsmerkmalen sowie kernmorphologischen Geschlechtsunterschieden
Geschlechtsdimorphismus (Sexualdimorphismus): deutliche Unterschiede in Gestalt, Größe, Färbung, Physiologie oder im Verhalten zwischen den Geschlechtern einer Art
Geschlechtsreife: Entwicklungsstand eines Tieres, in dem die Geschlechtsorgane voll funktionsfähig sind, der sich aber nicht mit der ↑ Zuchtreife decken muß
Habitat: charakteristischer Ort, an dem eine Organismenart beheimatet ist
Hemipenis (Mehrzahl: Hemipenes): Teil des paarigen Geschlechtsorgans (Penis) männlicher Schuppenkriechtiere
Hibernation: kühle Überwinterung
humid: feucht
hyper...: über, übermäßig
hypo...: darunter, unterhalb
Inkubation: Brütung, beispielsweise Eizeitigung
Inkubator: Brutkasten
Intergrade (engl.): Übergangsform; Kreuzungsform, die Merkmale beider Ausgangsformen aufweist
intermediär: dazwischenliegend
juvenil: jugendlich

Kelvin (K): Basiseinheit des Internationalen Einheitensystems (SI) für die Temperatur. Temperaturunterschiede sind in K anzugeben; wenn die Temperatur also von 30 auf 25 °C fällt, ist sie um 5 K gefallen

Kreuzung (Bastardierung, Hybridisation): Paarung von Individuen verschiedener Gattungen, Arten, Unterarten sowie in der ↑ Zucht auch von Rassen, Zuchtlinien

lateral: seitlich

Melanismus (Melanose): vermehrte Ablagerung eines dunklen ↑ Pigments

morphologisch: die äußere Gestalt betreffend

Mutation (Erbänderung): nicht auf ↑ genetischer Neukombination beruhende, diskontinuierliche Veränderung des ↑ Genotyps

Nomenklatur: wissenschaftliche Namensgebung für alle Organismen; sie unterliegt international verbindlichen Regeln und Empfehlungen

Oviparie: Form der Fortpflanzung, bei der unbefruchtete oder befruchtete sowie auch frühe Entwicklungsstadien enthaltende Eier abgelegt werden

Phänotyp (Erscheinungsbild): Gesamtheit aller äußeren und inneren Strukturen und Funktionen eines Organismus als Ergebnis der Wechselwirkung des ↑ Genotyps eines Lebewesens mit seinen Entwicklungsbedingungen

Pholidosis: Beschuppungsverhältnisse bei Reptilien

Pigment (Farbstoff): hier gebraucht als die im wesentlichen durch ihre Eigenfarbe charakterisierten Zellbestandteile

Poikilothermie: variable Körpertemperatur als Funktion der Umgebungstemperatur (wechselwarm)

Reproduktion: ↑ Fortpflanzung

Retention: Zurückhaltung, beispielsweise Eiretention

rezent: in der Gegenwart lebend

rezessiv: zurücktretend, nicht in Erscheinung tretend

Synonym: anderer wissenschaftlicher Name für dasselbe ↑ Taxon, entstanden durch unwissentliche Mehrfachbeschreibung oder durch Revision eines Taxons

Systematik: Lehre von der Einordnung (Klassifikation) der Organismen in ein System unter Berücksichtigung der Erkenntnisse der Stammesgeschichtsforschung.

Taxon (Mehrzahl: **Taxa**): in der ↑ Systematik Kategorie (taxonomische Einheit) bei der Einordnung der Organismen

Taxonomie: Teilgebiet der ↑ Systematik; befaßt sich mit der wissenschaftlichen Benennung (↑Nomenklatur) sowie den Prinzipien der Klassifikation der Organismen

terrestrisch: landbewohnend

Typus: Belegexemplar einer bestimmten, neubeschriebenen Organismengruppe. Das Originalexemplar des Autors ist der Holotypus.

Unterart (Subspecies, ssp.): Hilfskategorie unter der ↑ Art, die Individuen umfaßt, die sich von anderen Unterarten der entsprechenden Art durch konstante Merkmale deutlich unterscheiden und die innerhalb des Verbreitungsareals der Art geographisch, biologisch und physiologisch isoliert sind

ventral: zum Bauch gehörend, bauchwärts gelegen

Vermehrung: Erhöhung der Individuenzahl bei der ↑ Fortpflanzung

Viviovipariе („Eilebendgebären"): spezielle Form der ↑ Ovipariе, bei der die Entwicklung von ↑ Embryo und ↑ Fetus in Eihüllen im Geschlechtstrakt des Muttertieres erfolgt, ohne direkt von ihm ernährt zu werden. Kurz vor oder unter der Geburt schlüpfen die voll entwickelten Jungtiere und werden „lebend geboren".

Vivipariе: Form der Fortpflanzung, die die Ernährung des Keimlings vom mütterlichen Organismus voraussetzt und bei der der ↑ Fetus die Embryonalhüllen unmittelbar vor oder während der Geburt durchstößt.

Winterruhe: Bezeichnung für den durch Temperaturabfall, Verkürzung der Tageslichtlänge und in geringem Maße auch hormonal gesteuerten Ruhezustand bei wechselwarmen Tieren (↑ Poikilothermie), der sich in Kältestarre äußert (vgl. ↑ Winterschlaf). Als Winterruhe wird auch das Verhalten von Warmblütern bezeichnet, deren Körpertemperatur im Winter nicht absinkt und deren Ruheperiode von Aktivitätsphasen unterbrochen wird.

Winterschlaf: hormonal gesteuerte und durch Verkürzung der Tageslichtlänge vorbereitete Form der Überwinterung bei Warmblütern, bei artspezifisch unterschiedlichen Temperaturen ausgelöst und bei der die Körpertemperatur abgesenkt wird (Heterothermie). Begriff wird fälschlicherweise auch auf Amphibien und Reptilien bezogen. (vgl. ↑ Winterruhe)

Zucht (Züchtung): Gelenkte, planmäßige Paarung von Individuen, die auf ein vorgegebenes ↑ Zuchtziel gerichtet ist und besonders der Veränderung ihrer Eigenschaften und Leistungen dient.

Zuchtreife: Entwicklungszustand eines Tieres, in dem es zur ↑ Fortpflanzung herangezogen werden kann. (vgl. ↑ Geschlechtsreife)

Zuchtziel: Gesamtheit der angestrebten Eigenschaften und Merkmale bei der ↑ Zucht.

Für das Glossar verwendete Literatur:
BICK (1993), DIETRICH & STÖCKER (1986), KABISCH (1990), OBST u. a. (1984), WIESNER & RIBBECK (2000)

Dieser Briefmarkenblock aus Madagaskar zeigt nordamerikanische Nattern:
Strumpfbandnatter (*Thamnophis*) (links unten)
Kornnatter (rechts unten)
amelanistische Kornnatter (links oben)
Kükennatter (rechts oben)

Danksagung

Der Dank des Autors für die Unterstützung bei der Vorbereitung und Realisierung dieses Buches gilt Herrn Matthias SCHMIDT, Münster, vom Natur und Tier – Verlag und seinen Mitarbeitern, insbesondere Herrn Heiko WERNING, Berlin, für die kritische Durchsicht des Manuskriptes.
Besonderer Dank geht an Herrn Bill LOVE, Alva (Ft. Myers) (Florida), der nicht nur einen großen Teil der Fotos, sondern auch seine Erfahrungen bei der Züchtung von Farb- und Zeichnungsvarianten der Kornnatter zur Verfügung stellte. Den Herren Hobart M. SMITH, Boulder (Colorado) und Ernest A. LINER, Houma (Louisiana) sei für die Bereitstellung von Literatur bzw. Abbildungen, vor allem zu *Elaphe guttata meahllmorum*, gedankt. Gedankt sei auch Herrn Klaus-Dieter SCHULZ, Würselen, und Herrn Ludwig TRUTNAU, Altrich, für ihre freundliche Unterstützung bei der Vorbereitung des Manuskriptes.

Zitierte und ergänzende Literatur

ACKERMAN, L. (Hrsg.) (2000): Atlas der Reptilienkrankheiten. – Ruhmannsfelden (bede-Verlag), 496 S.

ASHTON JR., R.E. & P.S. ASHTON (1981): Handbook of Reptiles and Amphibians of Florida. Part one. The Snakes. – Miami (Winward Publishing, Inc.), 176 S.

BAUCHOT, R. (Hrsg.) (1994): Schlangen. – Augsburg (Naturbuch Verlag), 240 S.

BARTLETT, R.D. & A. TENNANT (2000): Snakes of North America – Western Region. – Houston, Texas (Gulf Publishing Company), 312 S.

BECHTEL, H.B. & J. MOUNTAIN (1960): Interspecific hybridization between two snakes of the genus *Elaphe*. – Copeia, Ann Arbour (2):151–153.

BEYNON, P.H., M.P.C. LAWTON & J.E. COOPER (Hrsg) (1997): Kompendium der Reptilienkrankheiten – Haltung, Diagnostik, Therapie. – Hannover (Schlütersche), 240 S.

BICK, H. (1998): Grundzüge der Ökologie. – Stuttgart (Gustav Fischer Verlag), 370 S.

BÖHME, W. (1995): Hemiclitoris discovered, a fully differentiated erectile structure in female monitor lizards (*Varanus* spp.) (Reptilia: Varanidae). – J. Zool. Syst. Evol. Res. 33: 129–132.

BROGHAMMER, S. (1998): Albinos – Farb- und Zeichnungsvarianten bei Schlangen und anderen Reptilien. – Frankfurt am Main (Edition Chimaira), 96 S.

CONANT, R. (1975): A field guide to reptiles and amphibians of eastern and central North America. – Boston / USA (Houghton Mifflin Company), 429 S.

CONANT, R. & J.T. COLLINS (1998): A field guide to reptiles and amphibians of eastern and central North America. – Boston, New York / USA (Houghton Mifflin Company), 616 S.

DIETRICH, G. & F.W. STÖCKER (1986): Biologie. Band I und II. – Leipzig (F. A. Brockhaus Verlag), 1060 S.

FRIEDERICH, U. & W. VOLLAND (1998): Futtertierzucht; Lebendfutter für Vivarientiere. – Stuttgart (Ulmer Verlag), 187 S.

GOLDER, F. (1996): Schlangen – Grundlagen erfolgreicher Haltung und Zucht. – Frankfurt am Main (Edition Chimaira), 209 S.

HENKEL, F.W. & W. SCHMIDT (1999): Terrarien – Bau und Einrichtung. – Stuttgart (Ulmer Verlag), 168 S.

HERRMANN, H.-J. (1994): Das Terrarium für den Anfänger. – Melle (Tetra Verlag), 184 S.

JAROFKE, D. & J. LANGE (1993): Reptilien – Haltung und Krankheiten. (Tierärztliche Heimtierpraxis Band 3). – Berlin und Hamburg (Paul Parey Verlag), 188 S.

KABISCH, K. (1990): Wörterbuch der Herpetologie. – Jena (Gustav Fischer Verlag), 478 S.

KÖHLER, G. (1996): Krankheiten der Amphibien und Reptilien. – Stuttgart (Ulmer Verlag), 168 S.

– (1997): Inkubation von Reptilieneiern. – Offenbach (Herpeton), 206 S.

KÜHNEMANN, K. (1985): Die Kornnatter (*Elaphe guttata*) – eine häufige Schlange in unseren Terrarien. – elaphe, Berlin, H. 4, 66–69.

LOVE, B. (1999): Western Herp Perspectives – Zucht und Farbe. – Reptilia, Münster, 4(5), Nr. 19: 16–17.

LOVE, B. & K. LOVE (2000): The Corn Snake Manual. – Lakeside / USA (Advanced Vivarium Systems, Inc.), 127 S.

McEACHERN, M. J. (1991): A color guide to corn snakes - captive bred in the United States. – Lakeside / USA (Advanced Vivarium Systems, Inc.), 48 S.

MEHRTENS, J. M. (1993): Schlangen der Welt; Lebensraum – Biologie – Haltung. – Stuttgart (Kosmos Verlag), 464 S.

MÜLLER, M. J. (1996): Handbuch ausgewählter

Klimastationen der Erde. – Trier (Universität Trier), 400 S.

OBST, F.J., K. RICHTER & U. JACOB (1984): Lexikon der Terraristik und Herpetologie. – Leipzig (Edition), 466 S.

PETZOLD, H.-G. (1982): Aufgaben und Probleme der Tiergärtnerei bei der Erforschung der Lebensäußerungen der Niederen Amnioten (Reptilien). – Milu, Berlin 5(4/5): 485–786.

RAMUS, E. (Hrsg.)(1996): The Herpetology Sourcebook – Directory 1996–1997. – Potsville / USA (Ramus Publishing, Inc.), 414 S.

RÖSSEL, D. (1997): Schlangenhaltung in Miet- und Eigentumswohnungen. – DATZ, Stuttgart, 50: 526–527.

SCHMIDT, D. (1994): Vermehrung von Terrarientieren – Schlangen. – Leipzig, Jena, Berlin (Urania), 200 S.

– (1996): Ratgeber Wassernattern. – Ruhmannsfelden (bede-Verlag), 88 S.

SCHULZ, K.-D. (1996): Eine Monographie der Schlangengattung *Elaphe* FITZINGER. – Berg/Schweiz (Bushmaster Publications), 460 S.

SMITH, H. M., D. CHISZAR, J.R. STANLEY & K. TERPEDELEN (1994): Populational relationships in the Corn Snake, *Elaphe guttata* (Reptilia: Serpentes). – Texas J. Sci., Austin, 46 (3): 260–292.

STASZKO, R. & J.G. WALLS (1994): Rat Snakes – A Hobbyist's Guide to *Elaphe* and Kin. – Neptun City / USA (T.F.H. Publications, Inc.), 208 S.

– (o. J.): Das Große Buch der Kletternattern. – Ruhmannsfelden (bede-Verlag), 191 S.

TENNANT, A. (1998): A field guide to Texas snakes. – Houston / USA (Gulf Publishing Company), 291 S.

TENNANT, A & R.D. BARTLETT (2000): Snakes of North America – Eastern and Central Regions. – Houston, Texas (Gulf Publishing Company), 588 S.

THOMAS, R.A. (1974): Geographic variation in *Elaphe guttata* (Linnaeus). – Unpubl. M. Sc. Diss. (Texas A & M Univ., College Station), 1–127, zitiert bei SCHULZ (1996).

VAUGHAN, R.K., J.R. DIXON & R.A. THOMAS (1996): A reevaluation of populations of the corn snake *Elaphe guttata* (Reptilia: Serpentes: Colubridae) in Texas. – Texas J. Sci., Austin, 48 (3): 175–190.

WALLS, J.G. (1996): Kornnattern im Terrarium. – Ruhmannsfelden (bede-Verlag), 64 S.

WIESNER, E. & R. RIBBECK (2000): Lexikon der Veterinärmedizin. – Stuttgart (Enke im Hippokrates Verlag GmbH), 1630 S.

WRIGHT, A.H. & A.A. WRIGHT (1957): Handbook of snakes of the United States and Canada. Vol. I & II. Reprint 1994. – Ithaca, London (Comstock Publishing Ass.), 1106 S.

ZIEGLER, T. & W. BÖHME (1997): Genitalstrukturen und Paarungsbiologie bei squamaten Reptilien, speziell den Platynota, mit Bemerkungen zur Systematik. – Mertensiella, Rheinbach, Nr. 8, 1–210.

Index

B
Bairds Kletternatter siehe
Elaphe bairdi

E
Eier 124
  Ablage 124
  Ablagebox, Abb. S. 112,
    125, 126
  eingetrocknete, Abb. S. 129
  Gelege, Abb. S. 129, 133
  Gelegegröße 128
  Größe 127
    Abb. S. 126, 127
  Inkubation 128
  Inkubationsdauer 135
  Inkubator, Abb. S. 130
  Inkubatortypen, Abb. S. 132
  Masse 127
  Zunahme 133
Elaphe bairdi
  Abb. S. 14, 47, 48, 113
  Chresonyme 46
  Färbung und Zeichnung 46
  Farbzeichnung, typische
    Abb. S. 46
  Größe 46
  Kopfbeschuppung, Abb. S. 46
  Lebensraum, Abb. S. 48
  Lebensweise 55
  Pholidosis 46
  Synonyme 46
  Systematik 12
  Trivialnamen, amerikanische 14
  Trivialnamen, deutsche 14
  Verbreitung 48
  Verbreitungskarte 48
Elaphe emoryi emoryi siehe
  Elaphe guttata emoryi
Elaphe emoryi meahllmorum siehe
  Elaphe guttata meahllmorum
Elaphe guttata
  Bauchseite Jungtier, Abb. S. 30
  Beschreibung 15
  Farbkompositionen Abb. S. 16
  Gelege, Abb. S. 125, 126, 127
  Jungtier Abb. S. 143
  Kopfbeschuppung, Abb. S. 15
  Schlupf, Abb. S. 134, 135, 136
  Schlüpflinge, Abb. S. 139
  trächtiges Weibchen
    Abb. S. 124
  Verbreitungskarte 17
  × *Lampropeltis getula*
    Abb. S. 159
Elaphe guttata emoryi 25
  Abb. S. 25, 26
  Bauchzeichnung, typische
    Abb. S. 16
  Chresonyme 25
  Färbung und Zeichnung 26
  Farbzeichnung, typische
    Abb. S. 15
  Größe 25
  Langzeitdaten 119
  Lebensweise 51
  Pholidosis 26
  Schlupf, Abb. S. 138
  Synonyme 25
  Systematik 9
  Trivialnamen, amerikanische 12
  Verbreitung 26
  Vermehrung
Elaphe guttata guttata 18
  Abb. S. 9, 87, 100
  Amber, Abb. S. 173
  amelanistisch, Abb. S. 164
  Bauchzeichnung, typische
    Abb. S. 16
  Bauchzeichnung, Zuchtform
    Abb. S. 166
  Blizzardcorn, Abb. S. 167
  Blood corn, Abb. S. 184
  Blood corn - Jungtier
    Abb. S. 142
  Bloodred, Abb. S. 113
  Bloodred - Schlüpfling
    Abb. S. 139
  Bubblegum, Abb. S. 173, 176, 183
  Butter corn, Abb. S. 169
  Candycane, Abb. S. 169, 170
  Chresonyme 18
  Creamsicle, Abb. S. 167, 170
  Farbzeichnung, typische
    Abb. S. 15
  Färbung und Zeichnung 22
  Freßakt, Abb. S. 86
  Frosted corn, Abb. S. 173, 177
  gestreift, Abb. S. 143
  Ghost corn, Abb. S. 141
  Größe 22
  Hypo corn - Schlüpfling
    Abb. S. 138
  hypomelanistisch
    Abb. S. 166, 171, 172, 174
  Kopfzeichnung, Abb. S. 16
  lavendelfarben, Abb. S. 175
  Lebensweise 51
  Miami-Variante
    Abb. S. 11, 20, 161
  Motley corn
    Abb. S. 172, 174, 177, 179
  Neon-snow corn, Abb. S. 176
  Okeetee-Albino
    Abb. S. 22, 168
  Okeetee-Hi-White
    Abb. S. 169
  Okeetee-Variante
    Abb. S. 11, 18, 19, 52, 161
    Jungtier, Abb. S 142
  Paarung, Abb. S. 120, 121, 122
  Pewter, Abb. S. 185
  Pholidosis 22
  Ruby freckled corn, Abb. S. 172
  Rückenzeichnung 178
  Rückenzeichnung, Zuchtform
    Abb. S. 167
  Schlüpflinge, Abb. S. 139, 140
  Snow corn, Abb. S. 176, 182

Index

Snow corn, green-blotched
  Abb. S. 182
Spermien, Abb. S. 123
striped, amelanistisch
  Abb. S. 179
Sunglow corn, Abb. S. 165
Synonyme 18
Systematik 9
Trivialnamen, amerikanische 10
Typ A, Abb. S. 166, 171
Verbreitung 23
Zigzag corn, Abb. S. 180
Zigzag corn, anerythristisch
  Abb. S. 180
Zigzag snow corn, Abb. S. 177
Zipper corn, Abb. S. 181
zweiköpfig, Abb. S. 190
× *Elaphe obsoleta rossalleni*
  Abb. S. 156, 157

Elaphe guttata meahllmorum 27
  Abb. S. 27
  Biotop, Abb. S. 28
  Färbung und Zeichnung 28
  Größe 27
  Pholidosis 27
  Lebensraum 51
  Systematik 9
  Trivialnamen, amerikanische 12
  Verbreitung 28

Elaphe guttata rosacea 23
  Abb. S. 24
  Bauchzeichnung, typische
    Abb. S. 16
  Chresonyme 23
  Färbung und Zeichnung 24
  Farbzeichnung, typische
    Abb. S. 15
  Größe 23
  Lebensweise 51
  Pholidosis 23
  Synonyme 23
  Systematik 9
  Trivialnamen, amerikanische 12
  Verbreitung 24

Elaphe obsoleta 29
  Bastard Bubblegum, Abb. S.187
  Bauchseite Jungtier
    Abb. S. 30
  Kopfbeschuppung

    Abb. S. 29
  Paarungsorgan, Abb. S. 115
  Schlüpflinge, amelanistisch
    Abb. S. 186
  Verbreitungskarte 31
  Zuchtvarianten, Abb. S. 191

Elaphe obsoleta lindheimeri
  Abb. S. 39, 40, 54, 55, 92
  Chresonyme 38
  doppelköpfig, Abb. S. 190
  Färbung und Zeichnung 39
  Farbzeichnung, typische
    Abb. S. 30
  Größe 39
  Lebensraum 53
  leuzistisch, Abb. S. 39, 163, 188
  Paarung, Abb. S. 121
  Pholidosis 39
  Schlüpfling, leuzistisch
    Abb. S. 141
  Synonyme 38
  Systematik 12
  Trivialnamen, amerikanische 14
  Trivialnamen, deutsche 14
  Verbreitung 40
  Zunge, Abb. S. 92
  × *Elaphe obsoleta quadrivittata*
    Abb. S. 104, 149

Elaphe obsoleta obsoleta 31
  Abb. S. 12, 32, 53
  Albino, Abb. S. 163
  amelanistisch, Abb. S. 189
  Chresonyme 31
  Färbung und Zeichnung 33
  Farbzeichnung, typische
    Abb. S. 30
  Größe 32
  Lebensraum 53
  Pholidosis 32
  Synonyme 31
  Systematik 12
  Trivialnamen, amerikanische 14
  Trivialnamen, deutsche 14
  Verbreitung 34
  × *Elaphe obsoleta quadrivittata*
    Abb. S. 33
  × *Elaphe obsoleta rossalleni*
    Bubblegum Abb. S. 150

Elaphe obsoleta quadrivittata

  Abb. S. 13, 35, 36, 37, 54
  amelanistisch, Abb. S. 37, 188
  Biotop, Abb. S. 38, 54, 56
  Farbzeichnung, typische
    Abb. S. 30
  Größe 34
  Lebensraum 53
  Pholidosis 34
  Synonyme 34
  Systematik 12
  Trivialnamen, amerikanische 14
  Trivialnamen, deutsche 14
  Verbreitung 38
  × *Elaphe obsoleta spiloides*
    Abb. S. 162
  × *Elaphe obsoleta rossalleni*
    Abb. S. 150
  × *Pituophis catenifer sayi*
    Abb. S. 159

Elaphe obsoleta rossalleni
  Abb. S. 13, 43, 44, 45, 63, 70, 71, 72, 107, 111, 146
  Chresonyme 43
  Färbung und Zeichnung 43
  Größe 43
  Freßakt, Abb. S. 84
  gestreifte Form, Abb. S. 146
  hypomelanistisch, Abb. S. 107
  Lebensraum 53
  Pholidosis 43
  Synonyme 43
  Systematik 12
  Trivialnamen, amerikanische 14
  Trivialnamen, deutsche 14
  Verbreitung 43

Elaphe obsoleta spiloides
  Abb. S. 41
  Chresonyme 40
  Farbzeichnung, typische
    Abb. S. 30
  Färbung und Zeichnung 41
  Freßakt, Abb. S. 89, 94
  Größe 41
  Kopfzeichnung, Abb. S. 41
  Lebensraum 53
  Mißbildung, Abb. S. 137
  Pholidosis 41
  Synonyme 40

Index

Systematik 12
Trivialnamen, amerikanische 14
Trivialnamen, deutsche 14
Verbreitung 41
× *Elaphe obsoleta quadrivittata*
  Abb. S. 42
Erdnattern siehe
  Elaphe obsoleta
Ernährung 82
  Beutefang 93
  Beutetiere, natürliche 82
  Futtertiere 88
  Futterverweigerung 97
  Fütterung, Häufigkeit 86
  im Terrarium 83
  Wasseraufnahme 96
  Zwangsfütterung 97
    Abb. S. 98
Erwerb 60
Everglaseskükennatter siehe
  Elaphe obsoleta rossalleni

G

Gesetze 57

H

Häutung 109
Hemipenes, Abb. S. 117

J

Jahresrhythmik 105
Jungtiere 140
  Aufzucht 140
  Ernährung 143
  Schlupf 134
  Stopfen, Abb. S. 144

K

Key-Kornnatter siehe
  Elaphe guttata rosacea
Klima 50
Kornnatter siehe
  Elaphe guttata guttata
Kornnattern 15 siehe auch
  Elaphe guttata
Krankheiten 99
Kükennatter siehe
  Elaphe obsoleta quadrivittata

L

Lebensalter 109, 112

N

Nördliche Präriekornnatter siehe
  Elaphe guttata emoryi

P

Pilotnatter, Graue siehe
  Elaphe obsoleta spiloides
Pilotnatter, Schwarze siehe
  Elaphe obsoleta obsoleta

S

Schlangenalltag 104
Schutz 57
Südliche Präriekornnatter siehe
  Elaphe guttata meahllmorum

T

Terrarium 65
  Anlage, Abb. S. 66, 67, 77
  Befeuchtung 81
  Beheizung 79
  Beleuchtung 77
  Belüftung 80
  Bepflanzung 73
    Abb. S. 74, 75
  Bodengrund 71
  Einrichtung 59, 69, 75
  Größe 66
  Jahresrhythmik 105
  Kletter- und Versteckmöglich-
    keiten 69
  Klima 76
  Rückwände 69
  Technik 76
  Winterruhe 106
Texaskükennatter siehe
  Elaphe obsoleta lindheimeri

V

Vermehrung 114
  Dokumentation 145
  Fortpflanzungsalter 118
  Geschlechtsdiagnose 116
    Abb. S. 116
  Männchen 114
  Paarung 121
  Reproduktionsrhythmus 120
  Sonde, Abb. S. 118
  Trächtigkeit 123
  Weibchen 114
Versand, Abb. S. 64

W

Wachstum 109
Winterruhe 106

Z

Zucht 147
  Albinismus 164
  Amelanismus 164
  Anerythrismus 164
  Axanthismus 164
  Blutauffrischung 155
  Blutlinienzucht 154
  Chromosomensatz 148
  Eigenschaftskombination 155
  Erbgang 152, 153, 154
  Familienzucht 154
  Farbvariante, natürlich 160
  Farbvariante, neu 162
  Genetische Grundlagen 147
  Genotyp 149
  Grundlagen 154
  Hypomelanismus 165
  Hypopigmentierung 164
  Inzucht 149
  Kombinationskreuzung 158
  Kreuzung 155
  Leuzismus 165
  Mendel-Regel 152
  Melanismus 164
  Phänotyp 149
  Piebaldismus 165
  Typenzucht 155
  Verdrängungskreuzung 158
  Veredlungskreuzung 158
  wissenschaftliche Publikationen
    148
  Xanthismus 165

Terrarien  Bibliothek

Lebendige Fachliteratur

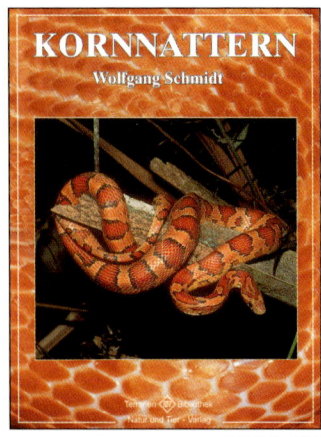
39,80 DM

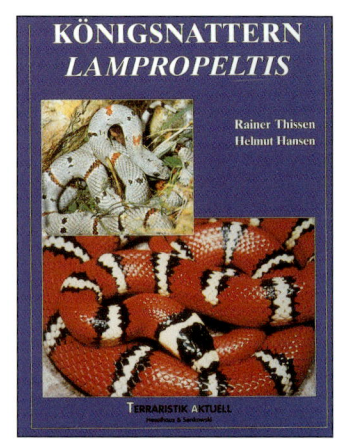
39,80 DM

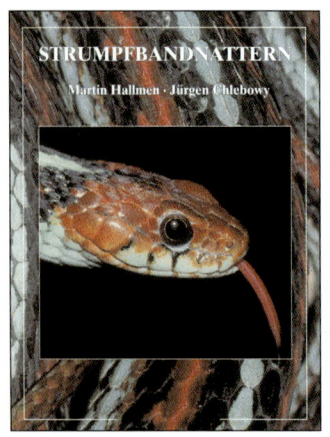
39,80 DM

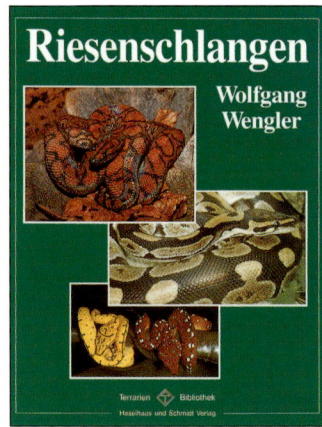
39,80 DM

Fordern Sie unseren kostenfreien Gesamtprospekt an!

Natur und Tier - Verlag, Matthias Schmidt
An der Kleimannbrücke 39/41
48157 Münster
Tel. 0251-143953 · Fax 143955
E-mail: verlag@ms-verlag.de
Home: www.ms-verlag.de